Reinhard Schulz
Waltraud Roth-Schulz

MIT DEM WOHNMOBIL AUF DIE PELOPONNES

Die Anleitung für einen Erlebnisurlaub

DER WOHNMOBIL-VERLAG
D-98634 Mittelsdorf/Rhön

Bibliografische Information der Deutschen Bibliothek

Die Deutsche Bibliothek verzeichnet diese Publikation in der Deutschen Nationalbibliografie.
Detaillierte bibliografische Daten sind im Internet über <http://dnb.ddb.de> abrufbar.

Titelbild: Blick auf Porto Kagio im Süden der Mani (Tour 6)
Innentitelbild: Ancient Korinthos, Apollontempel

Neu bearbeitete und erweiterte 6. Auflage 2018

Alle Karten und Fotos von den Autoren

Druck:
Gutenberg Beuys Feindruckerei, 30851 Langenhagen

Vertrieb:
GeoCenter, 70565 Stuttgart

Herausgeber:
WOMO-Verlag, 98634 Mittelsdorf/Rhön
GPS: N 50° 36' 38.2" E 10° 7' 56.6"
Fon: 0049 (0) 36946-20691
Fax: 0049 (0) 36946-20692
eMail: verlag@womo.de
Internet: www.womo.de

Autoren-eMail: Schulz@womo.de

ISBN 978-3-86903-196-5

EINLADUNG

Hellas – ein Name wie ein Traum...

Die südliche Sonne malt Lichtkringel auf azurblaue Wellen.
Knorrige Ölbäume spenden milden Schatten am unberührten Sandstrand.
Wuchtige Marmorsäulen zeugen unvergänglich aus klassischer Zeit.
Grandiose Bergkulissen locken zu unvergesslicher Tour.
Ein Bäuerlein reitet vergnügt pfeifend auf seinem Eselchen nach Hause.

Da setzt donnernd ein Urlauber-Jet zur Landung an.
Menschenmassen quellen heraus, der Traum verfliegt...

Aber steigen Sie ruhig in Ihr Wohnmobil ein – es ist ein Zauberfahrzeug!
Mit ihm können Sie noch das ursprüngliche Griechenland "erfahren" und an den schönsten Plätzen verweilen.

Wie das geht?

Folgen Sie uns, wir adoptieren Sie für eine Reise (oder für weitere, falls Sie wie wir von Griechenland nicht mehr loskommen können).
Und da Sie jetzt zur Familie gehören: Wir sind für jede neue Information – aber auch für sachliche Kritik stets dankbar.

Ihre

Waltraud Roth-Schulz

Sehr geehrte Leserinnen und Leser, liebe WOMO-Freunde!

Reiseführer sind für einen gelungenen Urlaub unverzichtbar – das beweisen Sie mit dem Kauf dieses Buches. Aber aktuelle Informationen altern schnell, und ein veralteter Reiseführer macht wenig Freude.
Sie können helfen, Aktualität und Qualität dieses Buches zu verbessern, indem Sie uns nach Ihrer Reise mitteilen, welchen unserer Empfehlungen Sie gefolgt sind (freie Stellplätze, Campingplätze, Wanderungen, Gaststätten usw.) und uns darüber berichten (auch wenn sich gegenüber unseren Beschreibungen nichts geändert hat).
Bitte füllen Sie schon während Ihrer Reise das Info-Blatt am Buchende aus und senden Sie es uns unmittelbar nach Ihrer Rückkehr zu.
Dafür gewähren wir Ihnen auch bei späteren Buchbestellungen direkt beim Verlag ein Info-Honorar von 10%.
Aktuelle Korrekturen finden Sie unter: forum.womoverlag.de

Um die freien Übernachtungs- und Campingplätze auf einen Blick erfassen zu können, haben wir diese im Text in einem Kasten nochmals farbig hervorgehoben und, wie auf den Karten, fortlaufend durchnummeriert. Wir nennen dabei wichtige Ausstattungsmerkmale und geben Ihnen eine kurze Zufahrtsbeschreibung. "Max. WOMOs" soll dabei andeuten, wie viele WOMOs dieser Platz maximal verträgt und nicht, wie viele auf ihn passen würden (schließlich gibt es auch Einwohner und andere Urlauber)!
Offizielle Übernachtungsplätze sind mit WOMO-Icons gekennzeichnet.
Übernachtungsplätze mit **B**ademöglichkeit sind mit hellblauer Farbe unterlegt. **W**anderparkplätze sind grün markiert. **P**icknickplätze erkennen sie an der violetten Farbe. Auf Schlafplätzen, denen die gerade genannten Merkmale fehlen – also auf einfache **S**tellplätze – weist die Farbe Gelb hin.
Empfehlenswerte **C**ampingplätze haben olivgrüne Kästchen.
Wanderungen, die wir Ihnen besonders ans Herz legen möchten, haben wir hellgrün unterlegt.

Und hier kommt das Kleingedruckte:
Jede Tour und jeder Stellplatz sind von uns bereits mehrfach überprüft worden, wir können jedoch inhaltliche Fehler nie ganz ausschließen. Bitte achten Sie selbst auf Hochwasser, Brandgefahr, Steinschlag und Erdrutsch!
Verlag und Autoren übernehmen keine Verantwortung für die Legalität der veröffentlichten Stellplätze und aller anderen Angaben. Unsere Haftung ist, soweit ein Schaden nicht an Leben, Körper oder Gesundheit eingetreten ist, ausgeschlossen, es sei denn, unsere Verantwortung beruht auf Vorsatz oder grober Fahrlässigkeit.

INHALT

Wir starten Richtung Peloponnes!

Wie einen Riegel haben die Götter die Alpen vor die weiten Ebenen Norditaliens und Kroatiens geschoben. Wie überwinden wir diese Barriere? Und vorher: Aichelberg! München! Irschenberg! Grenzübergang Salzburg! Brenner! Gotthard-Tunnel! Alles Namen, die mit schöner Regelmäßigkeit zur Urlaubszeit Zwangspausen ansagen.
Aber nur nicht die Urlaubsvorfreude vermiesen lassen. Wir haben einige Tipps auf Lager!

Vorüberlegung

Es gab eine Zeit, da wählte man zwischen "Autoput" und "Autostrada", also der "Festlands-Anfahrt" durch Jugoslawien und der Fährstrecke über Italien.
Viele Griechenlandurlauber scheuen, aus diversen Gründen, immer noch die Reise durch Slowenien - Kroatien – Serbien – Mazedonien. Deshalb haben wir für Sie nicht nur die "alte" Autoputstrecke getestet, sondern auch zwei neue Routen über Ungarn – Rumänien – Bulgarien bzw. Kroatien – Montenegro – Albanien erkundet.
Alle drei Festlandstrecken sind etwa gleich lang (1.800 km - 2.000 km) und man braucht für sie in etwa gleich viel Zeit, auf allen Strecken fallen Mautgebühren an.
Die Fährstrecke ist bequemer und je nach Fährhafen viel kürzer. Auch in Italien ist Maut fällig, die Fähre ist teuer und muss rechtzeitig gebucht werden. Auf dem Landweg ist man unabhängiger – Sie haben die Qual der Wahl!

Länge Italienstrecken (einfach bis zur Fähre)**:**
Nürnberg – Venedig: **715 km**
Nürnberg – Ancona: **955 km**
Nürnberg – Bari: **1400 km**
Nürnberg – Brindisi: **1510 km**

Länge Balkanstrecke (einfach)**:**
Nürnberg – Wien – Budapest – Sofija – Thessaloniki: **1830 km**
Länge Autoputstrecke (einfach)**:**
Nürnberg – Zagreb – Belgrad – Skopje - Thessaloniki: **1750 km**
Länge Adria-Albanienstrecke (einfach)**:**
Nürnberg – Zagreb – Dubrovnik – Tirana -Igoumenitsa: **2000 km**

Anreisezeit auf den Fährstrecken:
Nürnberg – Ancona – (Patras): **ca. 2 Tage,**
Nürnberg – Venedig/Bari/Brindisi – (Patras): **ca. 3 Tage.**
Anreisezeit auf den Balkanstrecken: ca. 3 - 4 Tage

Band 51: Mit dem Wohnmobil in die Schweiz (Ost)
Band 44: Mit dem Wohnmobil nach Tschechien
Band 59: Mit dem Wohnmobil nach Österreich (O)
Band 60: Mit dem Wohnmobil nach Österreich (W)
Band 56: Mit dem Wohnmobil nach Slowenien
Band 34: Mit dem Wohnmobil nach Ungarn
Band 48: Mit dem Wohnmobil nach Kroatien/Monten.
Band 80: Mit dem Wohnmobil nach Rumänien
Band 75: Mit dem Wohnmobil nach Albanien
Bände 35/36: Mit dem Wohnmobil nach Süditalien
Band 1: Mit dem Wohnmobil nach Griechenland
Extra-karte SLO
CH
D
CZ
PL
A
I
SLO
HR
H
SK
BiH
MNE
SRB
RO
AL
MK
BG
GR
TR
Basel
Ulm
Nürnberg
PRAG
Breslau
Bregenz
München
Donau
Gotthard
Bernardino
Reschen
Brenner
Mailand
Moran
Bozen
Salzburg
Passau
Linz
A31
A32
A33
A34
A13
A23
A14
A15
A25
A26
A27
A28
A29
A30
A35
A36
A37
A38
A39
A40
Trento
Verona
Rubiera
Modena
Bologna
Venedig
WIEN
Bratislava
Graz
Triest
Rijeka
Győr
BUDAPEST
San Marino
Fano
Ancona
Recanati
Altidona
Pescara
Vasto
Ausfahrt Vasto Sud
Foggia
Cerignola
Ausfahrt Cerignola Est
Barletta
Bari
Brindisi
Otranto
ZAGREB
"Autoput"
Kecskemét
Szeged
Arad
Slavonski Brod
Zadar
Split
SARAJEVO
BELGRAD
Caransebes
Dubrovnik
PODGORICA
Dobreta/ Turnu Severin
Vidin
Calafat
Nis
Montana
Durres
TIRANA
SKOPJE
Pernik
SOFIJA
Vlora
Dupnica
Blagoevgrad
Edessa
Kulata
Serres
Korfu/ Kerkira
Igoumenitsa
Meteora-Klöster
Thessaloniki
Kavala
Chalkidiki
Lefkada
Larissa
Thassos
Alexandroupoli
Kefalonia
Patra
Peloponnes
Euböa/Evia
Korinth
ATHINA
100 km
N
ANREISEROUTEN

Anreiseroute Balkan 1: Ungarn/Rumänien/Bulgarien

A 31a: Deutsche AB 3 an der AS 109 Metten verlassen und bis zur Kirche von Deggendorf; dort rechts zum Schiffmeisterweg, 3 offiz. Stellplätze [N48° 49' 35.0" E12° 57' 49.0"].
A 31b: Deutsche AB 3 an der AS 111 Hengersberg verlassen und gut beschildert nach Markt Hengersberg zum Bäderzentrum [N 48° 46' 41.6" E 13° 3' 3.9"].
A 31c: Von Hengersberg auf der Landstraße bis Vilshofen. Dort offiz. Stellplätze direkt zwischen Donau und Schnellstraße [N48° 38' 20.0" E13° 10' 45.4"].

Grenze D - A: Aufenthalt: keiner
Wichtig für A:
Ausweis oder Pass, KFZ-Schein, Führerschein, Vignette = Pickerl (Kauf 24 h an der Grenze; ca. 9 € für 1 Woche). Verkehr: Abblendlicht, max. 0,5 ‰, Ort 50 / Straße 100 / AB 130 km/h.
In Österreich:

A 32: Österreichische AB 8 an der Exit 31 Meggenhofen verlassen und nach 800 m rechts zum P hinter dem i-Amt mit WC und Sitzbänken [N 48° 10' 47.4" E 13° 47' 37.6"].

Besonderheiten: Die A 21 führt südlich um Wien herum, dann A 4 bis Grenze, den Wegweisern "H" folgen.

Grenze A - H: Aufenthalt: kaum (10 - 30 min.).
Wichtig für Ungarn:
Personalausweis oder Pass (Kinderausweis mit Lichtbild). Verkehr: Abblendlicht auch tags, max. **0,0 ‰**, Ort 50 / Straße 100 / AB 120 km/h. Offizieller Geldumtausch und Tankstelle direkt an der Grenze.
Diesel: 1,38 €/L, Super bleifrei: 1,37 €/L, Lebensmittel und Gaststätten ca. 20-30% günstiger als in Deutschland.
In Ungarn: Für die Autobahnen, Schnellstraßen usw. besteht **Vignettenpflicht** (Tarif D1: ca. 10€/10 Tage), die A 5 von Budapest bis Kiskunfelegyhaza ist **mautpflichtig** (ca. 15 €). Straßenzustand durchwegs ausgezeichnet. Tankstellendichte: sehr hoch.
Deutschsprachiger Pannendienst des Ungarischen Automobilclubs: (06) 2125167.

Grenze H - RO: Aufenthalt: je nach Saison (15 min. - 2 h).
Wichtig für Rumänien:
Pass oder Personalausweis, Kinderausweis (ab 10 Jahre mit Lichtbild). **Vignette** (3 €/7 Tage) gibt's an der Grenze, Führerschein, KFZ-Schein, Grüne Versicherungskarte.
"Offizieller" Geldumtausch (direkt beim Zöllner), weitere Umtauschstellen und Tankstelle direkt an der Grenze.
Diesel: 1,32 €/L; Super bleifrei: 1,27 €/L, Lebensmittel und Gaststätten sehr billig.
Verkehr: max. **0,0 ‰**, Ort 60 / Straße 90 / AB 130 km/h. Auch tagsüber Abblendlicht einschalten.
Nachtfahrten unbedingt vermeiden! Feuerlöscher und zwei Warndreiecke sowie Warnweste sind Pflicht.

In Rumänien:
Auf unserer Transitstrecke gibt es keine Autobahnen, die Nationalstraßen sind jedoch in einem guten Zustand, nur in den großen Ortschaften einige Schlaglöcher. Hohe Tankstellendichte, geringer Verkehr. Deutschsprachiger Notrufdienst des Rumänischen Automobilclubs: (021) 2234525.

Grenze RO - BG (neue Brücke über die Donau):
Mautpreis: WOMO 6 €.
Wichtig für Bulgarien:
Personalausweis oder Pass (Kinder im Elternpass oder Kinderausweis mit Lichtbild), Führerschein, KFZ-Schein, Grüne Versicherungskarte. Verkehr: max. 0,5‰, Ort 50 / Straße 70 / AB 100 km/h. Pannendienst: (02) 883978.
Vignette (5 €/7 Tage, 7 €/1 Monat, Vignette und Kaufbeleg aufheben!). Offizieller Geldumtausch direkt an der Grenze, erste Tankstelle 5 km später.
Diesel: 1,30 €/L, Super bleifrei: 1,28 €/L, Lebensmittel und Lokale sehr billig.

In Bulgarien:
Auf unserer Transitstrecke gibt es keine Autobahn, die Nationalstraßen sind in gutem bis befriedigendem Zustand, in den großen Ortschaften einige Schlaglöcher, speziell in Sofia. Hohe Tankstellendichte, sehr geringer Verkehr.
Die Bergstraße von Montana nach Sofia führt über den 1420 m hohen Petrohanski-Pass, ist jedoch nicht steil und problemlos zu befahren; Wegweiser (Kreisverkehr) am Orts**ende** von Montana "Petrohanski Pr".
Eine Ringstraße führt um Sofia herum (dort Autogas-Tankstelle), man verlässt sie nach genau 12,5 km Richtung Pernik. Unmittelbar vor Pernik zweigt man **rechts** nach Kulata/Dupnica/Blagoevgrad Richtung Griechenland ab.

Sehenswert: Rilski-Kloster im Rila-Gebirge (Stichstraße 31 km zwischen Dupnica und Blagoevgrad).
Vor der griechischen Grenze das Tanken nicht vergessen (Treibstoffpreise in GR: Diesel: 1,29 - 1,42 €, Super bleifrei: 1,70 €).

Grenze BG - GR:
Aufenthalt: kaum (wenn der griechische Zoll nicht streikt).
Von der Grenze bis Thessaloniki sind es auf guter Straße noch 110 km, bis ins Pangéo-Gebirge 80 km, bis zu den Sandstränden der Chalkidiki 100 km und bis nach Kavala 130 km.

Anreiseroute Balkan 2: Kroatien/Serbien/MK

Grenze D - A: Aufenthalt: keiner

Wichtig für A: siehe Balkan 1.

A 33: Österreichische AB an der AS 36 (St. Pankraz) verlassen und vorbei am Rasthaus zur Gaststätte "Steyrbrücke" mit Wilderermuseum und kostenloser Parkplatzwiese [N47° 46' 20.5" E14° 10' 11.1"].

A 34: Österreichische AB 9 an der AS 57 (Spital am Pyhrn) verlassen (man spart ca. 5 € Maut). Nach 3,5 km Richtung Pyrnpass ruhige, große Parkflächen bei der Standseilbahn Wurzeralm [N 47° 37' 37.7" E 14° 18' 57.0"] mit WC.

WOMO-Stellplatz A 34 an der Standseilbahn Wurzeralm

A 35: Österr. AB 9 an der AS 222 (Vogau/Straß) verlassen. Nach 2 km ruhige Stellplätze hinter der Kirche von St. Veit beim Spielplatz [N 46° 44' 51.2" E 15° 37' 28.4"].

WOMO-Stellplatz A 35 in St. Veit beim Spiel-/Tennisplatz

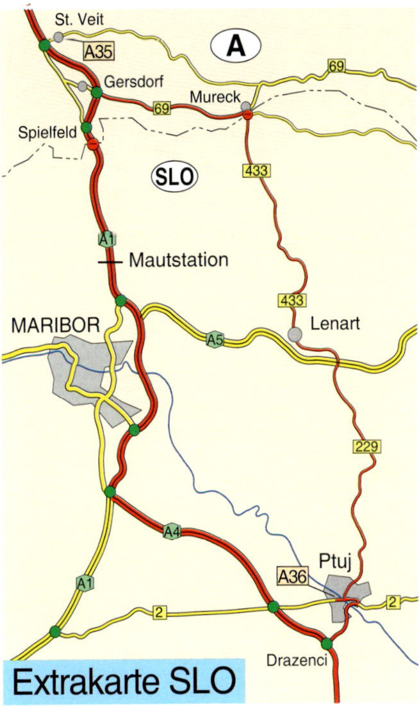

Grenze A - SLO: Aufenthalt: kaum (10 min.).
Wichtig für Slowenien:
Personalausweis oder Pass (Kinderausweis mit Lichtbild), grüne Karte.
Verkehr: max. **0,5 ‰**, Ort 50 / Straße 100 / AB 120 km/h, tags Abblendlicht.
Diesel: 1,37 €/L, Super 1,49 €/L.
Vignettenpflicht (Kat. 2 bis 3,5 t: 15 €/7 Tage, 30 €/1 Monat).
15 € Maut für gerade einmal 46 km halten viele für überhöht.
Man kann die Mautstrecke umfahren (siehe Karte).
Hilfreich ist unterwegs die Eingabe des offiziellen Wohnmobilstellplatzes/ Campingplatzes **A 36** bei der Therme von Ptuj [N46° 25' 20.2" E15° 51' 15.0"].

Grenze SLO - HR: Aufenthalt: kaum (10 min.).
Wichtig für Kroatien:
Personalausweis oder Pass (Kinder mit Kinderausweis mit Lichtbild), grüne Karte. Verkehr: max. **0,5 ‰**, Ort 50 / Straße 100 / AB 130 km/h, tags Abblendlicht.
Offizieller Geldumtausch (100 € empfohlen) direkt an der Grenze, erste Tankstelle 17 km später.
Diesel: 1,35 €/L, **Maut** insgesamt ca. 55,00 € (Kategorie 2; in € zahlbar, auch mit Visa, aber mit kroatischer Währung günstiger).
In Kroatien: Der "alte Autoput" ist jetzt durchgängig Autobahn.

A 37: Kroatische AB an der AS 13 Luzani verlassen (km 189). Nach ca. 3 km, in der Ortsmitte von Luzani, rechts bei der Kirche mit kleinem Park praktische Stellplätze in Gaststättennähe [N 45° 10' 0.7" E 17° 42' 11.2"].

Grenze HR - SRB: Aufenthalt: kaum (10 - 20 min.).
Wichtig für Serbien:
Pass (Kinder mit Kinderausweis mit Lichtbild), **grüne Karte, gültig für SRB und MK!!!** Verkehr: max. **0,5 ‰**, Ort 50 / Straße 90 / AB 120 km/h.
Offizieller Geldumtausch (100 € empfohlen) direkt an der Grenze und an Tankstellen, Tankstellen häufig.
Diesel: 1,36 €/L, **Maut** insgesamt ca. 55,00 € (Kategorie III; in € zahlbar, nicht mit Visa, aber mit serbischer Währung viel günstiger).
In Serbien: Der "alte Autoput" ist bis Leskovac durchgängig Autobahn.

A 38: 14 km nach Ende der Autobahn Motel/Restaurant "Predejane" mit campingplatzartiger Übernachtungsmöglichkeit [N 42° 49' 59.8" E 22° 7' 57.1"].

Grenze SRB - MK: Aufenthalt: kaum (10 - 20 min.).
Wichtig für Mazedonien: siehe Serbien.

Weltkulturerbestadt Dubrovnik - das kann man nicht auslassen!

Offizieller Geldumtausch (40 € empfohlen) direkt an der Grenze, Tankstellen häufig, tags mit Abblendlicht fahren.
Diesel: 1,20 €/L, **Maut** insgesamt ca. 5,00 € (Kategorie 2; in € zahlbar, nicht mit Visa, aber mit mazedonischer Währung günstiger).
In Mazedonien:
Der "alte Autoput" ist durchgängig Autobahn. 25 km vor der griechischen Grenze kann man über VALANDOVO zum Dojransee abzweigen, dort Übernachtungsmöglichkeit [N 41° 11' 13.1" E 22° 43' 17.5"] und völlig unbenutzter Grenzübergang Richtung KILKIS (Tour 3).

Anreiseroute Balkan 3: Kroatien/MNE/Albanien

Grenzen und wichtiges A - SLO - HR: siehe Anreiseroute Balkan 2.

A 39a: Kroatische AB an der AS 15 Maslenica zum Paklenica-NP verlassen. 1 km nach Norden zum Badeplatz in Ravanjska [N44° 14' 56.3" E15° 32' 16.5"] oder
A 39b: Kroatische AB an der AS 15 Maslenica zum Paklenica-NP verlassen. Die AB unterquerend 6 km nach Südwesten Richtung Novigrad zum Badeplatz [N44° 12' 19.2" E15° 28' 14.2"] bei Gaststätte.

Grenze HR - BiH - HR: Aufenthalt: kaum (je 5-10 min.).
Wichtiges für Bosnien-Herzegowina: An dem nur 25 km Küstenstreifen passiert man zwei Grenzkontrollen, die in der Regel nur nach der Grünen Karte fragen.

A 40: Kroatische AB an ihrem Ende verlassen und den Wegweisern Dubrovnik folgen, hinter der neuen Brücke dem Wegweiser "Camping Solitudo" [N42° 39' 43.5" E18° 04' 15.9"] mit schönem Sandbadestrand folgen. Idealer Ausgangspunkt für Dubrovnik-Besichtigung, schöne, schattige Stellplätze, regelmäßiger Busverkehr zur Altstadt.

Grenze HR - MNE: Aufenthalt: kaum (10 min.).
Wichtig für Montenegro:
Pass (Kinder mit Kinderausweis mit Lichtbild), grüne Karte. Verkehr: max. **0,5 ‰**, Ort 40 / Straße 80 / Schnellstraßen 100 km/h.
Offizielles Zahlungsmittel ist der EURO!
Diesel: 1,27 €/L, keine Mautstraßen.

Grenze MNE - AL: Aufenthalt: gering (10 - 30 min.).
Wichtig für Albanien:
Pass oder Personalausweis (Kinder mit Kinderausweis mit Lichtbild), grüne Karte. Verkehr: max. **0,0 ‰**, Ort 40 / Straße 70 / Schnellstraßen 80 km/h.
Diesel: 1,37 E/L, keine Mautstraßen.
Der Straßenzustand Albaniens wird meist als katastrophal bezeichnet. Die von uns benutzten (siehe Karte) Transitstraßen waren aber einwandfrei. Für Albanienurlauber empfehlen wir unseren Band 75: Mit dem Wohnmobil nach Albanien.
Für die schnelle Durchfahrt durch Albanien nimmt man die Strecke Shkodra - Durres - Fier - Vlora - Saranda - Grenzübergang Qafë-Botë - Sagiada (nordwestlich von Igoumenitsa).

Grenze AL - GR:
Aufenthalt: gering (10 - 30 min.)
Vom Grenzübergang Qafë-Botë bis Igoumenitsa sind es auf guter Straße noch 21 km und nach Patras 270 km.

Die kürzeste Strecke zur Peloponnes führt über Igoumenitsa - Plataria - Karterion - Mesopotamo - Loutsa - Preveza - (Unterwassertunnel) - Aktion - Vonitsa - (ab hier auch Autobahnneubau) - Paleros - Mitikas - Astakos - Mesolongi - Andirio (Brücke) - Rio (auf der Peloponnes).

Wege über die Alpen – Richtung Italien

Wohnen Sie nördlich oder südlich der Linie Stuttgart – Nürnberg? Haben Sie etwas gegen Schweizer – oder nur etwas gegen die Vignette? Möchten Sie jede Straßenbenutzungsgebühr umgehen, wenn es sich machen lässt, auch wenn's dann länger dauert? Wollen Sie die preiswerteste, die zeitlich kürzeste oder die kilometermäßig am nächsten liegende Fährlinie benutzen? Alle Urlauber nördlich der Linie Stuttgart – Nürnberg können auf die teure Brennerverbindung leicht verzichten und entweder über Basel oder Singen durch die Schweiz fahren. Trotz Vignette kommt das 25 Euro billiger als über den Brenner; wir beschreiben die zwei Hauptstrecken und Tunneldurchfahrten. Den Urlaubern aus dem Augsburg/Ulm/München-Bereich steht der Pfänder-Tunnel bei Lindau/Bregenz offen, dann geht's

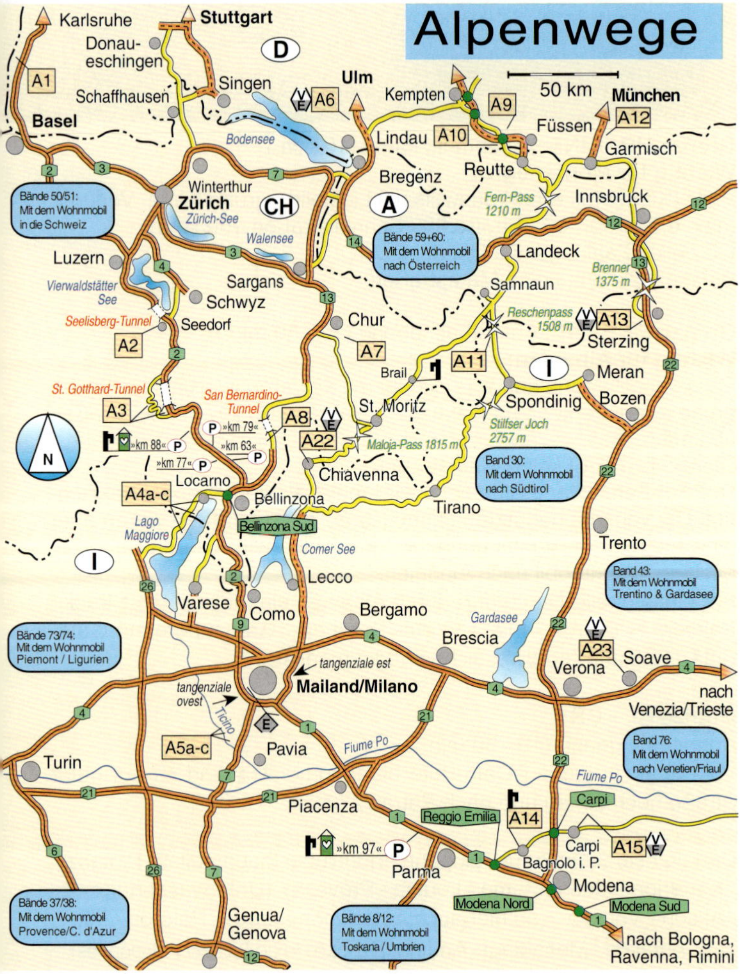

ebenfalls durch die Schweiz. Unsere Freunde aus Österreich, viele Münchener und "psychische Tunnelverweigerer" werden natürlich über den Brenner fahren, er ist aus diesem Raum die "schnellste" Verbindung. Zusätzlich haben wir noch zwei "Gebühren-Verweigerer-Strecken" getestet, denn man kommt auch ohne Straßenzoll über die Alpen, sogar durch die Schweiz! Natürlich ist das mit zusätzlichem Zeitaufwand verbunden; wer aber nicht auf die Uhr schaut, bekommt einige der schönsten Alpengegenden zu Gesicht.
Haben diese Vorüberlegungen Ihnen etwas geholfen? Dann suchen Sie sich jetzt IHRE Tour heraus. Routenführung und Fahrstrecke bis Modena werden Ihnen die Wahl leichter machen. Und wenn Sie sich nicht entscheiden können – nehmen sie für Hin- und Rückfahrt einfach zwei verschiedene Strecken!

St. Gotthard-Route – unser Anreisetipp mit freien Übernachtungsplätzen

(Basel – Modena ca. 520 km)
Basel - Luzern - St. Gotthard - Bellinzona - Mailand - Modena.

Es handelt sich um die schnellste und bequemste Verbindung – und eine der kürzesten. Nahezu jeder Meter ist gepflegte Autobahn. Einziger Nachteil: Die Autobahn Mannheim - Karlsruhe - Basel ist (nicht nur zur Ferienzeit) meist heillos überlastet. Spätestens wenn es zu eng wird, sollten Sie auf die andere Rheinseite flüchten! Von Ludwigshafen bis Wörth steht die »A 65« bereit; von Wörth bis Lauterbourg 13 km Landstraße, dann über Strasbourg bis Basel bequem auf der franz. »A 35«!

Sehenswertes:

-Basel:	Münster, Altstadt, Spalentor.
Luzern:	Hofkirche, Kapellbrücke, Gletschergarten.
-Lugano:	Kathedrale San Lorenzo.
-Milano:	Dom (größte gotische Kirche der Welt).

A 1: Deutsche AB an der AS 64A Bad Krozingen verlassen. Nach ca. 5 km, in der Ortsmitte von Hartheim, nach rechts dem Wegweiser "Zum Rhein" folgen. Am Rhein Picknickplatz mit Tisch & Bank, Schutzhütte und Grillstelle [N47° 56' 36.4" E7° 35' 54.2"].
A2: Schweizer AB A2 an der AS Altdorf Nord/ Schwyz (hinter dem Seelisbergtunnel am Ende des Vierwaldstätter Sees) verlassen und dem Wegweiser nach Seedorf folgen. Im Ort der Hauptstraße folgen bis zum Ortsende. Dort (nach 3,8 km) links schöne Stellplätze [N46° 53' 09.5" E8° 36' 16.4"; 435 m] bei der Miniseilbahn "Gitschenberg". An der Bergstation freut sich Marlis Arnold auf Ihren Besuch, serviert Ihnen gern ein Vesper und erklärt Ihnen, wie Sie zu Fuß wieder zum WOMO zurückfinden (2 Std.). Toiletten & Wasser beim Friedhof (200 m), Gaststätte & Badeplatz mit Grillstelle (400 m).

A 2: Übernachtungsplatz in Seedorf bei der Gitschenbergseilbahn

A 3a: Schweizer AB A 2 bei der AS Göschenen (von Norden) bzw. Airolo (von Süden) verlassen und ca. 16 km zum St. Gotthard-Pass fahren. Auf dem Pass gemütliche Gaststätte und ruhig-frische Parkplätze [N 46° 33' 25.5" E 8° 34' 0.7"; 2102 m] u. a. neben dem kleinen See auf der Passhöhe. Der sehr lohnenswerte Umweg über den Pass (statt Tunnel) beträgt 17 km. Zwei Straßenvarianten sind möglich: Die alte, gepflasterte Passstraße oder die gut ausgebaute, neue Streckenvariante.

A 3b: Schweizer AB A 2 bei der AS Airolo/St. Gotthard-Pass/Nufenenpass verlassen und Richtung Nufenenpass bis zur Talstation des Airolo-Liftes fahren, dort viele, ebene Parkplätze [N 46° 31' 25.6" E 8° 36' 11.7"; 1186 m]; gegenüber St. Gotthard-Käserei mit Gaststätte, Käseverkauf und Schaukäserei.

A 4 a-c: Schweizer AB A 2 bei der AS Belinzona Süd verlassen und bis Locarno fahren. Dort den Wegweisern "Camping Delta" folgen (Nähe Mündung Maggia-Fluss). Kostenpflichtiger Stellplatz in der Via alla Lanca degli Stornazzi [N46° 09' 37.4" E8° 48' 03.8"]. Von dort nur 200 m zum Lago Maggiore. Weitere Plätze in Cannobio [N46° 3' 41" E8° 41' 27"] und Oggebbio [N45° 59' 49" E8° 39' 11"].

A 5a: Italienische AB A 7 bei der AS Pavia-Nord/Bereguardo (»km 21«) verlassen und auf SS 526 nach Bereguardo. Hinter dem Kriegerdenkmal in der Ortsmitte links (Wegweiser: Fiume Ticino) zum großen, ruhigen Friedhofsparkplatz am Ortsende links [N 45° 15' 13.3" E 9° 01' 26.0"]. Wasser hinter dem Friedhofstor rechts.

A 5b: Von Bereguardo weiter nach Motta Visconti. Von der Umgehungsstraße an der ersten Ampel links zum großen Parkplatz [N 45° 16' 47.5" E 8° 58' 25.9"] am Ufer des Fiume Ticino mit beliebtem Tanzcafé, Picknickplatz und Flusswanderweg.

A 5c: Von Motta Visconti weiter nach Besate. Am Kriegerdenkmal (Brunnen) links auf Schotter 2 km zum ruhigen Flussparkplatz [N 45° 17' 58.7" E 8° 57' 03.5"] am Ticino.

A 5c: Übernachtungsplatz am Ticino

Sehenswertes:
-Winterthur: Altstadt, Pfarrkirche (Fresken), Stadthaus.
-Zürich: Altstadt, Fraumünster, Großmünster, usw.
-Vierwaldstätter See: Tellskapelle, Rütli.
-Mailand: Dom (größte gotische Kirche der Welt).
-Piacenza: Stadtmauer, Dom, Renaissance-Paläste.
-Parma: Altstadt mit romanischem Dom.
-Modena: Dom (12. Jahrh.), Galeria Estense.

San Bernardino-Route I

(Singen – Modena ca. 590 km)
Singen – Winterthur – Zürich – Walensee – Chur – San Bernardino – Bellinzona, dann wie Gotthard-Route I.

Bis Zürich befinden wir uns auf der St. Gotthard-Route, dann geht es auf der Autobahn (N 3) weiter, die inzwischen auch am Walensee fertiggestellt ist. Jedoch vor und hinter dem San Bernardino-Tunnel gibt es je 25 km "nur" sehr gut ausgebaute Straßen.

San Bernardino-Route II – unser Rückreisetipp mit freien Übernachtungsplätzen

(Modena – Lindau ca. 495 km)
Chur – Lindau , vorher wie San Bernardino-Route I.

Sargans - Bregenz - Lindau, vorher wie San Bernardino-Route I. Diese San Bernardino-Route ist wesentlich interessanter! Bietet sie doch den Urlaubern aus dem Nürnberger/Ulmer/Münchener Raum eine echte Alternative zur Brenner-Strecke. Wenn man die schweizer Autobahn verlässt, kann man wählen: Gleich auf die österreichische Autobahn und bequem durch den Pfändertunnel um Bregenz herum (Pickerl-Pflicht!) – oder sparsam durch Bregenz hindurch und erst danach auf die deutsche Autobahn?

Sehenswertes:
-Bregenz: Oberstadt mit Martinsturm und Stadtpfarrkirche.
-Vaduz: Schloss Hohen-Liechtenstein, 13.-15. Jahrh.

A 6: Deutsche AB A 96 an der AS Wangen-Nord (von Süden) bzw. Leutkirch West (von Norden) verlassen und über schmale Landstraßen nach Kißlegg. Dort ausgeschildert "Obersee/Strandbad/WOMO-Symbol" zum großen Gelände [N 47° 47' 45.5" E 9° 52' 46.1"] am See/Strandbad mit Ver-/Entsorgung.
Weiterer, kostenloser Stellplatz beim Familienfreizeitgelände in der Le Pouliguenstraße [N47° 47' 27.4" E9° 52' 21.3"].

A 7: Schweizer AB A 13 an der AS Chur-Süd verlassen. Zunächst 3 km Rtg. Lenzerheide, dann links 8 km schmal und steil nach Tschiertschen; großer, ruhiger Parkplatz [N 46° 49' 10.2" E 9° 36' 16.0"; 1338 m] am Ortsbeginn links mit toller Aussicht (wenige Schritte zur Gaststätte "Gürgaletsch" mit guter Pizza und Kübelbier).

A 7: Übernachtungsplatz am Ortsbeginn von Tschiertschen

A 8: Schweizer AB A 13 ca. 15 km südlich des San Bernardino-Tunnels an der AS Mesocco verlassen. Großer Parkplatz [N 46° 22' 03.2" E 9° 13' 22.7"] mit Wasserschlauch (im Ort rechts Rtg. Sportplatz bis zum großen Wiesenplatz rechts der Feuerwehr).

A 8: Übernachtungsplatz neben der Feuerwehr von Soazza

Fernpass-Malojapass-Route

(Kempten – Modena 580 km)

Kempten – Pfronten – Reutte – Fernpass – Landeck – Stuben/ Pfunds – St. Moritz (Engadin) – Maloja-Pass – Chiavenna – Colico – Lecco – Mailand, dann wie St. Gotthard-Route.

Nach der Entfernungsangabe klingt es gar nicht schlecht, aber die Strecke hat es in sich: Fernpass 8% Steigung, Maloja-Pass 15 % Gefälle, allein in Österreich und der Schweiz über 250 km Landstraße. Aber wenn Sie Zeit haben – allein der Silser See oberhalb St. Moritz mit dem verschneiten Corvatsch dahinter – ein Traum.

St. Moritz, Blick über den Silser See

A 22: In Chiavenna dem WOMO-Piktogramm zum schattigen, großen, kostenlosen Stellplatz vor dem Sportplatz (Via Falcone e Borsellino) folgen [N46° 18' 51.4" E9° 23' 45.7"].

Fernpass-Reschenpass-Route

(Kempten – Modena ca. 520 km)

Kempten – Füssen Reutte Fernpass – Landeck – (Abstecher Samnaun, zollfrei tanken) – Reschenpass – Meran – Bozen – Trento – Verona – Modena (oder Venezia).

Nach der Entfernungsangabe klingt es gar nicht schlecht, aber der niedrige Preis (keine Vignette erforderlich, wenn Sie von Imst bis Landeck die 171 statt der A 12 nehmen) hat auch seinen "Preis":

Fernpass 8 % Steigung, Reschen-Pass 9 %, von Nesselwang bis Meran nur Landstraße. Wenn Sie Zeit haben – eine landschaftlich einmalige Strecke.

A 9: Deutsche AB A 7 an der AS 138 Nesselwang verlassen, nach links 2 km bis Rückholz zum Sportplatz [N47° 39' 18.4" E10° 32' 44.5"].
A 10: Deutsche AB A 7 an der AS 138 Nesselwang verlassen, nach rechts 1,4 km zur wohnmobilfreundlichen Gaststätte "Löwen" [N47° 37' 56.0" E10° 31' 03.0"].
A 11: Nach dem Grenzübergang nach Südtirol hinab ins Etschtal. In St. Valentin ruhige Übernachtungsplätze bei der Seilbahn "Haider Alm" [N46° 45' 54.0" E10° 31' 51.9"].

Brenner-Route I

(München – Modena 520 km)

München – Kufstein – Innsbruck – Brennerpass – Sterzing –Bozen – Trento – Verona – Modena bzw.Venedig.

Viele werden diese Strecke fahren, weil sie bequem und schnell ist. Aber sie ist mit Abstand die teuerste und auch nicht gerade die kürzeste. Da sich auf ihr auch noch die meisten Italienurlauber drängeln, sollte man sie wirklich nur benutzen, wenn man aus Österreich oder dem Münchener Raum kommt.

Sehenswertes:

-Innsbruck: Altstadt, Laubengassen, Dom zu Sankt Jakob.
-Verona: Amphitheater, Stadttore, Dom, Basilika San Zeno.
-Modena: Rom. got. Dom, dessen Glockenturm schräg steht.
-Florenz: Allein wegen des Domes mit der achteckigen Brunelleschi-Kuppel fahren viele um die halbe Welt.

A 12: Deutsche A 95 an der AS 10 verlassen und über Großweil zum großen, nachts völlig ruhigen Parkplatz beim Freilichtmuseum Gentleiten [N 47 39' 51.0" E 11 17' 3.0"].
A 13: Ausgeschilderter (kostenpflichtiger) WOMO-Parkplatz "Top Stopp" in AB-Nähe. Direkte Zufahrt von der italienischen Autobahn A 22 (ausgeschildert) oder von der SS 12 bei Sterzing/Vipiteno [N 46° 52' 52.6" E 11° 26' 22.9"].
A 23: Italienische AB A 4 an der AS Soave verlassen (km 178). Vor dem Stadttor von Soave links, dann an der Stadtmauer entlang zum offiziellen, kostenlosen Stellplatz mit VE und Strom [N 45° 25' 24.8" E 11° 14' 43.5"].
A 14: Italienische AB A 1 (von Milano kommend) bei der AS Reggio nell'Emilia bzw. die AB A 22 (vom Brenner kommend) bei der AS Carpi verlassen, bis zur Kirche von Bagnolo in Piano fahren und dort zum Parco Europa beim weit sichtbaren Wasserturm abbiegen. Viele ruhige Parkplätze [N 44° 45' 53.6" E 10° 40' 16.9"] am Park mit Kinderspielplatz, Bänken, Liegewiesen, Schattenbäumen und Mineralwasserbrunnen; kostenlos.
A 15: Italienische AB A 22 bei der AS Carpi verlassen und erst dem Wegweiser "Centro", dann "Mantova" folgen. Schließlich nach links zum riesigen, kostenlosen Parkplatz (mit VE) vor dem Luna-Park/Piscina abbiegen [N 44° 47' 01.6" E 10° 52' 05.3"].

Brenner-Route II

(München – Modena 510 km)

München – Garmisch-Partenkirchen – Mittenwald – Seefeld – Zirl – Innsbruck – "alte" Brennerstraße (182/SS 12) – AB-Auffahrt Sterzing (Vipiteno), dann wie Brenner-Route I.

Die österreichische Brennermaut spart man – und das Pickerl. Zwar muss man Innsbruck durchqueren, aber die schöne, alte (verkehrsarme) Brennerstraße belohnt uns wieder. Für uns ist sie eine der schönsten Alpenstraßen. Zumindest bei Staus sollte man sich an sie erinnern.

Anreiserouten durch Italien

Eigentlich ist die Italien-Fähr-Anreise ganz simpel: Über MODENA bis BOLOGNA – und dann immer die >A 14< nach Süden (es sei denn, Sie bevorzugen Triest oder Venedig – dann müssen Sie ab Verona die >A 4< nehmen!).
Sie müssen nur rechtzeitig "aussteigen", um beim Fährhafen Ihrer Wahl "einsteigen" zu können.
Dabei haben Sie die Wahl zwischen fünf Fährhäfen – und natürlich einer ganzen Reihe von Fährlinien:

Fährhafen Triest

Fährlinien ab Triest: **Minoan Lines.**
Dauer der Überfahrt:
Triest - Igoumenitsa: 26 - 28 h, Triest - Patras: 33 - 35 h.

Fährhafen Venedig-Fusina

Fährlinien ab Venedig-Fusina: **Anek Lines, Minoan Lines.**
Dauer der Überfahrt:
Venedig - Igoumenitsa: 24 - 29 h, Venedig - Patras: 33 - 39 h.

Fährhafen Ancona

Fährlinien ab Ancona:
Anek-Lines, Minoan-Lines, Superfast Ferries
Dauer der Überfahrt:
Ancona - Igoumenitsa: 15 - 25 h, Ancona - Patras: 19 - 35 h

Fährhafen Bari

Fährlinien ab Bari: **Superfast Ferries**
Dauer der Überfahrt:
Bari - Igoumenitsa: 12 - 14 h, Bari - Patras: 19 - 21 h.

Fährhafen Brindisi

Fährlinien ab Brindisi: **Grimaldi Lines**
Dauer der Überfahrt:
Brindisi - Igoumenitsa: 9 - 11 h, Brindisi - Patras: 14 - 20 h.

* Preise * Tipps * Tricks*

Da wir Sie nun reichlich mit unverdaulicher Information überschüttet haben, möchten Sie sicher wissen, was Sie tun sollen bzw. was wir an Tipps auf Lager haben!
Zunächst zu den Preisen:
Für ein WOMO (bis 6 m) + zwei Erwachsene müssen Sie zwischen 190,00 und 600,00 € für Hin- und Rückreise rechnen. Hoppla, werden Sie sagen, über 300 % Unterschied!?

Fährstrecke, Fährlinie und vor allem das Datum Ihrer Fahrt (Haupt- oder Nebensaison) sind für die Unterschiede zuständig. Beachten Sie aber auch, dass Sie bei der längsten Fährstrecke (ab Venedig) auch die meisten Einsparungen bei Sprit und Autobahnmaut erzielen!
Das komplette Angebot der Fährlinien von und nach Griechenland finden Sie (außer in Ihrem Reisebüro) am bequemsten im gemeinsamen Internetportal der Fährlinien:

www.greekferries.gr

Hier können Sie in aller Ruhe (und meist topaktuell) die Fährhäfen, die Fährtermine, die Preise (samt Sonderangeboten), die Überfahrtszeiten, die Bedingungen für Gruppen, Rentner und Haustiere studieren – und natürlich auch feststellen, ob die jeweilige Fährlinie "Camping an Bord = Open Deck" anbietet oder nicht ...

Camping an Bord

Natürlich bekommen Sie Infos und Fährprospekte auch bei allen Campingmessen, bei Ihrem Automobilclub und übers Internet (z. B. auf unserer Link-Liste: www.womo.de). Denn es gilt die Regel – früh buchen, falls man in der Hauptsaison fährt!

Damit bei Ihnen die Anreise durch Italien nicht in Stress ausartet, haben wir auch dort nach ein paar schönen Übernachtungsplätzen Ausschau gehalten. Diese finden Sie vollständig in unserem Buch "Mit dem Wohnmobil nach Süd-Italien (Teil 1: Der Osten)". Hier nur ein paar Beispiele:

A 25: WOMO-Stellplatz: San Marino, P 13 [N 43° 56' 27.6" E 12° 26' 32.9"].
Zufahrt/Ausstattung: >A 16< bis Ausfahrt Rimini-Sud dem Wegweiser San Marino folgen; mit Ver- und Entsorgung, ausgeschildert.
A 26: WOMO-Stellplatz: Fano [N 43° 50' 44.8" E 13° 00' 38.6"].
Zufahrt/Ausstattung: >A 16< bis Ausfahrt Fano. Zunächst Richtung "Centro", am ersten Kreisel halblinks Richtung ROSCIANO, 2. Kreisel geradeaus, 3. Kreisel rechts Richtung "Centro". Nach 800 m rechts in die Via Roma, nach 500 m Kreisel halblinks und links eines Flüsschens (Via Kennedy) nach weiteren 400 m links zum kostenlosen Stellplatz; schön angelegt mit Ver- und Entsorgung.

A 26: Offizieller WOMO-Stellplatz in Fano

A 27: WOMO-Stellplatz: Recanati (Sosta Camper) [N 43° 24' 13.9" E 13° 33' 2.3"].
Zufahrt: Auf der >A 14< bis Anschlussstelle Recanati, dann 12 km landeinwärts bis Recanati. Ab Ortsbeginn offizieller WOMO-Platz ausgeschildert. Schattenloser, beleuchteter Platz (Via Giovanni XIII) mit Strom, Wasser, Abwasser und WC.
A 28: WOMO-Stellplatz: Altidona [N 43° 6' 23.7" E 13° 47' 31.8"; 212 m].
Zufahrt/Ausstattung: >A 14< bei der Abfahrt "Pedaso" verlassen; 4 km ins Landesinnere; Wasserhahn, Schattenbäume, Tisch & Bank, Kinderspielplatz im Park, wenige Schritte in die Altstadt, beleuchtet/Ortsrand.

Zuletzt noch ein Spartipp:

Wer die >A 14< schon bei der Abfahrt Cerignola Est verlässt (knapp 100 km vor Bari), spart Maut, fährt trotzdem vierspurig ohne Ortsdurchfahrten auf der >SS 16< bis Bari – und findet nordwestlich von Barletta gute Badeplätze, u. a.:

A 30: WOMO-Badeplatz: Barletta-West [N 41° 20' 21.4" E 16° 14' 21.2"].

Zuallerletzt der Superspartipp:

Wer die >A 14< schon bei der Abfahrt Vasto Sud (70 km südlich Pescara) verlässt und auf der >SS 16< wenige Kilometer nach Süden fährt, der findet in der Marina di Petacciato schöne Stell- und Badeplätze:

A29: Marina di Petacciato [N42° 02' 10.6" E14° 51' 04.0"], saisonale geringe Gebühr.

und fährt auf der >SS 16< ohne Ortsdurchfahrten 240 km bis Bari.

TOUR 1 (190 km / 3-5 Tage)

Patra – Egio – Temeni – Valimitika – Diakofto – Kloster Mega Spileo – Akrata – Peristera – Styx

Freie Übernachtung: Patra, Temeni, Valimitika, Par. Ritsomylos, Diakofto, Niamata, Par. Trapezas, Peristera, Limni Tsivlou.

Trinkwasserstellen: u. a. Patra, Temeni, Valimitika, Diakofto, Agridi, Peristera.

Campingplätze: Eleonas, Akrata.

Baden: u. a. Temeni, Valimitika, Par. Nikoleikon, Diakofto, Par. Trapezas, Limni Tsivlou.

Besichtigungen: Mega Spileo, Vouraikos-Schlucht, Aroania-Gebirge.

Wandern: zum Kloster Mega Spileo, Vouraikos-Schlucht, Styx.

KARTE TOUR 1

Die einen lieben es bequem, die anderen wollen viel Schönes erleben!

Unsere Fährfahrt mit "Camping an Bord" von VENEDIG nach PATRA verbindet beides:

Nach einem gemütlichen Fahrtbeginn, vorbei am Industriegebiet von Venedig-Fusina, lassen wir Italiens Küste hinter uns verschwinden, verschlafen in einer kostenlosen Kabine den größten Teil der Adriastrecke. Als die albanische Küste in Sicht kommt, rücken wir unsere Sessel auf einen Panoramaplatz

an der Reling und genießen frühstückskauend-schauend den Vorbeizug der malerischen Karstküste. Später sichten wir auf der Steuerbordseite (das ist rechts!) die Felsen von Paxi und Antipaxi. Dabei wenden wir (logischerweise) der linken Schiffsseite unsere "Backside" zu, deshalb heißt sie Backbord. Dann müssen wir uns entscheiden, ob wir links den Lefkadischen Felsen, das Südkap der Insel Lefkas bestaunen – oder rechts Ithaka, der Heimat des Wellenbummlers Odysseus zuwinken wollen.
Das Festland bleibt zurück, eine Schule Delphine erfreut uns dafür mit ihren anmutig-kraftvollen Sprüngen. Dann biegt der Bug unseres Schiffes bei dem Inselchen Oxia um den weiten Schwemmlandfächer des Acheloos, hält genau nach Osten in den Patraikos Kolpos, die Bucht von PATRA hinein, dem "Mündungstrichter" des Golfs von Korinth.
Immer enger rückt nun das Land beiderseits auf uns zu: Links ahnen wir MESSOLONGI mit seinen vorgelagerten Lagunen, aber weit mehr Interesse findet bei den meisten Urlaubern der endlose Sandstrandbogen, der sich südwestlich des Kaps Araxos, dem Nordwestzipfel der Peloponnes, dahinzieht – ein Urlaubsparadies!

Einfahrt in den Hafen von Patras

Der "Rest" verläuft wie im Zeitraffertempo: Einlaufen in den **neuen Hafen** von PATRAS (Port Sud), Hektik auf allen Decks, dieselrußendes "Probelaufen" einzelner, besonders ungeduldiger WOMO-Piloten ....
Wir verlassen das eingezäunte, riesige Hafengelände, das am Südrand der größten Stadt der Peloponnes liegt – aber wohin sollen Sie sich wenden?
Wer sofort zu den Sandstränden an der Westküste der Peloponnes möchte, hat es am einfachsten: Rechts – und dann immer der Nase nach!
Wer unserer Tour 1 folgen, aber der stets verstopften Altstadt ausweichen möchte, biegt ebenfalls rechts, folgt aber nach

500 m (hinter dem sommertrockenen Glafkos-Fluss) nach links den Wegweisern "ATHENA/Bypass of Patra" und wird bequem im großem Bogen östlich um die Stadt herumgeführt.
Wer zunächst einkaufen, in Patras bummeln oder zu unserem ersten Badeplatz fahren möchte, hält sich links und dann (fast) immer in Strandnähe.
Nach ca. 5 km haben wir ein Stück Altstadteinbahnstraße genossen und sofort begriffen, was Griechen unter einer Einbahnstraße verstehen: Man parkt rechts und links in Einer- oder Zweierreihen, so dass der Go-and-stop-Verkehr genug Muße hat, den Gästen in jedem Cafenion ins Frappé-Glas zu schauen.
Zurück am Wasser sichten wir Parkplätze links bei der Marina (mit Wasserstellen und Toilette), 2,5 km später schwenkt die Vorfahrtsstraße nach rechts; wir rollen weiter geradeaus nach Norden: Links schmaler Kiesstrand direkt an der Straße, rechts Tamariskengebüsche. Später wird linkerhand der Strandstreifen breiter, auch sandiger; unter Bäumen und Büschen fände man Schatten. Nach 4 km endet die Stichstraße bei einem großen Wendebereich vor dem (geschlossenen) Campingplatz von PATRA ....
Nein, hier sollen Sie nicht Urlaub machen! Wir beschreiben diesen Bereich nur für die nächtlich Ankommenden oder morgens Heimfahrenden, die nach einem schnellen Ruheplatz suchen (schöner Blick auf die Rio-Andirio-Brücke)!

(01) WOMO-Badeplatz: PATRA-Nord

GPS: N 38° 16' 53.0" E 21° 44' 59.9". **Max. WOMOs:** 3-4.
Ausstattung/Lage: Brunnen, Duschen, Dixi-Clos, Kantinas, einzelne Bäume, Sand-/ Kiesstrand; Blick auf die neue Riesenbrücke Rio - Andirio/außerorts.
Zufahrt: Vom neuen Hafen Patras ca. 8 km (meist) an der Küste entlang nach Norden.

Zurück auf der Hauptstraße geht es weiter Richtung "ATHINA", die günstigen Tankstellen von PATRAS sollten Sie beehren (bis EGIO kommt dann keine mehr).

Schmal ist der Küstenstreifen zwischen dem **Panahaiko-Gebirge** und dem **Golf von Korinth**, und doch passen außer der alten Küstenstraße, der (teils immer noch zweispurigen) "Autobahn" und der Bahnlinie noch reizende Küstenorte dazwischen, wie Perlen zu einer Kette aufgereiht.
Allerdings sollte man nicht glauben, schnell ein einsames, idyllisches Badeplätzchen für sich allein zu finden. Längst ist die Küstenlinie zwischen PATRAS und KORINTH, die so günstig zwischen diesen Großstädten – und nicht weit von ATHEN liegt, mit Ferienhäusern vollgepflastert, da muss man schon suchen!
Wir haben PATRAS nach Nordosten auf der "National Road", der Autobahn >A 8< (E 65) verlassen. Bei der Abfahrt "RIO/Bridge" müssen Sie sich entscheiden, ob Sie gemütlich die malerischen Küstenorte abzockeln und dabei selbst auf Plätzchensuche gehen möchten – dann verlassen Sie die Autobahn und nehmen die "Old road" (auch als "No Toll Road", also gebührenfreie Straße gekennzeichnet). Wir bleiben weitere 26 km auf der >A 8< und verlassen sie erst bei der Ausfahrt EGIO, durchqueren dieses umtriebige Städtchen und nehmen in der Ortsmitte nach links die Stichstraße über TEMENI (vor dem Ortsschild links **Brunnen** der Mineralwasserfabrik "Avra") bis zum Küstenort VALIMITIKA (ca. 5,5 km).

Nicht bluffen lassen, der Wasserfluss ist bewegungsmeldergesteuert!

Dort stoßen wir am Sand-/Kiesstrand auf eine Ortsverschönerungsanlage ohne Parkplätze am Ufer. Schwenkt man davor rechts und passiert den Sportplatz, so findet man dahinter eine neue Parkanlage mit Bänken, buntem Bootchen und Taubenhaus. Man kann mit dem WOMO bis zum Strand vor fahren, steht dort aber ebenfalls nur am Straßenrand [N38° 14' 3.7" E22° 08' 32.2"]. So hatten wir uns das nicht vorgestellt.

Neue Parkanlage in Valimitika

Rollt man aber 600 m weiter nach Osten (rechts) und dann 500 m nach links, so entdeckt man ein idyllisches Badeplätzchen mit Stellmöglichkeiten direkt am Wasser

(02) WOMO-Badeplatz: VALIMITIKA + 1100 m

GPS: N 38° 13' 46.1" E 22° 8' 46.3" **Max. WOMOs:** 3-4.

Ausstattung/Lage: Schattenbäume, Kiesstrand/außerorts.

Zufahrt: Von Egio nach Valimitika, 600 m rechts des Sportplatzes links zum Strand.

Am Abend spazieren wir über die Ortsverschönerungsallee zur Taverne "Akrogiali" mit einem herrlichen "Biergarten" unter Schattenbäumen direkt am Meer. Dort feiern wir unseren gelungenen Urlaubsstart mit griechischem Oregano-Kotelett, grünen Bohnen und einer schönen, kalten Flasche Retsina!

Badeschuhe haben wir im Supermarkt entdeckt, denn zwischen den Kieseln des Strandes warten einige "Spießgesellen" darauf, unsere zarten Füßchen mit Stacheln zu verzieren. Nein, einen Super-Sand-Strand hat VALIMITIKA nicht zu bieten – aber wir fühlen uns sauwohl!

Übrigens: Bei der Zufahrt über TEMENI hatten wir in dessen Ortsmitte (bei der Gabelung mit der Betonwand in Form eines Schiffsbugs) die Abzweigung zum Strand von TEMENI entdeckt. Biegt man dort (von EGIO kommend) links, so erreicht man ihn nach nur 1200 m:

(03) WOMO-Badeplatz: Paralia TEMENIS

GPS: N 38° 14' 40.7" E 22° 08' 06.4" **Max. WOMOs:** 1-2.

Ausstattung/Lage: Kiesstrand, einzelne Schattenbäume auf Parkplatz, Mülleimer, Duschen, Wasserhähne, Umkleidekabinen, Bänke, Kinderspielplatz/Ortsrand.

Zufahrt: In der Ortsmitte von Egio links und in Temeni wieder links.

Nachdem wir über TEMENI nach EGIO zurückgekehrt sind (am Ortsende von TEMENI, gegenüber dem Mineralwasserbrunnen, gibt es eine Abkürzung nach links, die EGIO umgeht), schwenken wir in der Ortsmitte nach links, kurven auf der Küstenstraße weiter nach Osten. Am Ortsende von EGIO rechts beweist uns LIDL [N 38° 14' 19.9"; E 22° 5' 39.9"], dass es überflüssig ist, Konserven nach Hellas zu schleppen. Zusätzlich zum mitteleuropäischen Standardangebot bietet er eine Fülle griechischer Spezialitäten.
Wir lassen die Autobahnauffahrt links liegen; auf der "Without-toll-road" Richtung "ATHINA" sind es über ELIKI noch 4 km bis RITSOMYLOS, links schwenken wir zum:

(04) Offizieller Camper-Stop: En Plo Paralia RITSOMYLOU

GPS: N 38° 13' 10.3" E 22° 08' 51.4" **Max. WOMOs:** >10.
Ausstattung/Lage/Öffnungszeit/Preise: Kiesstrand, VE, Schattenbüsche und -bäume, Mülleimer, Duschen, Wasserhähne, Bänke, Gaststätte/Ortsrand.
offen: Januar - November; 10 EUR + 3 EUR Strom, bei Gaststättenbesuch kostenlos.
Zufahrt: Von Egio auf der Landstraße 4 km bis Ritsomylos, dort links zum Strand 1,4 km.

400 m nach rechts auf Schotter führen uns, durch eine sommertrockene Furt, direkt hinter dem Strand, zum:

(05) WOMO-Badeplatz: Paralia RODIAS

GPS: N 38° 12' 53.1" E 22° 09' 12.5"
Max. WOMOs: 1-2.
Ausstattung/Lage: Kiesstrand, Schattenbäume, Duschen, Gaststätten/Ortsrand.
Zufahrt: Von Egio auf der Landstraße 4,5 km bis Rodia, dort links zum Strand 1,8 km.

5 km später lockt uns das Hinweisschild "ELEONAS" erneut nach links Richtung Küste. In der Ortsmitte, unmittelbar vor dem ehemaligen Bahnübergang, notieren wir links zwei große Platanen mit **Brunnen** und direkt hinter der Bahnlinie ebenfalls linkerhand einen "Kreopoleion", eine Metzgerei, sowie Obst- und Gemüseverkauf.

500 m weiter stößt man, direkt bei einem **Brunnen**, auf den Strand, dicht beschattet mit großen Olivenbäumen. Viele Gaststätten haben ihre Tische darunter aufgestellt, jetzt, am frühen Morgen, ist der Andrang noch mäßig. Aber die vielen, vor den Ferienhäusern geparkten Autos verheißen nichts Gutes ....

Wir halten uns rechts (nach Osten, Richtung DIAKOFTO), passieren den seit langem **geschlossenen** Campingplatz "Eleon Beach" [N 38° 12' 07.4"; E 22° 11' 09.0"], die Besiedelung hört genau so auf wie der Asphaltbelag der Straße – und plötzlich stehen wir vor dem Flussbett des **Vouraikos**. Die Furt ist (obwohl eigentlich problemlos passierbar) durch eine Erdbarriere unpassierbar gemacht. Wie wir wissen, liegen unmittelbar dahinter freie Plätze direkt am Strand zwischen Schattenbäumen und Bambusbüscheln.....

Wir "genießen" folglich einen Umweg durchs Landesinnere. Dort, wo wir aufs Bahnhofsgebäude von DIAKOFTO stoßen, biegen wir links, fahren an der bunt lackierten Museumsdampflok vorbei und folgen dem Wegweiser zum "Paralia". An diesem rollen wir nach links nochmals 900 m entlang.

(06) WOMO-Badeplatz: DIAKOFTO

GPS: N 38° 12' 6.7" E 22° 11' 38.9" **Max. WOMOs:** >5.

Ausstattung/Lage: Kiesstrand, einzelne Schattenbäume, Dusche, Wasserhahn/ außerorts.

Zufahrt: Am Bahnhof von Diakofto links vorbei und am Meer wieder links noch 700 m.

Wir richten uns unter der schönsten Tamariske ein – und planen unser erstes Urlaubsabenteuer; dazu gehört ein Spaziergang zum Bahnhof von DIAKOFTO.
Der Bahnhof von Diakofto versorgte gleichzeitig zwei verschiedene Bahnlinien: Die 'normale' Strecke zwischen KORINTH und PATRAS (die inzwischen eingestellt ist) und die Zahnradbahn DIAKOFTO – KALAVRITA, für die wir uns interessieren (www.argolis.de/Zahnradbahn_Kalavrita.html):

Mo-Fr ab DIAKOFTO:	8.45	11.15	12.33	14.32	15.52
Mo-Fr ab KALAVRITA:	9.57	12.27	14.30	15.50	17.08
Sa/So ab DIAKOFTO:	8.45	11.15	12.33	14.32	15.52
Sa/So ab KALAVRITA:	9.57	12.27	14.30	15.50	17.08

"Kunst" im Bahnhof von Diakofto

Natürlich können wir keinerlei Garantie für diese Zeitangaben machen, denn sie scheinen sich jedes Jahr zu ändern (in den letzen Jahren fuhr die Bahn zeitweise überhaupt nicht, inzwischen ist sie aber bestens restauriert und mit neuen, klimatisierten Triebwagen versehen!).
Aber was macht's, wenn Sie warten müssen? Dann haben Sie noch Zeit für einen Sprung in den Golf von Korinth! Die eleganteste Lösung wäre sowieso, hier zu übernachten und morgens die erste Bahn ins Gebirge zu nehmen!
Dann sollten Sie auch am Vortag Ihr (nummeriertes) Ticket lösen, denn zeitweise ist der Andrang enorm!

Vor Jahren schrieb ich: Das Zügle ("Odontotos") fährt erst los, wenn die beiden Wägelchen, zwischen denen der Dieselantriebswagen mit dem Stromgenerator gehörigen Lärm macht, vollgestopft sind. Während wir gespannt auf die Abfahrt warten, werden vier Personen vom Schaffner persönlich zu den reservierten Sitzen der 1. Klasse, einem 2-Bänke-Abteil gleich neben dem Lok-Führer, geleitet. Diesen 1. Klasse-Super-Luxus können wir Ihnen nur dringend empfehlen, wenn der Andrang groß ist! Sie haben garantiert einen Sitzplatz, genießen die beste Sicht nach vorn – und arm werden Sie dabei auch nicht, denn die 2. Klasse kostet (einfache Strecke) noch nicht einmal 10,00 €.
Wir stehen (!) am nächsten Morgen eingeklemmt unterm Volk. Links hinter uns verteidigt eine alte Bäuerin mit energischer Stimme Pappkartons mit rohen Eiern gegen sitzbedürftige Fahrgäste – so viel Volksnähe hatten wir nicht erwartet. Schnaufend setzt sich die "Spielzeugeisenbahn" in Bewegung, beginnt nach kurzer Fahrt durch die Ebene mit ihrem eigentlichen "Geschäft": Schwankend und scheppernd geht es steil aufwärts, im Abgrund – die Kinder wagen zunächst nur kurze Blicke – der gischtende **Vouraikos**, farngesäumt.
Konglomeratfelsen werden umfahren, sind senkrecht durchkerbt oder durchtunnelt, der **Vouraikos** wird auf Gitterbrücken mehrfach überquert, wir blicken fast senkrecht hinab auf die schäumenden Fluten zwischen gewaltigen Felsblöcken.
Die "flacheren" Streckenabschnitte bis 3,3 % Steigung werden mit normalem Antrieb über die Räder bewältigt, wird es steiler, legt das Bähnle eine Pause ein, man spurt in den Zahnstangenantrieb ein, und an Stellen bis zu 14,5 % Steigung hat man das Gefühl einer baldigen Himmelfahrt.
Freundlich wird mir in der 1. Klasse Platz gemacht, als ich mit der Kamera auftauche, ein Vater drückt immer dann den Kopf seines Söhnchens hinab, wenn ich den Apparat ansetze, ein anderer deutet an: „Warten, es wird noch spannender..."
Schnaufend kommt unser "Gipfelstürmer" nach 50 Minuten in ZAHLOROU (Mega Spileo) zum Stehen, dem Ausgangspunkt unserer "Pilgerwanderung".

Wir notieren noch kurz einen Baumstamm mit einem eingewachsenen **Wasserrohr** – verdursten werden wir bei der Rückkehr nicht! Wer's komfortabler möchte: Neben dem Schienenstrang warten Gaststättentische im Schatten auf ermattete Pilger.

Jetzt geht es, wegen der Platzkarten, wesentlich "gesitteter" zu, ein Teil der Romantik ist zweifelsohne verloren gegangen. Aber die Vouraikos-Schlucht hat nichts von Ihrer wildromantischen Natur eingebüßt.

Gut gerüstet mit Wanderschuhen und vollen Trinkflaschen stapfen wir los. Zum **Kloster Mega Spileo** in 950 m Höhe führt ein steiler, staubiger Mulipfad, der geröllig zwischen stachliger Macchie in einer halben Stunde zur Fahrstraße führt, auf der wir noch zehn Minuten weiterpilgern müssen. Immerhin konnte man an der Zugstation Wasserproviant zapfen, an der Fahrstraße gibt es ein großes Brunnenhaus, und am Klosterhof sprudelt natürlich auch das Nass für die schwitzenden Pilger, denn der Weg ist eine wahre Buß- und Betstrecke. Fast hätten wir auf den letzten Metern vor unserem Ziel die Mandelbaumallee übersehen (haben Sie schon einmal Mandeln vom Baum gepflückt?).
Das mächtige Klostergebäude klebt wie ein Nest vor der Felswand, verdeckt vollständig die große Höhle, die ihm den Namen gab. Es hat eine wechselvolle Geschichte hinter sich, brannte mehrmals ab, stets wurde aber zumindest ein Teil der Klosterschätze gerettet, die wir im Museum gezeigt bekommen: Handschriften byzantinischer Kirchenlieder, Kupferstiche des Klosters incl. Kupferplatten, Messgewänder, griechische Nationaltrachten. In der Klosterkapelle, byzantinisch-golden-mystisch, das verehrte Wachsbild der Jungfrau Maria. Eine Tür führt zur Rückseite des Klosters, der großen Höhle, wo naive Darstellungen einer Drachenbekämpfung in natürlicher Umgebung aufwarten.

(Bevor Sie, meine Damen, das Auge eines Mönches verwirren könnten, werden Sie geziemend eingekleidet! Falls es Ihnen widerstrebt, einen antiken, muffigen Rock aus dem Klosterrefugium anzulegen, sollten Sie entsprechendes im Gepäck mitführen. Auch die kurzhosigen Herren müssen ihre Stachelbeerwaden bedecken).

Vor den Klostergebäuden hat man eine schlichte Marmorplatte aufgestellt. Sie trägt die Namen und das Alter der fünfzehn Mönche, die 1943 von deutschen Soldaten erschossen und über die Felsen gestürzt wurden, weil sie geflohene Partisanen verteidigten. Wir stehen da und schämen uns. Der Rückmarsch zur Bahnstation ist die reinste Erholung (was Ihnen jeder Physiker beweisen kann).

Lockeren Schrittes steuern wir auf den letzten freien Gaststättentisch zu – und erlauschen vom Nachbartisch eine erstaunliche Geschichte: Da sind doch wirklich Wanderer von Diakofto durch die Vouraikos-Schlucht bis Zahlorou heraufmarschiert. Sie erzählen von der herrlichen Aussicht, dem prächtigen Baumbestand, einem gelben Ginstermeer – aber auch von den schmalen Eisenbahnbrückchen, den finsteren Tunnels, dem

tobenden Wasser, das jedes Geräusch übertönt.
Aufpassen scheint überhaupt die erste Devise zu sein, denn der (offizielle ?) Wanderweg führt in den meisten Passagen auf dem Schienenweg entlang – und auch durch die Tunnel!
Wir jedenfalls werden das nächste Mal nur eine einfache Fahrkarte lösen, einige Taschenlampen mitnehmen und den **Rück**weg "per pedes" antreten. Falls uns die 3 1/2 stündige Wanderung zu anstrengend werden sollte – an jedem Bahnhof kann man zusteigen und zur Not auch den Zug auf offener Strecke anhalten!
Bei der Rückfahrt gilt unsere einzige Sorge den Bremsen, während das Bähnchen über Schründe und um Felsvorsprünge herumturnt. Aber wir halten auch schon Ausschau nach dem Abenteuer-Wanderweg – kommen Sie mit?

Versprechen soll man einlösen! Folglich stehen wir vier Jahre später, morgens um 9 Uhr, ausgerüstet mit Wanderstiefeln, Rucksack und Taschenlampen, wieder auf dem Bahnhof von ZAHLOROU und schauen den "Pilgerwanderern" nach, die Richtung Kloster davonstapfen.
Wir machen kehrt und marschieren flotten Schrittes zwischen den Schienen (die Schwellen sind ebenerdig versenkt) talwärts, ein Kilometerstein zeigt 12,5 an. Es ist wirklich viel schöner, die Natur in Ruhe genießen und an den besonders dramatischen Plätzen verweilen zu können.
Nach 3/4 Std. Marsch haben wir bei km 9,4 die einsame Station Triklia erreicht, kurz darauf überholt uns das wieder talwärts dröhnende Bähnle. Schienenvorrat hatte man vor 120 Jahren genug geordert. Noch heute entdeckt man ihn neben der Strecke; die Schienen tragen die Aufschrift "Bochum 1886". 10.50 Uhr kommt uns in der längsten Tunnelpassage wieder der Zug entgegen. Er hat schwer zu schleppen und macht einen Höllenlärm (man muss folglich keine Angst haben, von ihm in einem Tunnel überrascht zu werden; außerdem kann man sich anhand des Fahrplans die Begegnungszeiten ausrechnen).
11.20 Uhr sind wir bei km 5 an der Bahnstation **Niamata**, der ersten oberhalb DIAKOFTO (mit großer, ebener Wiesenfläche neben dem Wartehäuschen!!!). Bereits bei der Bergfahrt hatten wir entdeckt, dass bis hierhin ein Waldweg die Bahnlinie begleitet. Schnell steht unser Entschluss fest: Wir folgen nun dem Waldweg, um für unsere Leser die Abzweigung von der Hauptstraße zu suchen, denn es gibt sicher Wanderfreunde, die sich mit einer kürzeren Strecke zufrieden geben würden ...

(07) WOMO-Wanderparkplatz: Niamata

GPS: N 38° 09' 17.4" E 22° 10' 35.1". **Max. WOMOs:** 2-3.
Ausstattung/Lage: ebene Wiesenfläche/außerorts, sehr einsam.
Zufahrt: Von Diakofto auf der Hauptstraße Richtung Egio, nach 500 m überquert man den Vouraikos, nach 600 m passiert man die Abzweigung Zachloritika und 200 m später (vor der Autobahn) links in die Schotterstraße einbiegen. AB unterqueren und 100 m später bei der Gabelung links 4,5 km nach Niamata.

Der Waldweg ist nur für kleine bis mittlere WOMOs geeignet, aber er führt durchaus "machbar" mitten durch den untersten Teil der Vouraikos-Schlucht (der Belag der Piste wandelt sich zwischen Asphalt, Beton und Schotter). Nach 1500 m passieren wir eine steile Felswand mit typischem Ziegenstall und merken uns für den Rückweg 100 m weiter einen schattigen Badeplatz [N38° 10' 31.2" E22° 11' 23.3"] am Fluss.

Nach 2700 m überqueren wir ihn unmittelbar vor der Bahnlinie, erreichen nach 4,6 km den "Bahnhof" von Niamata, dessen Ausstattung sich in einer neuen Wartehalle, einem verwahrlosten WC und reichlich ebenen Parkplätzen erschöpft. Hier können wir in idyllischer Waldumgebung bequem auf den Zug warten (die Fahrkarten sollte man bereits in Diakofto lösen).

Auf der Weiterfahrt von DIAKOFTO nach Osten sichten wir nach 4 km an der Landzunge von TRAPEZA eine geteerte Stichstraße hinab zu einer weiten Bucht. Nach dem Teerende geht es auf immer schlechter und schmaler werdendem Schotterweg weiter um die Landzunge herum, bis man schließlich mit dem WOMO nicht mehr weiterkommt; aber vorher entdecken Sie sicher eine ganze Reihe von schönen Stellplätzen am breiten Kiesstrand.

(08) WOMO-Badeplatz: Paralia TRAPEZAS (POUNTA)

GPS: N 38° 10' 43.0" E 22° 13' 59.2". **Max. WOMOs:** 2-3.

Ausstattung/Lage: Kiesstrand, Schattenbäume, Duschen, Gaststätten/Ortsrand.

Zufahrt: Von Diakofto auf der Landstraße 4 km bis »km 74,5«, dort links zum Strand.

Auch der Paralia PLATANOU [N 38° 10' 17.8"; E 22° 16' 21.2"] hat ein eigenes Strandsträßchen mit Tamarisken und Oleander unterhalb der Hauptstraße (sehr gemütlich und familiär, aber mit wenig Parkraum, Foto).

Kurz vor AKRATA mündet der **Krathis-Fluss**. Vor ihm geht es links zum Camping Akrata-Beach.

(09) WOMO-Campingplatz-Tipp: Akrata-Beach

GPS: N 38° 10' 20.7" E 22° 20' 12.0". **Öffnungszeiten:** ca. 1.4. - 30.10.
Ausstattung: schön schattig; am Kiesstrand; Laden, Gaststätte; nächster Ort: 500 m.
Zufahrt: Von Diakofto kommend direkt vor dem Krathis-Fluss links.

In AKRATA verlassen wir die Küste, unterqueren die Autobahn und halten nach Süden, auf die Zacken des **Aroania-Gebirges** zu. Wir haben ein Versprechen einzulösen, das wir uns vor Jahren gaben: Wir wollen die **Styx**, den Eingang zur Unterwelt finden!

Phaeton-Sage:
Helios, der Sonnengott, schloss den Sohn in seine Arme: „Sprich einen Wunsch aus, er wird dir erfüllt werden! Bei der Styx, dem Flusse der Unterwelt, bei dem die Götter schwören, ich gelobe es dir!"

Der Trojanische Krieg:
Um diese Zeit sollte sich Achills Schicksal erfüllen. Der göttergleiche Pelide war nicht unsterblich, denn als die Göttin Thetis ihn bei seiner Geburt im Feuer des Hephaistos und im Wasser der Styx unverwundbar machte, hatte sie den Knaben an der Ferse gehalten. Nur den Göttern war bekannt, dass diese Stelle verwundbar war.

Die Sage von Herakles:
Hermes, der Begleiter der Seelen, führte den Helden selber auf seinem gefährlichen Wege. Sie stiegen durch mächtige Felsspalten und Höhlengänge in den Hades hinab bis an den Fluss Styx, der die ganze Unterwelt umfließt.... Herakles trug seinen Brustharnisch, den Hephaistos ihm geschenkt hatte und wickelte die Löwenhaut fest um sich. So gewappnet, ging er das Ungeheuer (den Höllenhund Zerberus) an, packte es am Halse und würgte es mit übermenschlicher Anstrengung..... So überwältigte Herakles das grimmige Untier!

Reichen diese griechischen Sagentexte, die Gustav Schwab so meisterlich für uns übersetzte, um Ihr Interesse zu wecken? Außerdem können wir Ihnen noch einen Ausflug in eine der unberührtesten Gebirgsregionen der Peloponnes versprechen (und einen "süßen" Badesee), ins Gebiet des **Helmos** (Aroania-Gebirge), von dem Orestis M. Colettis schreibt:

> Durch seine Lage und Mannigfaltigkeit ist der Helmos der eigentümlichste Berg Griechenlands. Es umgab ihn stets ein mystischer Hauch.
> Die Alten konnten sich diesem Eindruck erst recht nicht entziehen und machten in ihrer reichen Phantasie den schaurigen Talkessel der Styx zum Eingang der Unterwelt, in dem einst die Götter beim Styx-Wasser, von Iris in goldener Schale geschöpft, den unverbrüchlichsten Eid schworen. Den Sterblichen aber brachte ein Trunk des eiskalten Wassers den Tod.

Wir folgen durch den südlichen Ortsrand von AKRATA zunächst den Wegweisern "ZAROUHLA", später "VALIMI".
In Schleifen geht es bergauf, wir genießen noch den Rückblick auf den **Golf von Korinth**, später auf eine Karl-May-Berglandschaft mit den steilen Schluchten des **Krathis-Flusses**, zu dem ausgewaschene, vegetationslose Erosionsrinnen hinabstürzen.
Nach 18 km passieren wir das Dörfchen VALIMI am oberen Schluchtrand, kurz darauf geht es in Schleifen wieder bergab.
8 km hinter VALIMI, kurz bevor wir das Niveau des **Krathis** erreicht haben, links der Straße **Brunnen** mit Steinbank und Tisch (sehen Sie von hier aus schon den türkisblauen See?).
1000 m weiter sollten Sie sich die Abzweigung nach rechts merken (Wegweiser u. a.: Limni Tsivlou), sie führt zu unserem Wander-Strapazen-Erholungs-Bergsee).
3,7 km später, in AGRIDI, rechts der Straße, nochmals ein gut anfahrbarer, reichlich sprudelnder **Brunnen**.
2,5 km hinter AGRIDI, auf der Höhe des Flusses, verlassen wir die Hauptstraße (die nach ZAROUHLA weiterführt) nach rechts Richtung PERISTERA/MESORROUGI – unser Ziel ist nahe!
500 m später überqueren wir den **Krathis**, dahinter schnellen Forellen aus neu angelegten Fischzuchtbecken. Es geht weiter bergan, an der nächsten Gabelung halten wir uns rechts, landen kurz darauf auf der platanenbeschatteten Platia von PERISTERA (Mit Brunnen und Gaststätte).
Hier könnten das WOMO Ruhe und Sie einen gemütlichen Sitzplatz finden, um die Planung der Unterwelttour bei einem ländlichen Mahl in Angriff zu nehmen. Wir rollen jedoch rechts der Platia noch 300 m bergan und finden neben einem **Brunnen** mit Weidenbaum einen guten, absolut ruhigen Stellplatz, wo der Rest des Abends mit Wandervorbereitungen und ausgiebigen Palavern mit der von Feld und Weide heimkehrenden Dorfbevölkerung vergeht...

(10) WOMO-Wanderparkplatz: PERISTERA

GPS: N 38° 01' 13.9" E 22° 14' 33.9"; 1069 m. **Max. WOMOs:** 1-2.
Ausstattung/Lage: Brunnen, wenig Platz; Wanderweg/außerorts.
Zufahrt: Am Dorfplatz von Peristera vorbei noch 300 m; neuer Platz 50 m weiter links.
Hinweis: Laut eindringlicher Leserwarnungen ist die allerletzte Passage der Tour vor der Styx z. Zt. nur mit Klettermaterial zu begehen.

Der Wecker klingelt sehr früh! Trotzdem absolvieren wir das Frühstück eher in Eile als mit Genuss – die Styx wartet!

Gegen 6.30 Uhr stapfen wir los, durchqueren ANO MESORROUGI, passieren 2 min. später einen **Brunnen**, es ist der letzte vor dem todbringenden Wasser der **Styx**! Nach einem aussichtsreichen Weidebereich erreichen wir auf breitem Waldweg einen Kiefern- und Tannenwald, in dem es schön schattig und fast eben weitergeht; über die Baumwipfel ragen mächtig und kahl die Gipfel des **Helmos** empor.

Nach etwa einer Stunde endet der Waldweg; ein schmaler Pfad, nun mit gelben Blechpfeilen markiert, führt uns zunächst eben weiter, dann durch ein schotteriges Rema (Wadi = sommertrockenes Bachbett) und dahinter 15 min. sehr steil, aber schön schattig, einen Jägerpfad bergauf. Dann nicht mehr so steil, durch lichteren Wald; zu den alten, ehemals gelben Blechpfeilen haben sich grüne Markierungen gesellt.

Entlang einer kahlen, steilen, steinigen Rinne stapfen wir nun entlang, queren sie nach links, wenig später eine zweite, steigen hinauf bis zu einem (Picknick-)Sattel. Abermals ein breiter Felshang mit viel losem Gestein, dann steigen wir über Wiesen zwischen Bäumen hinauf zum tannenbestandenen **Jägersattel** (Diásellu tu Kinigú), schnaufend werfen wir den ersten Blick hinüber zur rostroten Wand mit den schwarzen Streifen, über die der **Styx-Wasserfall** sprüht; gute zwei Stunden sind wir bereits unterwegs. Nun führt, recht schwierig, jedoch fast eben, eine schmale Spur (mit kümmerlichen Sicherungshaken), die den Schotterhang quert (???), auf den Abfluss des Wasserfalls zu. Vom Talgrund kraxeln wir, die Götter und unsere Idee verfluchend, mühsam den Geröllhang wieder hinauf, erreichen schließlich das schön kühle, klare Wasser der **Styx** und einen sprühenden Wasserfallregen, der unsere glühenden Stirnen kühlt. Noch ein paar Meter über festen Fels, und wir tauchen hinein in die herrlich schattige Kühle der **Styxgrotte** durch einen Vorhang aus silbernen Wasserfallperlen (Gesamtzeit: 3 Std.). Wir lassen uns nieder zwischen Storchschnabel, Akelei, wilder

Rose und Frauenmantel, genießen unser Vesper mit Blick auf die völlig einsame, wildromantische Bergwelt im **Helmoskessel**.

Ein Quell sickert aus dem Fels der Grotte, sammelt sich in einem Mini-Teich – gerade groß genug, um eine Bierflasche und eine Limo-Dose zu kühlen. Aber auch das kalte Styx-Wasser haben wir folgenlos genossen – haben uns die Götter in ihrer Mitte aufgenommen?

Der Rückweg ist weniger spektakulär, fast gemütlich. Wir können uns mehr der Vegetation widmen, schwelgen bereits in Erinnerungen. Riesendisteln, violett blühende Kapernbüsche, orangerote Lilien bleiben mir im Gedächtnis, in der Mittagshitze harzduftende Tannen. Wir jedoch schreiten in ihrem Schatten leichten Fußes talwärts, unsterblich!

Blick aus der Styx-Grotte

Mit vielen Fotopausen brauchen wir für den Rückweg auch fast 3 Stunden, allerdings ohne einen einzigen Schweißtropfen zu vergießen. Das WOMO erreichen wir genau zur richtigen Zeit, um eine genüsslich-ausgedehnte Kaffeepause einzulegen.

Dann lassen wir das WOMO rollen, schwenken 3,7 km hinter AGRIDI links in den Schotterweg mit dem Wegweiser zum Tsivlou-Bergsee.

Er überquert neben einer Furt auf einem schmalen Brückchen den **Krathis**, steigt dahinter wieder an, passiert die Taverne "To Petrino" und führt nach 1900 m Schotter zur schönen Stellfläche oberhalb des idyllischen, warmen Bergsees.

(11) WOMO-Badeplatz: Limni Tsivlou

GPS: N 38° 04' 36.5" E 22° 14' 08.5"; 735 m. **Max. WOMOs:** 3-4.
Ausstattung: Kiesstrand, Schattenbäume, Mülleimer, zwei Gaststätten in der Nähe.
Zufahrt: Von Agridi 3,7 km Richtung Küste, dann links noch 1900 m Schotterstraße.

Bis zum Kiesufer (mit Tischen & Bänken unter Platanen) hinab spaziert man 250 Schritte.

Zur zweiten Gaststätte "O Paradisos" fährt man zu zwei Dritteln um den See herum, ungefähr noch 1500 m.

Bestens erfrischt rollen wir am nächsten Morgen zurück nach AKRATA am Golf von Korinth.

KARTE TOUR 2

25 km
Perahora
Loutraki
Isthmus
KORINTHOS
Derveni
Xilokastro
Sikea
Melissi
Diminio
Kiato
Vrahati
Arh. Korinthos
Akrokorinthos
Loutra Elenis
Korfos
Nea Epidauros
Pal. Epidauros
METHANON
Volcano
Vathy
Methana
POROS
Poros
Galatas
Trizina
Kalloni
Ano Fanari
Metohi
IDRA
DIDYMO
Hydra
Thermisia
Didima
Ermioni
Dolinen
Kranidi
Franhti
Portoheli
Kosta
SPETSES
Trahia
Epidauros
Iria
Par. Irion
Vivari
Kandia
Drepano
Tiryns
Nafplio
ARGOS
ARGOLIS
Mykenä
Kefalari
Mili
Ellinikon
(Pyramide)
Goura
Trikala
2376 m
Große Ziria
KILLINI
Stimfalia
Stymphalischer See
Kastanea

TOUR 2 (560 km / 6-7 Tage)

Xilokastro – Trikala – Große Ziria – Arh. Korinthos – Akrokorinthos – Kanal von Korinth – Korfos – Epidauros – Methana – Volcano – Ermioni – Porto Heli – Franchthi-Höhle – Didima – Iria – Kandia

Freie Übernachtung:	Hohe Ziria, Akrokorinthos, Nea Epidauros, Pal. Epidauros, Methana, Galatas, Porto Heli, Saladi-Beach, Iria, Kandia.
Trinkwasserstellen:	u. a. Trikala, Akrokorinthos, Epidauros, Methana, Ermioni, Paralia Irion, Kandia.
Campingplätze:	Loutro Elenis, Nea Epidauros, Paralia Irion.
Baden:	u. a. Derveni, Sikea, Korinthos, Loutro Elenis, Korfos, Nea Epidauros, Pal. Epidauros, Beach Kadina, Galatas, Metohi, Franchthi-Bucht, Saladi-Beach, Par. Irion, Kandia.
Besichtigungen:	Killini-Gebirge, Archaia Korinthos, Akrokorinthos, Isthmus, Epidauros, Volcano, Trizina, Franchthi-Höhle, Dolinen von Didima.
Wandern:	Große Ziria, Hermes-Höhle, Methana, Volcano, Trizina (Teufelsbrücke), Franchthi-Höhle, Didima (Dolinen).

In AKRATA unterqueren wir wieder die Autobahn, erkunden die Schönheiten der Küstenstraße Richtung KORINTHOS. Um es gleich vorweg zu sagen: Ein gemütliches Urlaubsplätzchen haben wir an diesem Küstenabschnitt nicht mehr finden können, wohl aber eine ganze Reihe von Badestopps direkt neben der Straße, von denen sich einige durchaus auch für eine Übernachtung eignen würden:

* In DERVENI, am westlichen Ortsbeginn, noch vor der Kirche, Badestopp mit Duschen am Kies-Strand, Parkplätze am Strand.
* In LIGIA das gleiche Bild, allerdings keine Duschen.
* Mehrere Kilometer Badestrand direkt neben der Straße auch in LIKOPORIA; keine Duschen.

Hinter dem Ortsschild von XILOKASTRO führt ein kurzer Weg nach links zum Strand mit Schattentamarisken und einer Gaststätte. Dort hat es uns am besten gefallen. Wir aalen uns stundenlang im Wasser, essen preiswert zu Abend und schlafen (überraschend) ruhig [N 38° 5' 13.3"; E 22° 36' 07.9"].

Am nächsten Morgen starten wir unseren nächsten Gebirgsausflug, diesmal hat es uns die **Große Ziria** (Killini, 2375 m) mit dem urtümlichen **Flambouri-Tal**, dem landschaftlich reizvollsten Teil der **Ziria**, angetan!

Wie beim **Helmos** umringt auch bei der **Ziria** ein Gebirgsjoch halbkreisförmig ein nach Norden offenes Hochtal, wo wir unser "Basislager" einrichten wollen!

Wieder unterqueren wir die Autobahn ins Landesinnere,

Richtung TRIKALA/Athlitiko Kentro Zireias. Zunächst geht es nur sacht bergauf, die Straße folgt dem Lauf des **Trikalitikos**, dessen Oberlauf das wohl schönste Gebirgstal Griechenlands geformt hat, das **Flambouri-Tal**.

Die Hänge rechts und links sind Weinbaugebiet. Zwischen den Rebanlagen scheint ein riesiges, zerstreutes Zeltlager aufgeschlagen zu sein. Erst bei näherer Betrachtung wird uns die Bedeutung der weißen Plastik- und Leinwandzelte klar: Wir sind im Gebiet der Korinthenherstellung! Auf sorgfältig gereinigtem und gestampftem Naturboden werden die geernteten Weintrauben ausgebreitet und gegen den Nachttau und gelegentliche Regenfälle mit diesen Bahnen geschützt. Uns läuft das Wasser im Munde zusammen, wir fahren durch ein Schlaraffenland.

Ob wir ein paar Trauben klauen? Es sind doch so viele!

Am nächsten "Rosinenzelt" machen wir Halt, um die Szene zu filmen. Der griechische "Wengerter" stellt sich in Positur, als sich die Kamera auf ihn richtet. Ob wir vielleicht ein paar von seinen Trauben möchten? Sie seien besonders gut in diesem Jahr! „Ehrlich währt am längsten", sagen wir uns Minuten später, während unsere nachstopfenden Finger kaum mit dem Mundwerk Schritt halten können, so süß und aromatisch rinnt es die Kehle hinunter.

Eine kleine, aber düstere Wolke bedeckt in der Richtung, in der es jetzt immer steiler aufwärts geht, die Gipfel, verschwindet wieder, um aber an der nächsten Straßenkehre wieder sichtbar zu werden. Seltsam, überall ist der Himmel blau, nur dort...

Wir sind schon ganz nahe an der Wolke, als ein erschreckendes Motorengedonner nur knapp über uns hinwegbraust. Ein Flugzeug stürzt sich wie ein Habicht in den Qualm hinein – wir sind unter den ersten Augenzeugen eines riesigen Waldbrandes. Jetzt, nachdem wir den letzten Hügel umfahren haben, wird uns das Ausmaß des feurigen Vernichtungszuges erst sichtbar: Ein ganzer Berg ist bereits kahl, von den schwarzen, astlosen Stammresten weht nur noch weißer Rauch zur Feuerwand hin, an der eine Gruppe von Soldaten den geradezu lächerlichen Versuch unternimmt, mit langen, buschigen Ästen die Flammen auszuschlagen.

Flugzeug auf Flugzeug dröhnt jetzt über die Flammen hinweg, taucht mutig in das Inferno und steigt wie erleichtert hinter der Front auf – Löschflugzeuge, der gleiche Typ, den wir schon auf Korsika bei seiner lebensgefährlichen Aufgabe sahen: Über das Meer hinwegrasen, mit geöffneter "Ladeluke" Wasser hineinschaufeln, aufsteigen und über, besser in dem Brand die Wasserladung abwerfen, stets in der Gefahr, von einer plötzlichen Hitzebö erfasst zu werden.

Das Feuer nähert sich langsam, aber stetig unserer Straße zu den drei TRIKALA-Dörfern (KATO-, MESAJA- und ANO-TRIKALA). Der Leutnant des Soldatentrupps hat nichts dagegen, dass wir weiterfahren.

„Ein paar Neugierige weniger, um die brauche ich mir nicht auch noch Sorgen zu machen", wird er denken.
In MESAJA-TRIKALA passieren wir einen Kinderspielplatz mit Info-Tafel, gegenüber **Brunnen**. Jetzt lodern die Flammen halb unter uns. Wir halten noch einmal an, Filmpause. Da dröhnt es heran, gewaltig, drohend. Ein riesiges Düsenflugzeug huscht über den Brand, schleppt eine lange Fahne einer blutroten Chemikalie hinter sich her. Instinktiv ziehe ich den Kopf ein, als es über uns hinwegzischt, die Kinder haben sich schon schreiend ins WOMO geflüchtet.
Dieser letzte Angriff hat auf das Feuer nachhaltiger gewirkt. Nur noch der brenzlige Geruch verbrannten Harzes begleitet unseren weiteren Weg.

Bergfahrt zur Großen Ziria

Oberhalb von ANO TRIKALA (Doppel**brunnen** am Ortsende) senkt sich der Bug unseres WOMOs, das Hochplateau ist erreicht. Am Ende der Asphaltstraße (nach insgesamt 34 km Bergfahrt) erweitert es sich zu einem riesigen Amphitheater, von dessen Rängen die Gipfel der Berge erhaben herabblicken. Hinter der Straßengabelung unser Orientierungspunkt: Ein Gebäude (das wir als ehemalige Käserei entlarven), daneben eine Kapelle, ein runder Picknickpavillon, zu ihren Füßen eine Quelle mit Viehtränke. Wir biegen von der Straße ab und stellen unser Fahrzeug daneben ab.

(12) WOMO-Wanderparkplatz: Große Ziria

GPS: N 37° 57' 03.5" E 22° 25' 34.5"; 1506 m. **Max. WOMOs:** 3-4.
Ausstattung/Lage: Picknickhütte, Wanderwege/außerorts, einsam.
Zufahrt: Von Xilokastro über die drei Trikala-Dörfer bis zum Beginn der Schotterstraße.

Stellt man sich auf die betonierte Quellfassung, so hat man direkt vor sich, im Südwesten, die Gipfel und Hänge der **Großen Ziria** (2375 m); links, im Osten, erheben sich die Buckel des **Gymno** (Kleine Ziria, 2089 m).
Links hinter uns, auf einem kleinen Hügel, die Schutzhütte "A" des E.O.S. Im Hang der **Großen Ziria**, kaum erkennbar in der linken Falte, etwa 1500 m entfernt, die Schutzhütte "B", an der der Aufstieg zur **Großen Ziria** vorbeiführt.
Diese Bergwanderung soll zu einem unserer schönsten Erlebnisse in Griechenland werden (Gesamtwanderzeit ca. 5 Std.)!

Am nächsten Morgen stiefeln wir, bepackt mit allem Nötigen, quer durch die topfebene Hochalm, deren kurzgeweideter Grasbewuchs durch seltsam "verschnittene" Sträucher aufgelockert wird. Wir sehen uns nach den "Gärtnern" um: Ziegen, die über die weite Fläche verstreut ihre Nahrung suchen, haben auch schon gemerkt, dass weiter oben an den Büschen die zartesten Blätter knospen. So richten sie sich auf die Hinterbeine auf und fressen den Busch kegelförmig nach oben ab. Dort, wo sie wegen der Höhe nicht mehr hinkommen, wächst dieser wieder ungestört in die

Auf der Großen Ziria (2375 m)

Breite. Formen, die am meisten Sanduhren ähneln, kommen so zustande. Auf heruntergerollten Felsblöcken am Fuße des Hanges entdecken wir die erste Wegmarkierung. Die orangeroten Punkte führen uns wirklich zu der Schutzhütte "B" und dann immer weiter, steil empor, auf einem schmalen Ziegenpfad bis aufs Joch. Hier wenden wir uns nach rechts, unsere Bergschuhe versinken in einem Golfrasen. Unglaublich, wie kurz die Ziegen das Gras abfressen können. Mit scharfem Blick erkennen wir die Käserei mit unserem WOMO. Nochmals führt unser Pfad, an den meisten Stellen gut markiert, durch eine Mulde und dann den Gipfelhang empor. Steinmännchen markieren jetzt die Streckenführung, unsere Kinder bauen gleich noch ein paar dazu!

Zeus kann sich auf seinem Olymp nicht erhabener gefühlt haben als wir auf "unserem" Gipfel. Die ganze **Peloponnes** ist vor uns aufgerollt: Im Norden der **Golf von Korinth**, der Blick reicht über ihn hinweg bis zu den Zinnen des **Parnass**, ringsum, fast zu unseren Füßen, die weiteren Gipfel. Der Abstieg ist fast noch schöner. Wir haben jetzt Muße, uns auch den Schönheiten der Pflanzenwelt zu widmen: Winzige Anemonen schmiegen ihre violetten Köpfchen an den Boden, die unseren einheimischen Krokussen ähnliche Merendera bildet ganze Teppiche. Der aromatische Duft der Bergminze bleibt noch lange haften, wenn man die Blättchen zwischen den Fingern reibt.

Ganz beschwingt kommen wir wieder auf der Hochebene an, gerade noch rechtzeitig, um eine riesige Ziegenherde an unserem Brunnen begrüßen zu können.

Gemütlich sitzen wir abends beim Malefiz-Spiel, um uns herum nur die Einsamkeit der Berge.

Da, ein Klopfen!

Fast automatisch rufen wir: „Herein!“ Wirklich öffnet sich die Tür, drei uniformierte Bubengesichter schauen verlegen herein, Soldaten von dem Camp am anderen Ende des Hochtales, die wir schon bei den Löscharbeiten beobachtet hatten. Einer ergreift auf gut hessisch das Wort. „Mein Vater hat in Offenbach eine Kneipe!“

Wir rücken zusammen, so gut es geht, und ein lustiges Gespräch lässt sich an. Aufschlussreich ist vor allem die Vermutung über die Entstehung des Waldbrandes.

Die Soldaten wollen weder von meiner Glasscherben- noch von der Zigarettenstummel-Theorie etwas wissen. „Hier brennt es immer, wenn jemand ein Haus bauen will! Das Roden des Waldes ist verboten, also hilft man nach!“ Nachdenklich sitzen wir noch lange zusammen, über Sinn und Unsinn auf dieser Welt philosophierend.

Am nächsten Morgen verlagern wir unseren Standort um wenige hundert Meter nach Osten.

Erstens stehen wir dort nicht den Herden im Wege, die zur Tränke drängen und zweitens führt vom Liftparkplatz ein bequemer Feldweg zu einem noch schöneren Picknickpavillon, wo gleich hinter den windgebeugten, flachen Kronen der Kiefern der Abstieg zum **Flambouri-Tal**, unserem nächsten Ziel, beginnt.

(13) WOMO-Wanderparkplatz: Flambouri-Tal

GPS: N 37° 56' 51.9" E 22° 25' 55.2"; 1500 m. **Max. WOMOs:** 2-3.
Ausstattung/Lage: Picknickhütte, Wanderwege, Ziria-Café 5 min./außerorts, einsam.
Zufahrt: Von Xilokastro über die drei Trikala-Dörfer 34 km bis zum Beginn der Schotterstraße, dort links noch 800 m, den Liftparkplatz überquerend.

Der Pfad ist schnell gefunden, bestens mit orangfarbenen Punkten markiert und führt in nur 30 Minuten steil hinab bis zur Talsohle (wieder hinauf sind's dafür 45-60 Minuten).
Im Talgrund erwartet uns ein Märchenwald: Zottige Bärte meterlanger, graugrüner Flechten hängen von den uralten Tannen herab, das leise Raunen der Wipfel wird von einem ganz fernen Glockengeläut untermalt. Wie verzaubert gelangen wir talaufwärts bis zu einem besonders schönen Lagerplatz, wo Nichtstun, Schauen und Träumen uns stundenlang beschäftigt. Das Geläut kommt näher, eine Herde zieht vorbei, und wir lassen uns von ihr bis zu unserem WOMO zurückleiten.
Die nächste Tour führt uns zur **Hermes-Höhle**! Zwischen Riesenkiefern stapfen wir über Geröllfelder die Flanke des Hanges hinauf (links vorbei an Ziria-Café und Skilift, rote Markierungspunkte). Nach 20 min. geht's an der linken Hangkante entlang mit Blick hinab ins **Flambouri-Tal**. Bereits nach 30 min. haben wir wieder eine Wegweisertafel erreicht, die uns links, steil hinab, in weiteren 5 min. zum Höhleneingang führt:
Eine Kluftspalte klafft im Berg, im 30-Grad-Winkel hangeln wir uns durch eine prächtige Galerie von Tropfsteinvorhängen hinab, die weit genug von den gierigen Fingern der "Souvenirjäger" entfernt von der Höhlendecke auf uns zielen. Bereits nach fünf Minuten Abstieg müssen wir an einer besonders steilen Passage (nur mit Seil passierbar) unsere "Höhlenerforschung" beenden. Schnaufend setzen wir uns auf praktische Stalagmitenhocker

und lassen eine Weile die Kegel unserer Taschenlampen über die unterirdische Pracht schweifen. Dann kehren wir blinzelnd zum Tageslicht zurück – auch vor dem Höhleneingang ist die Aussicht prächtig: Hinab ins Flambouri-Tal und weiter bis zum Golf von Korinth und den verschneiten Gipfeln des Parnass dahinter ...

Ein bisschen traurig nehmen wir Abschied von unserem Tal, dem Picknickpavillon, dem Gebirgsplateau, nicht ohne ein Wiederkommen zu versprechen.

Die Fortsetzung der Asphaltstraße ist bereits breit geschottert, zum Asphaltieren vorbereitet. Wo führt sie hin? Wir folgen ihr neugierig nach Westen, auf die **Große Ziria** zu. Nach 700 m zweigt nach links eine Stichstraße zu den Hirtenhütten am Gebirgshang ab, wir halten uns rechts (Wegweiser: **Limni Dasiou**) und kommen nach weiteren 1,4 km an die nächste Gabelung. Wer sich hier wiederum rechts hält, erreicht nach weiteren 2,5 km in 1480 m Höhe den Bergsee Limni Dasiou, wo man so richtig Sommerfische machen kann: Picknickpavillon, Liegewiese, Wanderwege – alles ist da.

(14) WOMO-Wanderparkplatz: Limni Dasiou

GPS: N 37° 58' 55.6" E 22° 25' 37.1"; 1485 m. **Max. WOMOs:** 2-3.
Ausstattung/Lage: Picknickhütte, Liegewiese, Wanderwege/außerorts, einsam.
Zufahrt: Von Xilokastro über die drei Trikala-Dörfer 34 km bis zum Ende der Teerstraße, dann noch 4 km auf Schotter (immer rechts halten). 1,7 km weiter Richtung Trikala weiterer Wanderparkplatz (14a) mit Picknickhütte [N 37° 59' 10.0" E 22° 26' 27.0"].

Sie werden sicher, vorbei am See, der Fortsetzung der Schotterbahn folgen (die Sie directement zurück nach MESAJA-TRIKALA und dann auf dem gleichen Weg hinab nach XILOKASTRO führt), wenn Sie die Fortsetzung unserer Erkundungstour lesen:

Rollt man nämlich nicht an der letzten Gabelung rechts zum See, sondern hält sich erwartungsfroh links, so wird man auf breiter Schotterbahn – gegen den Uhrzeigersinn – um die **Große Ziria** herumgeführt. Wir folgen dieser Strecke, da auch auf unserer Karte bereits ein Sträßchen eingezeichnet ist.

Die Große Ziria von Süden

Bis »km 8,4« hält der "Komfort" an, dann verengt sich die Bahn, wird wesentlich holpriger (?), eigentlich nichts mehr für gesittete Fahrer...

Bei »km 9,6« passieren wir die Kapelle **Ag. Nikolaos** (gegenüber Aussichtspavillon), kurven Serpentine für Serpentine steil hinab und erreichen bei »km 14,0«, am Ortsrand von GOURA, wieder die Zivilisation mit Asphaltbahn und Bäckerei. Ab hier ist alles ganz einfach! Wir schwenken links, erreichen über MESINO, MOSIA und KASTANEA den **Stymphalischen See** mit schönem Picknickplatz [**15:** N37° 51' 26.6" E22° 27' 12.6"].

Die sechste Arbeit Herakles' bestand darin, die Vögel aus dem Stymphalis-See zu verjagen. Das waren mächtige menschenfressende Raubvögel mit eisernen Schnäbeln und Krallen. Ihre ehernen Federn konnten sie wie Pfeile abschießen und mit ihren Schnäbeln sogar eiserne Panzer zerfetzen. Ihre Exkremente erstickten die Saat, außerdem gaben sie einen widerwärtigen Gestank von sich.

Dürer, 1500, Herakles u. d. stymphalischen Vögel

Der Heros schüttelte eine von Hephaistos (dem Gott des Feuers und der Schmiedekunst) gefertigte bronzene Klapper, mit der er die krächzenden Scheusale aufscheuchte. Pfeil auf Pfeil flog von der klingenden Sehne des Helden. Die Vögel, die nicht getroffen wurden, ergriffen die Flucht und kehrten niemals nach Arkadien zurück.

Wir können uns vom Erfolg der herkulischen Arbeit überzeugen, denn der fast zugewucherte Spiegel des Sees liegt lautlos rechts der Straße.

Vor dem Örtchen STIMFALIA warten rechts der Straße die beeindruckenden Reste des **Klosters Zaraka** [N37° 51' 59.5" E22° 27' 25.8"]. Auf einem Wanderweg gelangt man nach 800 m zum antiken Stymphalia.

Wesentlich ansprechender als der See ist sein Ursprung in STIMPHALIA. Seine Quelle hat man schön eingefasst und mit Götterstatuen umgeben.

Der riesige Quelltopf gegenüber erfreut mit einem WOMO-Parkplatz [N37° 52' 9.7" E22° 27' 52.1"] direkt neben einer (empfehlenswerten) Gaststätte.

Auf bequemer Bahn kehren wir über KALIANI und SOULI zum Golf von Korinth bei KIATO zurück. Wir unterqueren die Autobahn, biegen auf der Küstenstraße rechts; wir haben uns eine Badepause verdient!

10 km östlich von KIATO liegt VRAHATI. Unmittelbar vor der neuen Kirche biegen wir links zum 800 m entfernten Paralia.

(16) WOMO-Badeplatz: Paralia VRAHATIOU

GPS: N 37° 57' 42.9" E 22° 48' 30.2"
Max. WOMOs: 2-3.
Ausstattung/Lage: Sandstrand, Spielplatz, Duschen/im Ort, in der Hauptsaison viel Trubel.
Zufahrt:
In der Ortsmitte von Vrahati noch vor der Kirche links 800 m zum Strand.

Nun wird die Bebauung noch dichter, und die Küstenstraße verlässt überdies den Sichtbereich des Strandes. Aber einen letzten Übernachtungsplatz am Strand vor KORINTHOS haben wir trotzdem entdeckt:
Unübersehbar ist das riesige Hinweisschild Richtung "Ancient Korinthos"; eine riesige, geschwungene Abzweigung mit breiter Brücke führt zu den 4 km entfernten Ausgrabungsstätten. Genau 300 m hinter dieser auffälligen Abzweigung führt nach links ein Teersträßchen (Wegweiser fehlten bei unserem letzten Besuch) zu einem flachen, eingezäunten Gelände, das in unserem Griechenlandatlas mit "Lechaion" bezeichnet ist, dem antiken Hafen von KORINTHOS. Einst führte von Alt-Korinth eine schnurgerade, gepflasterte Straße zum Meer, gesäumt von Läden hinter Säulengängen.
Wenig ist hinter der Einzäunung zu erspähen, alles ist verschlossen; immerhin erkennen wir die Grundmauern der riesigen Kirche aus dem 5. Jahrh. (einst die größte byzantinische Kirche Griechenlands).
Die Umzäunung lässt den Strandbereich frei. Dort führt die Straße noch hunderte von Metern weiter, es wird immer einsamer. Hier finden Sie mit Sicherheit einen ruhigen Übernachtungsplatz – und baden kann man auch.

(17) WOMO-Badeplatz: Lechaion

GPS: N 37° 56' 7.0" E 22° 53' 9.7"
Max. WOMOs: >5.
Ausstattung/Lage: Kies-/Sandstrand, Mülleimer, kein Schatten, viel Platz/außerorts.
Zufahrt: 300 m nach der Abzweigung Arh. Korinthos und 150 m nach deren Brücke links.

Sie wollen endlich klassische Säulen sehen?
Dann folgen Sie dem bereits beschriebenen Wegweiser nach **Ancient Korinthos** – und stehen nach wenigen Minuten auf

dem großen, öden, neuen Parkplatz; wenige Schritte sind es zur Ausgrabungsstätte (offen: 8 - 20 Uhr). Je nach Tageszeit wechselt der Zustand dieses Parkplatzes von Einsamkeit über beschauliches Treiben bis zu Drangsal und Enge. Es liegt an Ihnen, welchen Zustand Sie antreffen ....

(18) WOMO-Stellplatz: Ancient Korinthos
GPS: N 37° 54' 27.4" E 22° 52' 47.5" **Max. WOMOs:** >5.
Ausstattung/Lage: kein Schatten, WC, Gaststätte/im Ort.
Zufahrt: Unterhalb der Ausgrabungsstätte, ausgeschildert.

Weitere Übernachtungstipps gefällig?
Biegen Sie nicht links zum Parkplatz ab, sondern rollen Sie noch 400 m weiter nach Westen und dann nach links. Sie landen direkt am Ausgrabungsgelände, beim alten Parkplatz [N 37° 54' 22.0" E 22° 52' 41.6"]!
Korinth bietet viel! Da ist ein gepflegter Camper Stop mit familiärer Atmosphäre genau die richtige Basisstation! Folgen Sie einfach den verwinkelten Sträßchen mit den Hinweisschildern (sehr mühsam für übergroße Womos).

(19) Offizieller WOMO-Stellplatz: Camper Stop Korinth
GPS: N 37° 54' 40.9" E22° 52' 42.6" **Max. WOMOs:** >10.
Ausstattung/Lage: VE, Baumschatten, Dusche, WC, Strom, Wasserhahn/im Ort.
Öffnungszeiten/Preise: ganzjähig; 10 € + 3 € Strom
Zufahrt: Ab dem Eingang zur Ausgrabungsstätte Ancient Korinthos ausgeschildert.

Haben Sie ihn schon entdeckt, den Wegweiser zur "Stadt auf der (Berg-)Spitze", nach **Akrokorinthos**?

Nach 800 m passieren wir noch ein großes, türkisches, schön verziertes **Brunnenhaus** mit besonders gutem Wasser, dann dröhnen wir eine elegant in Schleifen gelegte Straße hinauf bis direkt vor das Haupttor der gewaltigen Festung. Dort wartet rechterhand eine Gaststätte (dahinter der erste Parkplatz) und weiter links der zweite Parkplatz mit einem unbeschreiblichen Panoramablick, der mit einbrechender Nacht und dem Aufflammen der Lichter an der Küste immer schöner wird.

(20) WOMO-Stellplatz: Akrokorinthos

GPS: N 37° 53' 23.7" E 22° 52' 5.7" **Max. WOMOs:** 2-3.
Ausstattung/Lage: Mülleimer, Aussicht, Gaststätte, daneben WC/außerorts.
Zufahrt: Am Eingang zur Ausgrabungsstätte Ancient Korinthos ausgeschildert.

Vorher jedoch stürmen wir noch die Burg! Hier in 575 m Höhe baute man bereits seit der Antike. Aber die Reste aus byzantinischer, fränkischer, venezianischer und türkischer Zeit haben die ältesten Teile längst überwuchert, ergänzen sich zu einer martialischen Wucht, unter der der Burgberg fast zusammenzubrechen scheint (offen: 8.00 - 15 Uhr).
Sie haben Kinder dabei? Dann können Sie den "Ritterburg-

berg" von KORINTHOS keinesfalls auslassen – aber auch auf Erwachsene macht die Gigantomanie des Festungswesens und natürlich die Sicht von den Zinnen bis zu den Gipfeln des Parnass Eindruck.

Ein kleines WOMO brummt heran, als wir schon kauend aus den Fenstern schauen, dreht eine Erkundungsehrenrunde und parkt in Schlafstellung neben uns ein – auch andere haben gute Ideen!

Vier, fünf, sechs Personen quellen heraus, wo wollen die alle schlafen? Aber schnell haben sie das Aussichtsplateau neben dem Parkplatz entdeckt (dessen schönste Stelle wir schon für das Frühstück reserviert haben), im Nu sind zwei "Hundehüttenzelte" aufgebaut ....

Prächtig ist am nächsten Morgen der Blick hinab auf die Säulen von Alt-Korinth, während das WOMO zu Tale rollt.

Pünktlich um 8.30 Uhr stehen wir am Eingang der Ausgrabungsstätte – wir sind die ersten!

Das (sehenswerte) Museum öffnet erst später; so beginnen wir unseren Rundgang nebenan bei den prachtvollen Säulen eines Tempels, über die in unserem Führer schon deshalb nichts steht, weil er (erst) von den Römern erbaut wurde. Die Säulenkapitelle gefallen uns trotzdem, die Schäfte dagegen erscheinen uns etwas kurz geraten. An den Westläden vorbei betreten wir die Agora, den über 250 m langen Marktplatz, der nach Süden von einer Stoa begrenzt wird, einem zweistöckigen Bau mit einer Säulenhalle, dem das Bema vorgelagert ist – die Rednertribüne der römischen Statthalter. Hier soll auch Paulus gepredigt haben – mit wenig Erfolg. In dieser Stadt der raffiniertesten Lüste, der "wiegend schreitenden Hetären" muss er eine sonderbare Erscheinung, ein beunruhigender Fremdkörper gewesen sein. Mit einer seiner Predigten in der Synagoge zettelte er gar einen Aufruhr an, in dessen Verlauf er von Raufbolden verprügelt wurde ....

Am Ende der Südstoa wenden wir uns nach links und kommen an den Ruinen der Juliansbasilika vorbei zum berühmten Brunnenhaus der Peirene, benannt nach einer Dame, die wegen ihrer nie versiegenden Tränen in diese Quelle verwandelt wurde. In manchem Führer wird das Gemäuer präziser "Unteres Quellhaus der Peirene" genannt, weil es im südlichen Teil des Festungsrings von Akrokorinthos die "Quelle der oberen Peirene" gibt. Dass diese obere die untere Quelle speisen soll, wie man in der Antike glaubte, ist allerdings nur ein Märchen.

Das Quellhaus vor uns besteht aus sechs rechteckigen Kammern mit Schöpfbecken, die von einem unterirdischen Quellreservoir versorgt wurden. Bedauerlich, dass es den griechischen Behörden nicht gelingt, den Unrat aus den Becken zu entfernen und sie mit Wasser zu füllen!

Für die Bedeutung des Quellhauses spricht, dass man es dauernd "modernisierte": Zunächst wurden die Kammern mit Blendarkaden verkleidet, dann kamen zwei Säulen vor dem Mittelbogen dazu, eine mit korinthischem Kapitell, Herodes Attikus ließ die Fassade mit Marmor verkleiden und fügte Apsiden mit Halbgewölben hinzu, die dem Bauwerk die jetzt sichtbare Kleeblattform gaben.

Links (westlich) des Quellhauses sieht man die Propyläen, Reste des Triumphbogens, den Beginn der Lechaion-Straße, die schnurgerade zum Hafen des antiken Korinthos (wir sprachen bereits darüber) führte.

Wir spazieren nun entlang der zum Teil wiedererrichteten Nordwest-Läden zum beeindruckendsten Bauwerk, dem Apollontempel, einem der frühesten

Ancient Korinthos, Apollontempel

großen Tempel Griechenlands; etwa 500 v. Chr. wurde er auf einem vierstufigen Unterbau erstellt. Von seinen 38 monolithischen Kalksteinsäulen wurden sieben wieder aufgerichtet, der Rest liegt so dekorativ herum, wie ihn das zerstörende Erdbeben hinwarf.

Wir kommen nun am Tempel der Hera Akraia vorbei zum Quellhaus der Glauke, einem einzigen, ausgehöhlten Felskubus, dessen ungepflegter Rest mühsam von rostigen Eisenspangen zusammengehalten wird. Glauke, König Kreons Tochter, hatte versucht, der zauberkundigen Medea den Mann auszuspannen. Diese schenkte ihr ein teuflisches Brautkleid, das nach der Anprobe in Flammen aufging. Glauke stürzte sich (zu spät) in diese Quelle, die daraufhin ihren Namen bekam.

Nun ist es Zeit, das Museum aufzusuchen, in dem all die Stücke aufbewahrt werden, die nicht dem Regen, den Füßen oder den langen Fingern der Besucher trotzen könnten: Mosaike, Statuen, Vasen, Terrakottaaltäre. Leider ist die Beschriftung (wie üblich in Griechenland) nur in ausführlichem Griechisch (obwohl bei den hohen Eintrittspreisen kaum ein Grieche die Sammlungen betritt) und dürftigem Englisch gehalten.

Wir wenden uns dem Ausgang zu und werden von der ersten Busladung fast überrollt. Erst jetzt fällt uns auf, das sich der Parkplatz bereits zur Hälfte gefüllt hat – nichts wie weg!

An der nächsten ***Attraktion können wir Ihnen allerdings erst recht keine Ruhe versprechen, es ist ein Verkehrsknotenpunkt, der berühmte **Kanal von Korinth**!

Zunächst rollen wir auf dem gleichen Weg wieder Richtung Küstenstraße, entern jedoch kurz davor die Autobahn Richtung

Der berühmte Kanal von Korinth

ATHINA, die in diesem Abschnitt keine Maut kostet, verlassen sie wieder an der AS EPIDAUROS (noch vor dem Kanal!). Bereits nach 500 m kündigt sich der Touristenrummel mit Gaststätten, Tankstellen, Verkaufsbuden an. Wir parken unmittelbar südlich der Kanalbrücke, schließen besonders sorgfältig das WOMO ab und folgen dem Fußgängerstrom auf die Metallgitterbrücke, die vor dem Autobahnbau (und dem Brückenbau Rio-Andirio) die einzige Straßenverbindung zwischen der Peloponnes und dem griechischen Festland war.

Aus etwa 50 m Höhe blicken wir hinab auf den schnurgeraden Wasserweg, er ist 6300 m lang und auf der Höhe des Wasserspiegels nur 23 m breit. Bei einer Tiefe von ebenfalls nur 8 m können ihn nur mittelgroße Schiffe befahren, die in etwa 30 Minuten von Schleppern hindurchgezogen werden. Aber als er in den Jahren 1881 - 1893 angelegt wurde, konnten sich die französischen und griechischen Ingenieure wohl keine größeren Schiffe vorstellen! Da können wir doch froh sein, dass weder Periander, der Tyrann von Korinthos (600 v. Chr.) noch Kaiser Nero (67 n. Chr.) mit ihrem Kanalbau Glück hatten – sonst könnten heute sicher nur Kajütboote die Abkürzung nach Athen nehmen, die immerhin 200 Seemeilen Umweg um die Peloponnes erspart.

Hinter unserem Rücken braust der dichte Verkehr vorbei, versetzt die bedauernswerte Brücke in Schwankungen, die auf der Erdbebenskala nach Richter ungefähr dem Wert 6,0 entsprechen würden.
Ja, liebe Freunde, Sie leben hier gefährlich, nicht nur wegen des Verkehrs. KORINTHOS und Umgebung ist die wohl am stärksten erdbebengefährdete Region Griechenlands. Sie sollten sich also schnellstens wieder nach Süden davonmachen oder (mit unserem zweiten Griechenlandführer "Mit dem Wohnmobil nach Griechenland") nach Norden. Dann würde es etwa folgendermaßen weitergehen:

Unmittelbar hinter der Brücke über den Isthmus biegen wir links und düsen über LOUTRAKI bis nach PERAHORA. Wir biegen rechts ab in den Ort, rollen bis zur Hauptkirche in der Ortsmitte und entdecken an der Kirchenmauer und an der Straße davor gleich zwei **Wasserhähne** mit Schläuchen zur bequemen Benutzung. Dann fahren wir zurück bis zur Hauptstraße und biegen dort rechts Richtung **Limni (See) Vouliagmeni** ein.
6,5 km später, die ordentliche Teerstraße führt in Schleifen mit zwei auffälligen Serpentinen den Hang hinab, stoßen wir auf den eigentümlichen "See", der in Wirklichkeit eine 3 km lange, ovale Meeresbucht mit einem nur flüsschenbreiten Ausgang zum Meer ist, also Salzwasser enthält. Am Westende des "Sees" **gabelt** sich die Straße.
Die "Arbeit" geht vor! Also preschen wir geradeaus 1800 m weiter bis zu einer Wendestelle oberhalb des antiken **Heraion** (Irio) von PERAHORA. Zunächst stolpern wir bis zum Leuchtturm an der Spitze des Kaps und halten Ausschau nach Seeräubern.
Dann klettern wir zu den Grundmauern des **Tempels** der Göttin Hera hinab – und weil wir von oben schon einige Gestalten im glasklaren, türkisblauen Wasser schwimmen sehen, vergessen wir auch unsere Badesachen nicht. Genüsslich lassen wir die Fluten nach der schweißtreibenden Leuchtturmtour über uns zusammenschwappen ....
Jetzt brauchen wir einen Übernachtungsplatz! Zurück geht's zur **Gabelung**. Dort stehen einige WOMOs unter Pinien neben einem Tretbootverleih direkt am Seeufer, eines verdeckt gnädig das Camping-Verbotsschild. Ich frage den Besitzer nach Polizei und so und er antwortet gemütlich: „Ich stelle mich regelmäßig neben solche Schilder, dort sind die Strände am schönsten! Wegfahren kann ich immer noch, wenn einer meckert!"
Wir halten lieber Ausschau nach einem Platz ohne Verbotsschild und entdecken ihn auf der Südseite des Sees, direkt vor seinem Meeresausfluss bzw. -einfluss (je nach Ebbe oder Flut). Eine riesige Wendeplatte mit

Pinien und Mastixsträuchern, völlig menschen- und autoleer, wartet auf WOMO-Urlauber. Hier werden Sie wegen der "Strandqualität" sicher weder im Meer noch im See baden, aber das sollen Sie auch gar nicht! Tagsüber beim Tretbootverleih parken und baden, nachts hier in idyllischer Ruhe schlafen – ist das ein Vorschlag!?

Wir wenden unser WOMO auf dem Parkplatz vor dem Kanal, folgen nach rechts, parallel zum Kanal, dem Wegweiser ISTHMIA, überqueren die Autobahn. Nach knapp 2 km parken wir links vor einer weiteren Attraktion des Kanals [N37° 55' 5.0" E20° 0' 23.6"]: Der Senkbrücke von Isthmia (in Aktion zu sehen bei Youtube "Senkbrücke").

Wir setzen uns in eines der Cafés neben der Brücke, die zunächst nicht "aufregend" aussieht. Als sich jedoch ein Schiff nähert, wird der komplette eiserne Brückentrog mit Seilwinden abgesenkt, taucht so tief (max. 8 m), dass auch große Kähne nicht kollidieren (am anderen Ende des Kanals gibt es eine weitere Brücke dieser Bauart [N37° 57' 0" E22° 57' 43"]).
Wir wenden der Brücke den Rücken zu, erreichen nach 600 m die Hauptstraße, nach links geht es zu dem nächsten Peloponnes-Highlight, dem **antiken Epidauros**.
Auf den ersten Kilometern gen Süden sichten wir nur Wegweiser zu Campingplätzen, Feriensiedlungen; folglich rollen wir, suchend der Küstenlinie folgend, weiter nach Süden. Aber die Strände, die unser Blick erhascht, wenn nicht gerade ein Wäldchen das Meer verdeckt, überzeugen uns noch nicht. Zu viele Leute, zu dicht besiedelt. Immerhin könnte man nach genau 4,5 km, bei KEHRIES, direkt links neben der Straße einen Badestopp einlegen. 1 km später schwenken wir links zum Strand von LOUTRA ELENIS. Man kann entlang der Strandpromenade parken und ins kristallklare Wasser hüpfen. Rollt man am (geschlossenen) Campingplatz vorbei, so erreicht

man – am absolut südöstlichsten Ende von LOUTRA ELENIS (oder ist es schon VLASEIKA?) – einen großen Felsstock. Darunter wartet eine eigentümliche Süßwasserlandschaft, durch die man zum durchaus annehmbaren Kiesstrand stapfen kann.

(21) WOMO-Badeplatz: Loutra Elenis

GPS: N 37° 50' 32.5" E 23° 00' 57.6" **Max. WOMOs:** 3-4.

Ausstattung/Lage: Kiesstrand, Mülleimer, kein Schatten/Ortsrand.

Zufahrt: Bis zum südöstlichen Ende von Loutra Elenis, dort links (Wegweiser: Club Benz).

Dann verlässt die gut ausgebaute Straße die Küste, erklimmt in sanften Schwüngen einen Hügelzug und erreicht erst einige Kilometer hinter dem Abzweig "Korfos" wieder das Meer.

Ob es an der Namensähnlichkeit zur Insel Korfu liegt – wir wollen sehen, was uns KORFOS zu bieten hat!

Bei »km 27,3« biegen wir links, die Straße ist schmal, aber asphaltiert und führt zunächst parallel zur Hauptstraße zwischen Olivenhainen und Tabakfeldern nach Süden.

Dann jedoch schlägt sie einen linken Haken nach Norden – und verblüfft halten wir oberhalb des weiten, malerischen **Ormos Sofikoú** an.

Diese entlegene Meeresbucht beherbergt nur das kleine Städtchen KORFOS – und einen großen, ebenen Bereich vor dem Ort, wo man hinter dem Kiesstrand, zwischen Büschen und Pinien sicher fein stehen kann, denn Kieswege verbinden die Parkbuchten zwischen Binsenbüscheln und Mastixsträuchern!

Oder gefällt Ihnen der Platz bei den Palmen am Kiesstrand besser – oder der bei den Tamarisken?

Blick auf die Bucht von Korfos

(22) WOMO-Badeplätze: Korfos
GPS: N37° 45' 25.2" E23° 07' 03.8" / N37° 45' 29.5" E23° 07' 16.2"
Max. WOMOs: 3-4.
Ausstattung/Lage: Grobkiesstrand, z.T. Baumschatten, Gaststätte/Ortsrand.
Zufahrt: Am Ortsbeginn von Korfos rechts ("Al mare", Beach Bar).
Hinweis: Korfos ist ein gemütliches Örtchen mit vielen Restaurants direkt am Wasser.

9,8 km düsen wir am nächsten Morgen zurück zur Hauptstraße, biegen dort links ein und halten 7,4 km später, bei »km 34,5«, links auf einem großen Aussichts-Parkplatz an, fast unter uns ein in grandioser Felsumklammerung eingeklemmter Finger der Bucht Sofikou.
Sie sehen gar keine Bucht? Dann zwängen Sie mal Ihre Adleraugen zwischen den Kiefern hindurch (oder fahren Sie 700 m weiter bis zum nächsten Aussichtsplatz)!
Vergeblich spähen jedoch auch wir nach einer "Abstiegsmöglichkeit". Schließlich entdecken wir am linken Ende des Parkplatzes einen "richtigen" Fahrweg (Wegweiser: Selonda). Sollen wir es wagen?
Nochmals ein Blick hinab: Dort stehen doch Zelte, eins, zwei, sogar ein Wohnwagen! Was die können....
Die 2500 m Abfahrt sind asphaltiert und bequem und gefahrlos zu befahren, denn inzwischen hat sich in der Bucht eine Fischfarm angesiedelt (Sie sollten deshalb bei Ihrem Blick hinab erst testen, ob nicht zu viel Trubel ist!).

In der Fischfarmbucht gibt's nur noch wenige freie Plätze

Einige Plätze zwischen Tamariskenbäumchen direkt am feinen Kiesstrand sind noch frei – aber was ist mit dem Wasser? Grün wie in einer Regentonne! Das haben wir in Griechenland noch nie erlebt. Ob wohl der Fischzuchtmeister es gestern mit dem Futter zu gut gemeint hat? So begnügen wir uns mit einer Kletterpartie an der nördlichen Felsflanke, von der wir einen Adlerblick auf die quadratischen und kreisförmigen Fischzuchtbecken haben, die vom oberen Parkplatz aus zunächst Rätselraten ausgelöst hatten.
Erstaunlich, wie sich die Vegetation in den Rissen und Vertiefungen der Felsen anklammert. Alpenveilchen lugen unter einer Kante hervor. Erstaunlich? Haben wir schon vergessen, dass das Alpenveilchen unserer Fensterbretter *(Cyclamen persicum)* aus dem östlichen Mittelmeer stammt?
Am nächsten Morgen ist das Wasser wieder glasklar, der Algenteppich ist von der Morgenbrise weggeweht worden. Unsere Kinder haben sich mit der Wohnwagenjugend zusammengetan und paddeln in einem Riesen-Traktor-Schlauch zu den Fischbehältern. Na gut, dann bleiben wir eben noch einen Tag; klassische Stätten soll man ohnehin am frühen Morgen besichtigen!

(23) WOMO-Badeplatz: Fischfarmbucht

GPS: N 37° 43' 56.6" E 23° 07' 04.3" **Max. WOMOs:** 2-3.
Ausstattung/Lage: Kiesstrand, Mülleimer, Baumschatten, wenig Platz, bei Anglern beliebt, Camping verboten/außerorts.
Zufahrt: Bei »km 34,5« links hinab zur Fischfarm.

Vor PALEA EPIDAUROS kommt NEA EPIDAUROS. An seinem weiten Sandstrand (Nea Epidauros Beach) kann man eine Badepause einlegen, wenn man die 1800 m lange Stichstraße durch duftende Orangenplantagen, vorbei an zwei **Campingplätzen**, zur Küste fährt.
Am linken Rand der Bucht, beim kleinen Hafen, gibt es genügend Stellplätze [**24:** N37° 40' 49.4" E23° 09' 04.6"] neben dem kleinen Bächlein. Biegt man bei der Zufahrt 500 m vor dem Strand, bei einer schönen Palme (Wegweiser: Aliotou-Beach),

nach rechts ab, so kann man nach weiteren 200 m in einem trockenen Flussbett ebenfalls zum Strand vorfahren. Dort wendet man sich rechts – und kann hunderte von Metern am Strand entlang fahren oder sich am Ende des Weges einrichten: An einem schönen, ruhigen Plätzchen mit Sand-/Kiesstrand, wo man niemanden stört.

(25) WOMO-Badeplatz: Nea Epidauros

GPS: N 37° 40' 17.9" E 23° 09' 07.2" **Max. WOMOs:** 3-4.

Ausstattung/Lage: Kies-/Sandstrand, etwas Schatten, Kiosk/Ortsrand.

Zufahrt: Zum Nea Epidauros Beach, 500 m vor dem Strand rechts, nach 200 m links.

4,4 km weiter südlich zweigen wir ab nach ARCHEA EPIDAUROS (Port), ebenfalls mit zwei schönen Strandpartien:
Die linke heißt **Kalamaki-Beach**. Wir zwängen das WOMO zwischen Häuserwänden hindurch (?) und parken abseits der Bebauung zwischen Palmen ein.

Archea Epidauros/Kalamaki-Beach

(26) WOMO-Badeplatz: Archea Epidauros/Kalamaki-Beach

GPS: N 37° 38' 29.6" E 23° 09' 33.6" **Max. WOMOs:** 3-4.

Ausstattung/Lage: Seichter Kies-/Sandstrand, Dusche, kein Schatten/Ortsrand.

Zufahrt: In Archea Epidauros nach links dem Wegweiser "Kalamaki-Beach" folgen.

Rollt man an der Abzweigung zum Kalamaki-Strand vorbei, so kommt man zum Hafen zu Fischerbooten und vielen Restaurants. Wendet man sich am Wasser rechts, so gelangt man am Ende der Straße zu schönen Stellplätzen am Rande der Hafeneinfahrt mit Baumschatten und Kies-/Sandstrand (bequemere Zufahrt von der südlichen Ortszufahrt).

(27) WOMO-Badeplatz: Archea Epidauros/Nisi-Beach

GPS: N 37° 38' 12.7" E 23° 09' 42.8"

Max. WOMOs: >5.

Ausstattung/Lage: Sandstrand, Dusche, Schatten, Gaststätte, C. verboten/außerorts.

Zufahrt: In Archea Epidauros zum Hafen (Port), dort rechts und bis zum Ende der Straße.

Lohnenswert ist von hier aus der 6-min.-Spaziergang zum **Kleinen Theater**, an dem eifrig restauriert wird. Noch sehr gebrauchstüchtig sieht der alte Backofen davor aus. Ob er wohl ebenfalls aus antiker Zeit stammt?

Von ARCHEA EPIDAUROS steigt eine Zufahrtsstraße den Hang hinauf zum weltberühmten **Asklepiosheiligtum** mit dem am besten erhaltenen Theater Griechenlands.

Wir treiben den Diesel ins Landesinnere, haben nach 14 km den Riesenparkplatz vor der antiken Kultstätte des Apollonsohnes Asklepios (Äskulap) erreicht (einst stieg man vom Hafen in drei Stunden zu Fuß hinauf!).

(28) WOMO-Stellplatz: Archea Epidauros/Theater

GPS: N 37° 35' 49.3" E 23° 04' 27.7"; 318 m **Max. WOMOs:** >5.

Ausstattung/Lage: Riesig, viel Schatten, Mülleimer, WC, Wasserhähne, Gaststätte, Camping verboten/außerorts.

Zufahrt: Von Palea Epidauros 14 km ins Landesinnere (ausgeschildert: Theatre).

Der Heilgott Asklepios wird – als Zeichen seiner ärztlichen Würde – stets mit einem Stab abgebildet, um den sich eine Äskulapnatter windet; noch heute ist er das Zunftzeichen der Ärzte. Selbst die wenigsten Ärzte wissen, dass dieses Symbol eigentlich aus dem alten Ägypten stammt; dort war die Schlange allerdings noch ein im Menschen parasitierender (Medina-) Wurm, den man mittels eines gespaltenen Stöckchens aus der Haut herausdrehte. Ein Wurm allerdings auf einem Arzt-Mercedes – pfui!

Im Inneren der Ausgrabungsstätte wenden wir uns zunächst nach rechts zum Theater aus dem 4. Jahrh. v. Chr. Auf seinen 55 Sitzreihen finden noch heute 15.000 Zuschauer Platz, wenn von Juli bis August, während der Epidauros-Festspiele, die antiken Dramen aufgeführt werden (Beginn stets 21 Uhr, Karten am Verkaufskiosk beim Theater).

Theater von Epidauros, 55. Reihe

Wir begnügen uns mit einer Hörprobe von der fünfundfünfzigsten Sitzreihe aus und können uns davon überzeugen, dass man selbst aus dieser Entfernung das Fallen einer Münze hören kann – in manchem überdachten Theater der Neuzeit haben die billigen Plätze eine schlechtere Akustik! Ein plötzliches Gewitter vertreibt uns von den Resten des Asklepios-Heiligtums, und vergnügt können wir bei einer Tasse Kaffee im WOMO dem überstürzten Aufbruch der Menschenmassen zuschauen.

Auf der Hauptstraße geht es weiter nach Süden (Richtung PORTOHELI/KRANIDI); 300 m hinter TRAHIA verlassen wir die Hauptstraße nach links. Die schmalere Straße soll uns über AG. ELENI und ANO FANARI wieder zur Ostküste der Argolis-Halbinsel zurückführen (Wegweiser: POROS/METHANA).
Sofort wird uns klar: Das ist kein Touristengebiet mehr! Die paar Autos, denen wir auf der schmalen Straße begegnen, die noch vom Regen feucht in der Sonne dampft, haben griechische Kennzeichen und sind vollgepackt mit Badeheimkehrern, die ebenfalls vom Gewitter aufgeschreckt wurden.
Eine Strecke für Genießer!
Die Straßenführung wechselt mehrfach von sanften Schwüngen um Olivenhaine zu jähen Abstiegen in Täler und Küstenebenen. Auf einsamer Höhe haben wir am linken Straßenrand einen reichlich sprudelnden **Brunnen** (Überlauf eines Wasserbassins) entdeckt. Das Wasser sprudelt aber erst, wenn Sie den Holzstöpsel aus dem Rohr gezogen haben! Falls Sie scharf auf Wasser sind – er liegt genau 11,8 km nach der Abzweigung bei TRAHIA und 800 m vor ANO FANARI.

1000 m nach DRIOPI treffen wir auf die Küstenstraße und damit die Epidauros-Verweiger, mit denen wir weiter nach Süden ziehen.
Einen Badestopp fände man recht bald am langen Strand von KALLONI [z.B. N 37° 32' 26.9"; E 23° 18' 26.6"]. Falls Sie hier länger verweilen möchten, sollten Sie noch 2500 m weiter fahren und links in ein schmales Asphaltsträßchen einschwenken zum "**Paralia Metamorphosis**", einer völlig einsamen Sand-Kiesstrand-Zunge.

Zunächst rollen wir auf der Asphaltbahn zwischen dem Strand (links) und der **Lagune Psifta** mit ornithologischer Station und Vogelbeobachtungstürmen (rechts) weiter nach Osten, und je weiter wir kommen, desto mehr wird das Auge erfreut von sauberem Strand samt Strandbar und einem schattenspendenden Tamariskengebüsch, wo man das WOMO fein einparken kann.

(29) WOMO-Badeplatz: Paralia Metamorphosis
GPS: N 37° 32' 15.5" E 23° 20' 50.2"
Max. WOMOs: >5.
Ausstattung/Lage: Kies-/Sandstrand, wenig Schatten, Strandbar, Mülleimer/außerorts.
Zufahrt: 2400 m östlich von Kalloni links, vorbei an der Lagune zum Strand.

Weiter nach Osten schneidet der Fahrweg zunächst eine kleine Landzunge ab, kurvt zu einer neuen, kleinen Bucht hinab um dahinter wieder steil den Hang hinaufzusteigen. Wir haben genug gesehen, 2 km den Strand erkundet und überlassen weitere Entdeckungen Ihrem Forscherdrang ...
Auf der Hauptstraße rollen wir südlich der Lagune weiter gen Osten, biegen nach 2200 m zur **Halbinsel Methanon** ab. Direkt hinter der Abzweigung wartet links der Straße die Kapelle der Hl. Apostolou [N37° 31' 31.1" E23° 21' 1.9"] mit **Wasserhahn** und Picknicktischen im Schatten.
Für größere Tankaktionen sollten Sie noch 3,8 km zuwarten,

denn direkt hinter der ersten Kirche von TAKTIKOUPOLI finden Sie einen besser anfahrbaren **Wasserhahn** [N37° 32' 35.3" E23° 22' 12.7"].

An der Engstelle zur **Halbinsel Methanon** gabelt sich die Straße, wir halten uns zunächst rechts.

Beim Ortsschild von METHANA [N37° 34' 33.4" E23° 23' 15.7"] kann man parken und rechts zu einem besonderen Badeplätzchen hinabsteigen: Warmes, schwefelhaltiges Wasser quillt aus dem Felsen in die Bucht – wenn das Ihrer Haut nicht gut tut?!

Blick auf die Bucht von Methana (links der Schwefelquellenbadeplatz)

Rollt man um das Hafenbecken herum, so findet man rechterhand eine Straße mit Parkmöglichkeiten bei den Fischerbootchen, linkerhand bei den Palmen Stellplätze am Geröll-/Feinsandstrand.

(30) WOMO-Badeplatz: Methana

GPS: N 37° 34' 38.7" E 23° 23' 23.1" **Max. WOMOs:** 3-4.

Ausstattung/Lage: Geröll-/Sandstrand, Dusche, Gaststätten/Ortsrand.

Zufahrt: In Methana das Hafenbecken umrunden, dahinter die 2. Straße rechts.

Wir nehmen uns nun den linken Rand der Halbinsel Methanon vor. Nach 2 km seit der Gabelung klemmen wir das WOMO an den linken Straßenrand und "erobern" die **Peristeri-Höhle** [N37° 34' 23.4" E23° 21' 35.6"]. Einen steinigen Eselspfad turnen wir hinauf und dann über Felsklötze hinab bis zum Beginn des Höhlenschlundes.

Genau bei km 4 haben wir am Ortsbeginn von VATHY den Paralia Almyros erreicht: Dusche, Sonnendächer, Grob-

kiesstrand, der im Wasser in Sand übergeht. Eigentümlich sieht er aus, der Kies, ein bisschen wie Lava...
Das erste Haus von VATHY ist die **wohnmobilfreundliche** Fischtaverne "Palaeokastro" [**31:** N37° 35' 10.2" E23° 20' 53.9]. Besonders malerisch sitzt man an dem Tisch auf der Meerseite. Hinter der Flaniermeile von VATHY steigt die Straße an, wir folgen nach links dem Wegweiser nach KAIMENI CHORA und **Volcano**. Jetzt endlich fällt bei uns der Groschen: Schwefelsee, Lava, Volcano – wir sind in einem vulkanischen Gebiet!

Das Sträßchen steigt empor, schlängelt sich an einem Lavahang vorbei, erreicht das Dörfchen KAIMENI CHORA, das nur aus Lavagestein erbaut ist.
Aber hier ist noch nicht der Höhepunkt unserer Tour! Noch ein, zwei Serpentinen und wir haben den Wanderwegsbeginn zum **Volcano** erreicht, einem von insgesamt 32 (!) Vulkanen auf Methanon, der letzte Ausbruch liegt allerdings schon 300 Jahre zurück! Wenn Sie das beruhigt, dann können Sie jetzt mit uns den Vulkan besteigen, ein bequemer Wanderweg führt hinauf!

(32) WOMO-Wanderparkplatz: Volcano
GPS: N37° 37' 06.5" E23° 20' 09.8"; 320 m. **Max. WOMOs:** 2-3.
Ausstattung/Lage: Wanderweg/außerorts. **Zufahrt:** siehe Text.
Hinweis: Festes Schuhwerk erforderlich, hinauf und hinab ca. 40 min.

Der Aufstieg ist problemlos, absolut rutschfest (Öko-Winter-Streumittel) und zunächst erfreulich schattig. Dann führt der gut markierte Weg durch den Krater und nochmals hinauf zu einer beeindruckenden Gesteinsspalte in Form eines spitzen Zeltes. Geradezu traumhaft ist der Blick hinab über den **Saronischen Golf** mit seinen Inseln ...

Auf dem gleichen Weg kehren wir zur Hauptstraße zurück. 3 km nach unserem METHANA-Abstecher kommt bereits der nächste. Auf dem Wegweiser steht TRIZINA. Nach 2100 m wenden wir uns am Ortsschild rechts bis zum großen Parkplatz [N37° 29' 49.4" E23° 21' 45.5"] in der Ortsmitte (ab hier Wegweiser "Devil's bridge").

Nach weiteren 600 m (die Sie hoffentlich zu Fuß gegangen sind), gabelt sich das Sträßchen nochmals. Wir marschieren links hinauf, zwei S-Kurven führen um eine römische Grabstätte und ein mittelalterliches Kastell herum. Der Weg zieht weiter bergan, am linken Rand einer tiefen, dichtbewaldeten Schlucht, aus der ein Wasserfall heraussprudelt. Wenige Schritte nach Ende des Fahrweges führt die nur 5 m lange **Teufelsbrücke** über die 20 m tiefe Klamm (Wanderdauer: 20 min.).

Ein fast zugewachsener Pfad führt schluchtaufwärts zu romantischen Badegumpen unter Schattenplatanen – etwas für Genießer! Hinter der Brücke rechts findet man einen Brunnen unter Platanen mit einer steinernen Ruhebank ...

Weiter geht's Richtung GALATAS (dort Fähre zur nur wenige Meter entfernten **Insel Poros**). Es ist eine besonders fruchtbare Landschaft, die wir nun durchqueren: Orangen, Zitronen, Kiwis, Melonen, Honigmelonen, Tomaten, Zucchinis – alles wächst hier im Überfluss.

Galatas, Blick hinüber nach Poros

GALATAS zieht vorbei. Am Ortsende links ein großer, öder, kostenloser Schotterplatz am Ufer [N37° 29' 41.9' E23° 27' 18.9"].

Galatas, P 3 am Ortsende

800 m nach dem Ortsende kann man links vor der Firma "Poros Marine" auf einen Sandweg einschwenken mit Sand-/Kiestrand und einer Taverne.

(33) WOMO-Badeplatz: Galatas

GPS: N 37° 29' 18.1" E 23° 28' 08.6" **Max. WOMOs:** 1-2.
Ausstattung/Lage: Kies-/Sandstrand, Mülleimer, Gaststätte/Ortsrand.
Zufahrt: 800 m nach dem Ortsende von Galatas vor der Firma "Poros Marine" links.

Die Insel Poros grüßt herüber. Hinter dieser großen Insel kommen noch viele kleine Inseln, Inselchen und Halbinseln mit schmucken weißen Häuschen drauf, eine richtige Traumlandschaft. Wieder geht es hinauf und hinab, dann steigen die steilen Felsen der langgestreckten **Insel Idra** aus dem Blau des Meeres.

Auf Meeresniveau angekommen und nur noch 500 m, bevor wir Strandkontakt haben, erspähen wir am Beginn einer Linkskurve einen nicht besonders auffälligen Wegweiser an einem Olivenbaum: "Kantina Boufi Beach" und "Agios Athanasios" entziffern wir und schwenken in den ausgefurchten Feldweg. Vorbei an einem Gehöft biegen wir vor einem halbfertigen Gebäude links, neben dem man schön unter Pinien auf Rasen stehen kann [N37° 25' 23.9" E23° 29' 22.0"]. Wir schwenken vor dem Gebäude links und finden 250 m weiter unter einer Riesenpinie unseren Traumplatz

(34) WOMO-Badeplatz: Agios Athanasios

GPS: N37° 25' 28.0" E23° 29' 30.7" **Max. WOMOs:** 2-3.
Ausstattung/Lage: Kiesstrand, Schatten, Wanderweg/außerorts, einsam.
Zufahrt: Von Galatas nach Süden; 500 m vor dem Meer links noch 1000 m (Wegweiser).

Hier kann man Tage verträumen – aber auch die **Kapelle** des Ag. Athanasios suchen und den sandigen Nachbarstrand.

Den Strand findet man, wenn man den Hügel hinter der verfallenen Kantina meerwärts umgeht, die Kapelle, wenn man links herum geht und dann den Hügel ersteigt.
Zurück an der Hauptstraße biegen wir links, folgen der Uferlinie, wippen durch eine geteerte Furt – und genau 2,2 km später finden wir links der Straße einen kleinen, eingeebneten Parkplatz [N 37° 25' 09.2" E 23° 28' 13.0"] und links davon den ersten Sandstrand.
Nochmals durchqueren wir eine trockene Furt und kurz danach eine dritte, besonders tiefe, dann werden wir, so seltsam es klingt, durch einen See vom Meer vertrieben; beide sind nur durch einen schmalen Sandfinger voneinander getrennt.
Der See endet, und kurz darauf ziehen wieder lange Sandstrandpassagen an uns vorbei, sandige Pisten führen vor zum Wasser, unzählige, einsam. Wir überqueren eine "richtige" Brücke mit Eisengeländer. 100 m später geht es links (mit schleifenden Ästen) zum "Beach" und der Taverne Koulis.
Am Meer kann man direkt neben der gemütlichen Taverne parken oder nach rechts 1300 m hinter dem feinen Kiesstrand entlangrollen und sich ein schönes Plätzchen suchen, bis man von einer tiefen Furt erschreckt wird.

(35) WOMO-Badeplatz: Taverne Koulis

GPS: N 37° 24' 48.4" E 23° 21' 38.1"
Max. WOMOs: >5.
Ausstattung/Lage: Kies-/Sandstrand, Gaststätte/außerorts.
Zufahrt: siehe Text; 500 m später interessante Zisterne mit riesigem Torbogen darüber.

Plötzlich, wie aus dem Nichts, die weiße Feriensiedlung **Porto Hydra**, eingezäunt, kein Mensch ist zu sehen.
Schöne, sandige Plätzchen gibt es, wie Sie lesen, viele an der Südküste der **Argolis** – und sie liegen völlig einsam...

Hinter THERMISIA schneiden wir Richtung KRANIDI/ERMIONI eine Landzunge ab. Die erste Abzweigung nach links führt zum Camping "Hydra's wave", einer sehr gepflegten Anlage mit einzeln parzellierten Stellplätzen und Schattendächern, nur durch einen Fahrweg vom Feinkiesstrand getrennt.

(36) WOMO-Campingplatz-Tipp: Hydra's wave

GPS: N 37° 24' 20.8" E 23° 18' 55.9". **Öffnungszeiten:** 15.4. - 15.10.
Ausstattung/Lage: Kiesstrand, Duschen, VE, WIFI gratis, Schattenbäume/außerorts
Preise: 20 - 23 € + 4 € Strom
Zufahrt: Westl. von Thermisia erste Straße links (ausgeschildert).

Gleich hinter der Landzunge liegt links der Straße der

(37) WOMO-Badeplatz: Paralia Dardizas

GPS: N 37° 24' 20.0" E 23° 16' 39.4". **Max. WOMOs:** 3-4.
Ausstattung/Lage: Kiesstrand, Kinderspielplatz, Schattenbäume, Bänke/außerorts.
Zufahrt: Westl. von Thermisia nach der Landzunge 1000 m lang direkt links der Straße.

In Hafen von ERMIONI drehen wir eine Ehrenrunde, dort sichten wir viele Gaststätten, Mülleimer sowie Wasserhähne auf den

Molen (Stellplätze, wem's gefällt, gibt es ganz links [N37° 23' 19.1" E23° 14' 53.1"] und am rechten Ende des Hafenbeckens bei der Ausgrabungsstätte).
Wir verlassen ERMIONI Richtung KRANIDI und 1000 m später links nach PORTO HELI. Bald haben wir wieder Strandkontakt, aber der langgezogene Meeresbogen ist nicht nach unserem Geschmack. An seinem Ende machen wir an der Straßengabelung zunächst nach links einen Abstecher zum:

(38) WOMO-Badeplatz: Paralia Kouvertas

GPS: N37° 21' 13.0" E23° 14' 54.7" **Max. WOMOs:** >5.
Ausstattung/Lage: Kiesstrand, wenig Schatten, Kantina/außerorts.
Zufahrt: Von Ermioni Rtg. Porto Heli, am Ende der großen Bucht links (Wegweiser).

Zurück an der letzten Gabelung halten wir nun direkt auf PORTO HELI zu, passieren viele Ferienhäuser und Clubanlagen in einer zersiedelten Landschaft. Die riesige, türkisblaue, palmengesäumte Bucht von PORTO HELI ist vollgestopft mit Booten aller Größe, da müssen wir schnell einen Haken nach rechts schlagen! Die Möglichkeit ergibt sich am Kreisverkehr hinter der Revoil-Tankstelle. Sie werden natürlich erst nach links abbiegen, um sich einen Parkplatz für einen Stadtbummel zu suchen. Aber dann folgen Sie uns sicher nach rechts, an der nächsten Gabelung links – und dann immer nach Nordwesten! Bald haben wir wieder, und diesmal entspannteren Meerkontakt. Auch mit Badeplätzen können wir dienen – und zwar gleich dreifach:
Der erste kommt nach 1,3 km, am Ende einer seichten Meeresbucht (Wegweiser: Malindi Beach) [**39:** N37° 20' 11.0" E23° 07' 31.7"].
Der zweite ist eine langgezogene Strandstraße, wo wir Ihnen gleich den ersten Platz unter Pinien und Wacholder empfehlen würden [**40:** N37° 20' 58.2" E23° 06' 44.5"].

Badeplatz Nr. 40

Der dritte liegt in der Traumbucht der nie fertiggestellten Feriensiedlung "Apollo Beach" mit Stellmöglichkeiten unter Olivenbäumen [**41:** N37° 21' 11.0" E23° 05' 53.4"].

Badestrand am Apollo Beach

Von PORTO HELI ist es nicht weit nach KRANIDI (wo Sie unbedingt die Ortsumfahrung nutzen sollten!
Zwischen KRANIDI und DIDIMA, bei einer A.P.-Tankstelle, lockt uns ein brauner Wegweiser nach links zur **Franchthi-Cave**. Sollten Sie zufällig albanisch und englisch können, würden Sie das Schild mit "Höhle-Höhle" übersetzen – und das muss ja nun etwas ganz Besonderes sein!?
Aber es kommt noch besser!

Nach genau 3,5 km erreichen wir eine Kreuzung. Nach rechts könnten Sie hinab schwenken zu einem langgezogenen Feinkies-/Sandstrand namens Lazes. Rollen Sie an der Kreuzung geradeaus weiter, so endet Ihr Vorwärtsdrang bereits nach 100 m bei einem höchst romantisch gelegenen Kapellchen in einem Pinienhain mit Sitzbänken für die beschauliche Aussicht. Der linke Weg führt uns nach weiteren 500 m zum **Paralia Lampagianna**, einer Kiesbucht, in der kein einziges Haus steht. Der Blick schweift links zum Ort KILADA, geradeaus über das kleine Inselchen Coronis hinweg zur größeren Insel Psili im Hintergrund, rechts auf dem Felsen liegt die kleine Kapelle.

(42) WOMO-Bade- und Wanderparkplatz: Paralia Lampagianna
GPS: N 37° 25' 44.1" E 23° 08' 03.1" **Max. WOMOs:** 2-3.
Ausstattung/Lage: Kies-/Sandstrand, wenig Schatten, Wanderweg/außerorts, einsam.
Zufahrt: Rtg. Franchthi-Cave von der Straße Kranidi-Didima links, nach 3,5 km links.

Die berühmte Franchthi-Höhle ist bestens ausgeschildert.
Folglich wandern wir (bewaffnet mit Fotoapparat und Taschenlampe) nach Süden – und entdecken am anderen Rand der Bucht einen Felsen mit einem weiteren Wegweiser: Cave/Höhle!
Nun geht es über Stock und Stein, immer oberhalb der Felsküste entlang, bis wir inmitten der Riesenhöhle stehen, die mehr einem gewaltigen Brückenbogen mit den Ausmaßen einer Konzerthalle gleicht (Taschenlampe ist völlig überflüssig). Die Reste der Ausgrabungstätigkeit von Prof. Jakobsen (Indiana University, USA) aus dem Jahre 1967 kann man noch gut erkennen. Sie fanden in der Franchthi-Höhle den wohl frühesten Platz menschlicher Sesshaftigkeit und komplette Skelette aus dem Mesolithikum (10.000-6.000 v. Chr.).

Ob wohl damals auch schon Felsentauben in der Höhlenkuppel nisteten? Sie bringen sich bei unserer Ankunft genau so laut kreischend in Sicherheit wie vor den Falken, die durch das Gewölbe sausen. Der Rückmarsch zum WOMO dauert genau 13 min.
Weitere Infos: www.argolis.de/frachthi_hoehle.htm

Jetzt ist der dritte Zweig der Kreuzung dran! Hinabgekurvt zum Paralia Lazes haben Sie auf über 500 m Länge die Qual der Wahl, zwischen welchen zwei Tamariskenbäumchen Sie Ihr WOMO in Badeposition bringen sollen.

(43) WOMO-Badeplatz: Lazes
GPS: N 37° 25' 51.3" E 23° 07' 58.3" **Max. WOMOs:** 1-2.
Ausstattung/Lage: Kies-/Sandstrand, Mülleimer/außerorts.
Zufahrt: Rtg. Franchthi-Cave von der Straße Kranidi-Didima links, nach 3,5 km rechts.

Natürlich kommen wir auch mit unseren Badenachbarn ins Gespräch und bekommen die Bestätigung: Die neue, staubgraue Piste, die sich an der Küste weiter nach Norden schlängelt, kommt direkt bei unserem nächsten Badeplatz **Saladi-Beach** an (wir brauchen also nicht mehr den riesigen Umweg über DIDIMA zu machen).

Saladi Beach

Die kilometerbreite Feinkiesbucht von **Saladi** wird beherrscht von einem Riesenhotel im Schuhschachtelstil, das eine einsichtige Behörde 300 m hinter den Strand verbannt hat. Ob das der Grund war, weshalb es seit Jahren geschlossen ist? Dort, wo rechts der Feinkiesstrand in bizarre Felsformationen übergeht, kann man direkt am Wasser parken (z. B. bei der kleinen Kapelle) und in selbiges hüpfen.

Falls Sie hier jedoch siedeln möchten – und sei es auch nur für einige Tage, dann sollten Sie vorher scharf rechts abbiegen und den Strandbogen vor der geschlossenen Hotelanlage genau in Augenschein nehmen. Nicht nur vorn am Meer, sondern auch in der Pineta, die sich zwischen Hotel und Strand hinzieht, schimmert verräterisches WOMO-Blech ...

(44) WOMO-Badeplatz: Saladi Beach

GPS: N37° 26' 48.0" E23° 7' 31.1" **Max. WOMOs:** >5.
Ausstattung/Lage: Kiesstrand, Baumschatten, Mülleimer. Nächste Wasserhähne an der vorderen Kirchenecke und an den Friedhofseingängen von Didima/außerorts.
Alte Zufahrt: 300 m nach dem Ortsschild von Didima links noch 5 km zum Strand.

Leider müssen Sie mit gewisser Regelmäßigkeit Polizeibesuch befürchten, denn an der Fortsetzung der Küstenstraße hat sich inzwischen eine Feriensiedlung breit gemacht und das gesamte Gebiet mit Camping-Verbotsschildern vollgepflastert.
Wir turnen die kurvige Teerstraße hinauf bis zum Ortsschild von DIDIMA, schwenken links in die Hauptstraße ein, die uns, vorbei am Friedhof, westlich um den Ort herumführt.
Vor uns steigen die kahlen Hänge der **Didimo-Berge** empor – in den vordersten Hang muss eine Bombe gefallen sein (oder ist es nur ein Steinbruch?)!
1100 m später sind wir (etwas) schlauer, denn dort weist uns ein Schild nach links in einen Fahrweg; Wegweiser "Spilea Didimon". Da wir alte Höhlenkundler sind, übersetzen wir dies sofort mit "Höhle von Didima" und biegen nach links ein.
Noch weit vor dem "Bomben"-Loch in der schrägen Bergwand halten wir nach 500 m an einem schönen Pinienhain, in dessen Schatten man parken kann. Inmitten der Bäume führt ein Pfad steil hinab, ja wohin?

(45) WOMO-Wanderparkplatz: Spilea Didimon

GPS: N 37° 28' 10.5" E 23° 10' 02.8" **Max. WOMOs:** 2-3.
Ausstattung/Lage: Baumschatten, Spazierweg zu den Dolinen/außerorts.
Zufahrt: 1100 m nach der Abzweigung zum Saladi-Beach links, noch 500 m.

Nach wenigen Schritten Richtung Unterwelt stehen wir verblüfft am unteren Rand einer Riesendoline, einem topfartigen Karsteinbruch, der in etwa das Format eines amerikanischen Baseball-Stadions hat. Man kann es auf schmalem Weg umrunden und die zwei kleinen Höhlenkirchen begucken, die man in seine Wand gegraben hat. Von ihr hängen lange Bärte blühender Kapernsträucher herab.
Die Entstehung dieses Karstloches, von denen es bei den kroatischen Plitwitzer Seen oder auf der Schwäbischen Alb tausende (wenn auch kleinere) gibt, wusste mein ehemaliger Erdkundelehrer mit einer schön-schaurigen Geschichte zu verbinden: Einst fuhr ein schwäbisches Bäuerle mit seinem Pferdegespann übers Land – da holte ihn der Teufel! Zumindest nahm er dies an, als plötzlich der Boden unter ihm nachgab. Erst als er verzweifelt den Blick hob und über sich noch Sonnenlicht sah, fielen ihm die vielen "Granat"-Trichter im Boden seiner Kalkbodenheimat ein. Sickerwasser

wusch das unterirdische Kalkgestein weg, bis der Boden wie ein Käse durchlöchert war und er schließlich, manchmal von selbst, oft jedoch durch eine schwere Last wie ein Fuhrwerk, einbrach.
Wir spazieren 300 m weiter zur zweiten Doline, die wie eine schräge Schüssel im Berghang liegt; über ein paar Kalksteinfelsblöcke klettern wir hinauf zum unteren "Schüsselrand" – und lassen uns fürchterlich erschrecken von einem uralten Ziegenhirt, der hinter einem Fels versteckt plötzlich "Peng-peng" ruft – und sich anschließend vor Lachen ausschütten möchte! Auch an der Steilwand dieses Riesenloches nisten Jäger und Gejagte. Mit schrillem Schrei stürzen sich Falken auf die sich mit eifrigem Flügelschlag in ihre Nistlöcher flüchtenden Felsentauben.

Jetzt müssen wir die **Didimo-Berge** bezwingen! Auf dem Kamm gönnen wir dem schnaufenden WOMO eine Pause und erblicken links, in der hügeligen Berglandschaft, zwei weitere Riesendolinen. Nun schwingen wir wieder hinab.
Genau 18 km seit DIDIMA, bei NEOHORI, biegen wir nach links in eine schmalere Seitenstraße, die nach Westen einem Flüsschen folgt, das bei IRIA in den **Argolikos Kolpos**, die Bucht von ARGOS, mündet (direkt links oberhalb der Abzweigung Kapelle mit zwei Säulen, aus der einen können Sie Wasser sprudeln lassen).

Das Tälchen ist besonders idyllisch, an den feuchtesten Stellen blüht der Oleander in rot-rosa Feuerorgien. Dann, nach 10 km auf und ab, stürzt sich die Straße wie ein verkrampfter Bandwurm hinab in die Schwemmlandebene von IRIA mit weitem Blick über den **Argolischen Golf** bis hinüber zu den mächtigen Felsstöcken des **Parnon-Gebirges**. Über IRIA kommen wir nach PARALIA IRION; direkt am Meer gabelt sich die Straße. Wir versuchen es zunächst links: Hinter den letzten Häusern von PARALIA IRION führt ein Schotterweg zu einem kleinen Jachthafen, dahinter ist noch etwas freies

Gelände, wo man sich wohlfühlen kann [**46:** N 37° 28' 38.9" E 23° 0' 01.9"], aber einige Felsplatten im sonst sehr schönen Sandstrand stören uns.
Wir kehren um und schleichen auf der "Strandpromenade", das heißt zwischen Gaststätten, Ferienhäusern und Läden (rechts) und dem Kiesstrand (links) gen Norden. Nach 800 m sichten wir eine kleine, frischgetünchte Kirche mit drei runden Kuppeln und einem **Wasserhahn**. Hier könnte man auch parken und ins Wasser hüpfen. Nach insgesamt etwa 2 km Strandpromenade werden wir vom Ufer weggeleitet, rollen nun hinter Ferienhäusern und zwischen den Campingplätzen "Iria Beach" und "Posidon"entlang.
400 m später stoßen wir auf die Vorfahrtsstraße und 300 m danach haben wir wieder Strandberührung. Es ist ein weiter, wunderschöner Sandstrand. Wir können direkt auf den hinteren, festgefahrenen Teil des Strandes fahren und uns dort einrichten.

(47) WOMO-Badeplatz: Paralia Irion
GPS: N 37° 30' 37.3" E 22° 58' 58.5" **Max. WOMOs:** 1-2.
Ausstattung/Lage: Sandstrand, Dusche, Sonnendach, Mülleimer/außerorts.
Zufahrt: 700 m nördlich des letzten Campingplatzes von Paralia Irion links.

Natürlich müssen wir wegen der Straßen- und Campingplatznähe Ärger befürchten. Der beste Trost ist dann immer ein guter Ausweichplatz! 2,2 km weiter liegt das Dörfchen KANDIA. Dahinter schwingt die Straße den Hang hoch. An der höchsten Stelle zweigt eine Asphaltstraße ab und schwingt steil hinab zum herrlichen Kondili-Beach.

(48) WOMO-Badeplatz: Kondili Beach
GPS: N37° 31' 44.8" E22° 56' 15.5" **Max. WOMOs:** >5.
Ausstattung/Lage: Sandstrand, Umkleidekabine, Dusche, kein Schatten, Dixi-Clo, Strandbar/außerorts. **Zufahrt:** 3,2 km nach Kandia links und noch 1000 m zum Strand.

TOUR 3 (ca. 260 km / 3-4 Tage)

Kandia – Nafplio – Tiryns – Mykenä – Argos – Kefalari – Astros – Parnon – Ag. Andreas – Plaka

Freie Übernachtung:	u. a. Nafplio, Karathona, Mykenä, Argos, Ellinikon, Kiveri, Parnon, Ag. Andreas, Plaka.
Trinkwasserstellen:	Mykenä, Kefalari, Kiveri, Xiropigado, Parnon, Ag. Andreas.
Campingplätze:	Tolo, Paralia Astros, südl. Ag. Andreas.
Baden:	u. a. Karathona, Nea Kios, Kiveri, Xiropigado, Paralia Astros, Ag. Andreas, Lakkos, Plaka.
Besichtigungen:	Nafplio, Tiryns, Tholos, Mykenä, Argos, Kefalari, Ellinikon, Kloster Sot. Loukous, Parnon-Gebirge.
Wandern:	Kastro Elliniko, Megali Tourla (1935 m) im Parnon-Gebirge.

Auch heute beherzigen wir wieder die alte Camperregel: Für Besichtigungen so früh wie möglich aus den Federn! Bereits gegen 9 Uhr klettern wir auf den Befestigungsmauern des venezianisch-türkischen Forts **Palamidi** oberhalb NAFPLIOS herum. Unterwegs hatten wir nur dreimal kurz Halt gemacht: Nach 2,5 km, im Fischerdörfchen VIVARI, wo wir im kleinen Einkaufsladen hinter den Fischerbooten nur unsere leeren Flaschen hochhalten mussten. Profis würden natürlich fragen: „Áchete retsina varellisia (Haben Sie Retsina vom Fass)?"

150 Fahrmeter weiter, links der Straße neben der Kirche, tankten wir an der Brunnenwand und 2,5 km später, in DREPANO, stürmten wir noch kurz den Bäckerladen.

Retsina varellisia – Retsina vom Fass

Wenn man sich, von DREPANO kommend, dem Zentrum NAFPLIOS nähert, muss man unbedingt einen Abstecher zum Kloster **Agia Moni** bzw. seinem **Brunnen** machen. Der Sage nach trank schon Hera, die Gattin von Göttervater Zeus, jährlich daraus und erlangte dadurch ihre Jungfräulichkeit wieder...

Agia Moni, Hera-Quelle

Die Zufahrt zum Kloster zweigt 1000 m nach dem Nafplio-Ortsschild bzw. 50 m nach einer Avin-Tankstelle nach links ab (ausgeschildert). Zwischen weiß gekalkten Mauern führt vom Parkplatz [N37° 33' 49.9" E22° 49' 49.6"] eine Treppe hinab zu dem Brunnen ...

An der zentralen Kreuzung Nafplios (direkt unter dem Burgberg) müssen wir zweimal links abbiegen (Wegweiser: "Palamidi" und "Karathona") und werden dann auf einer breiten Fahrstraße von Südosten zum Haupteingang der **Festungsanlage Palamidi** geleitet (hier wartet ein großer, kostenloser Parkplatz, der sich sicher auch für eine ruhige Übernachtung mit herrlichem Blick auf die erleuchtete Stadt eignen würde).

(49) WOMO-Stellplatz: Nafplio/Palamidi

GPS: N 37° 33' 41.3" E 22° 48' 17.0" **Max. WOMOs:** 3-4.
Ausstattung/Lage: keine/außerorts. **Zufahrt:** In Nafplio ausgeschildert, siehe Text.

Wer morgens schon etwas joggen möchte, kann sich die Auffahrt sparen. Er parkt unterhalb der Nordwestflanke der Palamidi-Festung und müsste dann die 857 Stufen des "Notausgangs" hinaufrennen. In umgekehrter Richtung machten es 1715 die geschlagenen Venezianer, als sie vor den hereinbrechenden Janitscharen flüchteten (offen: 8 - 19.45 Uhr).
Besonders lohnend ist der Blick hinab auf die kleine **Insel Burdzi**, mitten in der Hafenbucht, die fast völlig mit einem venezianischen **Kastell** überbaut ist. Hier warteten die zum Tode Verurteilten auf ihr Ende, Wand an Wand mit den in der Stadt nicht geduldeten Henkern. Das Hotel, das die Räumlichkeiten jetzt nutzt, soll erstklassig sein!
Wenden wir unseren Blick nach Nordwesten, so erkennen wir einen langen, halbkreisförmigen Küstensaum. Es lohnt sich, einen Abstecher dorthin zu machen, denn vor und hinter dem Küstenort NEA KIOS wartet eine ganze Reihe von Stellplätzen am seichten Baby-Sandstrand.
Noch näher ist **Karathona**, der "Hausstrand" von NAFPLIO. Man braucht nur zur letzten Gabelung vor dem Burgtor zu-

Nafplio, Karathona

rückzufahren (1400 m), nach rechts abzubiegen und das WOMO einfach weiterrollen zu lassen. Bereits der Blick hinab auf die fast 2 km breite Sandbucht ist herrlich: Hinter dem breiten Sandstrand werfen hohe Eukalyptusbäume feinen WOMO-Schatten. Die dort meist in großer Zahl versammelten Wohnwagen und Wohnmobile deuten darauf hin, dass man die Camping-Verbotsschilder nicht so ernst zu nehmen braucht.

(50) WOMO-Badeplatz: Nafplio/Karathona

GPS: N 37° 32' 08.8" E 22° 49' 17.1" **Max. WOMOs:** >5.
Ausstattung: Sandstrand, Baumschatten, Gaststätten, WC, Duschen, Disco.
Zufahrt: siehe Text.

Der Beschallung durch die nächtliche Stranddisco entgeht man (logisch!), wenn man am rechten Ende des Strandbogens sein Haupt bettet! Oder Sie machen von dort aus eine abendliche 30-min.-**Genuss-Wanderung**, direkt an der Küste entlang, zur idyllischen Altstadt von NAFPLIO, wo man nicht nur schlendern, sondern auch in vielen gemütlichen Gaststätten schlemmen kann. Nicht empfehlen können wir die Übernachtung im Hafen [N 37° 34' 04.8" E 22° 48' 05.3"] bei der vergammelnden Museumseisenbahn.
Surfer seien noch auf einen beständigen, auflandigen Wind hingewiesen, der mit schöner Regelmäßigkeit gegen 10 Uhr zu blasen beginnt!
Wir kehren nach NAFPLIO zurück und verlassen es nach Norden, auf ARGOS zu – bereits nach 3,5 km sind wir zu Gast bei den Zyklopen!

Tiryns, kyklopisches Mauerwerk

Direkt rechts neben der Straße wuchten bis zu 20 m hohe Mauern aus einem nur flachen Hügel – **Tiryns**!
Eine Festung inmitten flachen Schwemmlandes? Und was für eine Burg!
Bei ihrem Anblick [N37° 35' 51.8" E22° 47' 59.7"] erschrickt man geradezu wie vor etwas Ungeheuerlichem, Unmöglichem. Wie konnten unsere Vorfahren solche gewaltigen Steinbrocken zu bis zu 17 Metern dicken Mauern zusammenfügen?

Homer fand dafür eine einleuchtende Erklärung: Die Kyklopen (=Zyklopen), einäugige Riesenmenschen aus dem fernen kleinasiatischen Lykien, waren von König Proitos als Gastarbeiter engagiert worden. "Kyklopisches Mauerwerk" ist heute zum Fachausdruck in der Archäologie geworden. Auf Proitos folgten in Tiryns Perseus und dann Amphitryon, dessen Gattin Alkmene sich mit einem gewissen Zeus einließ und ihm den Herakles gebar. Sie sehen, unser Freund Herakles war in diesen Mauern an der richtigen Stelle, alles andere hätte er demoliert!

Vom Kassenhäuschen (8-19 Uhr) marschieren wir durch die untere und die mittlere Burg immer weiter nach Süden, erreichen durch einen schmalen Gang das Eingangstor zur Oberburg. Beachten Sie die Rillen, Löcher und Fugen, Reste der Torkonstruktion, vergleichbar dem Löwentor in **Mykenä**. Wir betreten nun im Südteil der Burganlage den äußeren Palasthof. Nach Süden schließt sich eine gewaltige Bastion mit Kasematten an, nach Norden geht es in den großen Innenhof, von dem aus man in die königlichen Gemächer gelangt. Leider sind hier nur noch spärliche Reste zu erkennen; Schätze wie in Mykenä konnte Schliemann nicht finden, als er 1884 den Burgberg ausgrub. Aber vielleicht entdecken Sie den geheimen Fluchtweg? Im nordwestlichen Teil der Oberburg führt ein Gang mit vielen unregelmäßigen, aber gut erhaltenen Stufen hinab zu einer Ausfallpforte im Westwall. Südlich der Burganlage können Sie auf Nebenstraßen über AGIA TRIADA (17 km incl. Abstecher zum sehenswerten **Tholos**, einem mykenischen Kuppelgrab) oder auf der Hauptstraße über das quirlige ARGOS (19 km) zur Abzweigung nach **Mykenä** weiterdüsen.

Hinweis: Zum Tholos geht es bereits nach 1500 m rechts ab. Fahren Sie aber keinesfalls in den Schotterweg hinein, sondern parken Sie an seinem Beginn bei der Waage und gehen Sie die letzten 300 m zu Fuß.

Wir lassen unsere Blicke über die vielen kuppelförmigen Hügel schweifen, die die Atmosphäre der Landschaft bestimmen, und unsere Hochachtung wächst vor Heinrich Schliemann, der, nur geleitet von dem felsenfesten Glauben an den "Reiseführer" Homer, die Burg des Trojakämpfers **Agamemnon** fand.

Wir machen zunächst am sog. **Schatzhaus des Atreus** Halt, dem am besten erhaltenen Bauwerk in **Mykenä**. Es handelt sich um ein **antikes Kuppelgrab**, allerdings nicht um das des Agamemnon, wie man manchmal liest, da es bereits 200 Jahre vor dem Trojanischen Krieg errichtet wurde. Im Innenraum rätseln wir darüber, wie vor über 3000 Jahren die Menschen in der Lage waren, solche riesigen Steinblöcke zu dem tütenförmigen Gewölbedach anzuhäufen. Das kleine Gemach, das sich an den großen Hauptraum anschließt, ist die eigentliche Grabkammer. Leider ist es der griechischen Museenverwaltung, trotz happiger Eintrittspreise, bis heute nicht gelungen, durch elektrische Beleuchtung den Innenraum dem Besucher sichtbar zu machen. Nehmen Sie wenigstens eine Taschenlampe mit! Dann rollen wir weiter zum Parkplatz vor dem Haupteingang.

(51) WOMO-Stellplatz: Mykenä

GPS: N 37° 43' 50.1" E 22° 45' 14.4" **Max. WOMOs:** >5.
Ausstattung/Lage: Wasserhahn, wenig Schatten/außerorts. **Zufahrt:** siehe Text.
Hinweis: Im Dörfchen Mikines (2 km vor den Ausgrabungsstätten) zwei Campingplätze.

Vom Parkplatz aus gelangen wir, an weiteren Kuppelgräbern vorbei, zum Mauerring mit dem **Löwentor**. Eigentlich sind es ja gar nicht die Löwen, die man bewundern sollte, sondern der zwanzig Tonnen schwere Quersturz, den es zu entlasten galt. Deshalb sparte man ein Mauerdreieck über dem Tor aus und setzte das "nur" 70 cm dikke Sandsteinrelief mit den sich an einer Säule aufrichtenden, kopflosen Löwen ein.

Wir umschreiten das **Schachtgräberrund** und erinnern uns an die "Totenmaske des Agamemnon", die Schliemann hier fand. Sie ist das goldene Prunkstück des Archäologischen Museums in ATHEN. Nun geht es steil auf-

wärts zum eigentlichen **Palast** auf der höchsten Stelle der **Akropolis** (Stadt auf der Spitze): Ein bescheidener Bau, wenn man an die Prachtentfaltung späterer Herrschergeschlechter denkt.
Herrlich der Blick über die Burganlage, die Hügel und Olivenhaine, bis zu den dunstigen Gipfeln der **Killini**-Berge. Schön ruhig gelegen der Parkplatz, zumindest in der Nacht, wenn die Besucherströme versiegt sind ....

Wir fahren auf unseren eigenen Spuren zurück bis ins geschäftige ARGOS, das seit der frühen Bronzezeit besiedelt war; gleichzeitig mit **Mykenä** erreichte es den Höhepunkt seiner Macht. Immer jedoch war es ein lebendiger und wichtiger Handelsplatz, auch als künstlerisches Zentrum der Bildhauer und Musiker wurde es gerühmt.

Beherrscht wird auch das heutige Stadtbild noch von der Lárisa, einem 300 m hohen Bergkegel mit einer mittelalterlichen Burganlage mit doppelten Ringwällen und zinnenbewehrten Türmen, die die Byzantiner und Franken errichteten und die Türken noch verstärkten. Ein aussichtsreicher Fußweg führt in einer knappen Stunde vom Odeon aus hinauf, aber natürlich auch ein guter, jedoch sehr steiler Fahrweg (Wegweiser: Larisa-Castle, am Ortsbeginn, unmittelbar nach dem LIDL und einem ausgetrockneten Flussbett).
Nach 5 km rollen wir direkt unterhalb der Burg auf einem ebenen, phänomenal aussichtsreichen Parkplatz aus.

(52) WOMO-Stellplatz: Argos/Lárisa-Burg

GPS: N 37° 38' 13.8" E 22° 42' 55.0"; 258 m. **Max. WOMOs:** >5.
Ausstattung/Lage: Aussicht, Sitzbänke, Mülleimer, kein Schatten/außerorts.
Zufahrt: siehe Text.
Hinweis: Besichtigung der (sehenswerten) Burg jederzeit kostenlos möglich.

Hat man ARGOS nach Süden durchquert (700 m nach dem LIDL links und 1600 m nach dem LIDL rechts halten!), kommt man automatisch mitten durch das antike Zentrum. Falls nicht, so findet man es mit etwas Glück, wenn man den braunen Touristenwegweisern folgt [N37° 37' 50.9" E22° 43' 14.9"]. Es ist so stark "modern" überbaut, dass sich die Ausgrabungen äußerst schwierig darstellen.

Links der Ausfallstraße (sauberes **WC und Wasserhahn** beim Eingangshäuschen) stolpern wir über Reste der **Agora** und sind beeindruckt von den gewaltigen Entwässerungsleitungen. Noch beeindruckender sind die römischen und griechischen Ruinen rechts gegenüber. Am Lárisa-Berghang steigen die 81 (!) Sitzreihen des **Theaters** empor (4. Jahrh. v. Chr.), mit 20.000 Plätzen war es noch größer als das Theater von Epidauros (15.000 Plätze) und das Dionysos-Theater in Athen (17.000 Plätze).

Antikes Argos; Hypokaustanlage und Entwässerungsleitungen

Antikes Argos; großes Amphitheater

Vor dem Theater links liegt der rote Backsteinkomplex der **römischen Bäder** (2. Jahrh. n. Chr.). Das Frigidarium (Kaltbad) hatte einst drei (!) Schwimmbecken; das Caldarium (Warmbad) wurde "hochmodern" durch eine Hypokaust-Anlage, eine Fußbodenheizung, von unten erwärmt und mittels sich in Röhrengängen erhitzendem Wasser versorgt. Fußbodenmosaike deuten auf die ehemalige Pracht der Anlage hin.
Wendet man sich zwischen den römischen Bädern und dem großen Amphitheater nach links, so gelangt man schließlich noch zum **römischen Odeon**, d. h. einem überdachten Theater mit nur 14 Sitzreihen.

Wir kehren zurück zum WOMO, weiter geht's nach Süden (Wegweiser: TRIPOLI), **Arkadien** wartet auf uns!
„Als ich noch Prinz war, von Arkadien ....“ singt Waltraud neben mir; mir fällt jedoch ein, dass im Altertum seine Bewohner den Ruf hatten, der gröbste und unfreundlichste Stamm Griechenlands zu sein! Wir sind gespannt, ob das Bergland für uns noch anderes zu bieten hat als die Esel, für die es berühmt war.
Genau 4300 m südlich unseres Amphitheater-Stopps verlassen wir die Hauptstraße >N 7< nach rechts zum 3 km entfernten KEFALARI; dort entspringt der einzige Fluss der ganzen Gegend, der im Sommer nicht austrocknet, der **Erasínos**. Sein Quell sprudelt am Fuße einer Felswand aus dem Gestein, darüber liegen **Grotten**, die bereits in prähistorischer Zeit bewohnt waren. Dieses Zusammentreffen fruchtbarer Feuchtigkeit und mythischer Vergangenheit wurde schon immer von der Kirche für ihre Zwecke benutzt. In KEFALARI baute man einen Kirchturm vor die Grotten – und benutzt die geheimnisumwitterten Höhlen als Kirche! Auch weniger religiöse Griechen schätzen die kühle Frische, und so wurde KEFALARI zu dem, was man in Deutschland eine "Sommerfrische" nennt [N37° 35' 44.8" E22° 41' 18.0"].

Kefalari, Marienkirche über der Erasínos-Quelle

Wir parken neben dem Quellteich, entdecken natürlich einen Wasserhahn-Brunnen mit dem guten **Erasínosquellwasser**. Dann tauchen wir hinein in die unwirkliche Mischatmosphäre aus byzantinischer Kirchengoldpracht und düsterem Höhlengruseln, lassen uns danach einen Mokka auf der Café-Terrasse neben dem Quellteich schmecken.
Wollten Sie nicht schon immer mal nach Ägypten?
So nahe war Ihnen das Land der Pharaonen noch nie!

Fährt man links des Quellteiches weiter bergan (Wegweiser: **Ellinikon**), so landet man nach 1900 m auf einem großen Parkplatz – und erblickt eine uralte **Pyramide**, oder zumindest den eindrucksvollen Rest von ihr. Und das erstaunlichste: Wenn man den schmalen Eingangskorridor passiert hat, kommt man in einen nahezu quadratischen Raum mit senkrechten (!) Wänden. Stört es Sie, dass es sich um einen schnöden Wachturm handelte und kein Pharao begraben wurde?
Neben dem Parkplatz wartet, wie praktisch, ein kleines Kirchlein mit Wasserhahn und sauberer Toilette.

(53) WOMO-Stellplatz: Ellinikon

GPS: N 37° 35' 15.5" E 22° 40' 15.4" **Max. WOMOs:** 2-3.
Ausstattung/Lage: Wasserhahn, Sitzbänke, WC, kaum Schatten/Ortsrand.
Zufahrt: Von der Erasínosquelle noch 1900 m (ausgeschildert)..

Wir kehren zur Hauptstraße >N 7< zurück. Bereits 7 km südlich, bei MILI, bewacht von den Ruinen einer fränkischen Burg, könnten Sie nach links, Richtung NAFPLIO abbiegen und an dem weiten Sandstrandbogen bei NEA KIOS einen Badestopp einlegen. Besonders für Kleinkinder ist der flache Sandstrand ein Badetraum.

(54) WOMO-Badeplatz: Nea Kios

GPS: N 37° 35' 24.6" E 22° 45' 54.6"
Max. WOMOs: >5.
Ausstattung/Lage: flacher Sandstrand, Baumschatten, Gaststätten, Duschen, laute Straße/außerorts.
Hinweise: Guter Übernachtungsplatz beim Fischereihafen von Nea Kios mit Gaststätten, Wasserhähnen und Fischverkauf [N 37° 34' 59.3" E 22° 44' 54.2"]. 500 m vor und 1000 m nach dem Badeplatz liegen zwei Autogasstationen, die zweite füllt auch deutsche Gasflaschen [N37° 35' 32.2" E22° 46' 58.3"], wenn sie ganz leer sind!

Am Südrand von MILI liegt die Stätte des klassischen **Lerni**.

Hier erschlug Herakles die Hydra, ein gewaltiges Schlangenvieh mit neun Köpfen, von denen auch noch einer unsterblich war. Das Untier pflegte Rind und Schaf bereits zum Frühstück zu verspeisen, um als Zugabe die Felder der Bauern zu verwüsten.
Unser Held schlug einen Schlangenkopf nach dem anderen ab und steckte brennende Baumstämme in die Rümpfe, den unsterblichen Kopf trennte er ebenfalls ab, verscharrte ihn am Wegrand und wälzte einen Felsen darüber. Sie sollten in dieser Gegend also lieber keine Felsen wegrollen!

Von der einst "bedeutenden und blühenden Stadt mit Palästen und starkem Mauerring" sind die Reste unter einem Schutzdach versammelt. Nur ausgesprochene Hobbyarchäologen werden hier Begeisterungsschreie ausstoßen.
1 km südlich MILI gibt die Bahnlinie, die seit KORINTH die Hauptstraße begleitete wie ein treuer Hund, den Kampf gegen die anstürmenden Felsen auf und flüchtet, dem Tal des **Xavrio** folgend, mit der >N 7< ins Landesinnere. Allein quält sich eine Nebenstraße Richtung KIVERI/ASTROS/LEONIDI an der Felsküste entlang – ein Paradies für Taucher und Schnorchler. Bis LEONIDI sind Badeplätze rar!
Die erste dieser Raritäten werden Sie verpassen, wenn Sie nicht in KIVERI hinter der ersten oder zweiten Kirche in der Ortsmitte (gegenüber **Brunnen**) scharf links zum Hafen hinabfahren. Dort steht man unter Eukalyptusbäumen nicht weit vom Kiesstrand; nette Tavernen sind auch in der Nähe.

(55) WOMO-Badeplatz: Kiveri
GPS: N 37° 31' 40.6" E 22° 43' 53.0" **Max. WOMOs:** 2-3.
Ausstattung/Lage: Kiesstrand, großer Parkplatz hinter der Furt, Baumschatten, Duschen, Toiletten, Mülleimer, Sitzbänke, Gaststätten/Ortsrand. **Zufahrt:** siehe Text.

1400 m südlich KIVERI erspähen wir eine kleine Bucht, zu der ein schmales (?) Teersträßchen etwas oberhalb, in einer

Badesträndchen 1400 m südlich Kiveri

Linksserpentine, abzweigt [**56:** N 37° 30' 47.5" E 22° 44' 14.6"]. 6 km hinter KIVERI kommt XIROPIGADO. Hier muss man nicht vor der Kirche links sehr steil (?) und schmal (?) zum Hafen hinabfahren. Denn am rechten Ende der Strandpromenade findet man Parkmöglichkeiten und eine Ausfahrt zurück zur Hauptstraße, die kurz und breit ist. Diese sollten Sie auch für die Zufahrt vorziehen (hinter dem letzten Haus links).

(57) WOMO-Badeplatz: Xiropigado

GPS: N 37° 28' 31.1" E 22° 44' 05.1"
Max. WOMOs: 1-2.
Ausstattung/Lage: Kiesstrand, Bänke, Gaststätten, Picknickpavillon/Ortsrand.
Zufahrt: Erst hinter dem letzten Haus steil hinab zum Strand.

Nun steigt die Straße an, weit unten schwappt das Meer an die Felsen. An der höchsten Stelle der Straßenführung Aussichtsplatz mit Picknickpavillon – und einem Brunnen mit Wasserhahn. Bereits von hier aus kann man im Meer kreisförmige Wasserwirbel erkennen, Strudel, die auf unterseeische Quellen hindeuten.
An der Straßengabelung ASTROS – PARALIA ASTROS sichten wir den schönsten und weitläufigsten Strand des ganzen Küstenabschnittes. Er bietet wenig Schatten und ist vermutlich deshalb kaum besucht, aber bequem anfahrbar – und deshalb genau das Richtige für große Wohnmobile mit Schattenmarkise. Eine Gaststätte gegenüber der Straße vollendet das "Komfortangebot" (Camping verboten).

(58) WOMO-Badeplatz: Paralia Astros-Nord

GPS: N 37° 26' 45.6" E 22° 44' 54.0" **Max. WOMOs:** >5.
Ausstattung: Sandstrand, Mülleimer, Strandbar mit Dusche. **Zufahrt:** siehe Text.

Schön steht man auch 1600 m weiter auf dem ersten Campingplatz von PARALIA ASTROS in einem Pappelwäldchen direkt hinter dem Sandstrand.

(59) WOMO-Campingplatz-Tipp: "Astros"

GPS: N 37° 25' 56.2" E 22° 45' 26.7" **Öffnungszeiten:** ganzjährig.
Ausstattung: schön schattig; am Sandstrand; Laden; Gaststätte; im Ort.

Der zentrale Badestrand von PARALIA ASTROS liegt nördlich des Burgberges [**60:** N 37° 25' 27.3" E 22° 46' 01.5"].

Auf nächtliche Ruhe würde ich hier nicht hoffen (Ausweichplatz am Hafen [**61:** N 37° 24' 56.5" E 22° 46' 01.1"])!
Aber auch südlich von PARALIA ASTROS gibt es schöne Plätzchen! Man findet sie, wenn man sich, um den Burgberg herum, durch das Urlaubsstädtchen durchgequält hat; dort liegt ein weitläufiger Sandstrand mit vielen Schattenbäumen und Parkmöglichkeiten. Nach Ende der Bebauung findet man wieder freie Stellplätze .... und Camping-verboten-Schilder!

(62) WOMO-Badeplatz: Paralia Astros-Süd

GPS: N 37° 24' 09.8" E 22° 45' 17.5" **Max. WOMOs:** 2-3.
Ausstattung/Lage: Kies-/Sandstrand, Duschen, Mülleimer/außerorts. **Zufahrt:** s. Text.

... aber auch den **Campingplatz** "Thirea".
Hinter dem Campingplatz kann man nach rechts zur Hauptstraße zurückkehren oder geradeaus nach weiteren Plätzchen am Strand suchen.
Wir finden: Es ist mal wieder Zeit für etwas Kultur und einen Abstecher ins Landesinnere!
Über ASTROS sausen wir zunächst auf breiter Bahn Richtung TRIPOLI. Bereits nach 4 km können wir links unter hundert Parkplätzen wählen, um in Ruhe das Klosteridyll von Metamorfosis tou Sotiros (Verklärung des Erlösers), im Volksmund **Kloster Loukous** genannt, zu genießen. Schöner und ruhiger steht man, wenn man noch bis zum oberen Eingang des Klosters hinaufkurvt (14-16 Uhr geschlossen).

(63) WOMO-Wanderparkplatz: Kloster Loukous
GPS: N 37° 24' 48.4" E 22° 41' 05.4" **Max. WOMOs:** >5.
Ausstattung/Lage: Wasserhahn, Sitzbänke, kein Schatten/außerorts. **Zufahrt:** s. Text.

Die kleine Kreuzkuppelkirche mit der herrlichen Freskenausmalung ist von den anderen Klostergebäuden umgeben und liegt mitten in einem liebevoll gepflegten Park. An den Mauern der Kirche erkennt man da und dort die Verwendung antiker Bausteine. Sie stammen vom Landgut des Herodes Atticus, eines römischen Konsuls, dessen Landgut aus dem 2. Jahrh. n. Chr. z. Zt. unterhalb der Straße ausgegraben wird.

Aber wir haben Sie nicht nur wegen der Kultur ins Landesinnere geschleppt – Sie sollen mit uns durch die Lekáni-Schlucht zum Kastro Ellinikó wandern!
In Verlängerung des unteren Parkplatzes stapfen wir mit leichtem Gepäck (aber viel Trinkwasser) im trockenen Flussbett unter dem einmaligen **Aquädukt mit Tropfsteinverzierung** bergwärts. Dann klettern wir links

hinauf zu dem breiten, geschotterten Fahrweg, der uns zunächst links, dann rechts des Baches weiterführt. Durch Olivenhaine mit einzelnen Gehöften (im Bachgrund stehen Feigen- und Walnussbäume) ziehen wir immer weiter bergan, bis wir nach 2 Std. in die Asphaltstraße ASTROS - AG. PETROS einmünden.

Hier halten wir mit unserer Schilderung kurz inne, denn für die Fortsetzung der Wanderung setzen wir uns in Gedanken ins WOMO und fahren über ASTROS (hinter der neuen Kirche rechts) Richtung AG. PETROS, turnen die Hauptstraße hinauf, bis rechts der Wegweiser "Elliniko 1" erscheint [N37° 22' 36.1" E22° 41' 5.7"]. Dort parken wir vor der Einmündung der Schotterstraße und setzen unsere Wanderung fort.

Nach 15 min. schwenken wir bei einigen Ställen und dem Hinweisschild "Walls and remains of a ancient city" scharf rechts und erklimmen weglos die Hügelkuppe. Dort stapfen wir zwischen spärlichen Fundamentresten

umher, bis wir auf den mächtigen, polygonalen Wehrmauern stehen. Bewohnt wird der strategisch geschickt gewählte Burgberg nur noch von einer ganzen Familie von Landschildkröten, die kreuz und quer durch das Gras ihre Lauffurchen gezogen haben. Gemütlich schlendernd kehren wir zum WOMO zurück.

Da wir bereits auf dem besten Wege sind, das **Parnon-Gebirge** zu erforschen, setzen wir unsere Fahrt Richtung AGIOS PETROS fort.

Auf und ab ziehen wir durch die nördlichen Ausläufer des Gebirges, erreichen nach ca. 30 km seit ASTROS eine Passhöhe, passieren 1,5 km später das **Kloster Malevis** und erreichen 1 km danach ein Brünnlein, das unterhalb einer Kapelle aus einem Platanenstamm tröpfelt (Foto).

50 m nach diesem Idyll mit Sitzbänken im Baumschatten gabelt sich die Straße. Wir verlassen die Hauptstraße nach links (Wegweiser u. a. Kastanitsa/Katafygio E.O.T.).
Die Straße führt oberhalb des Tanos-Flusses immer weiter ins schön bewaldete Parnon-Massiv hinein (in den Schluchten Platanen, Edelkastanien, Vogelbeerbäume und Steineichen, an den Hängen Pinien und die schöne Griechische Tanne).
Nach genau 5 km eine Furt und linkerhand ein reichlich schüttender Brunnen. Nach 11,6 km kommen wir an eine Gabelung, rechts geht es zur Berghütte, die wir nach weiteren 1,5 km erreichen.

(64) WOMO-Wanderparkplatz: Parnon-Gebirge

GPS: N37° 15' 39.4" E22° 35' 06.0"; 1420 m.
Max. WOMOs: >5.
Ausstattung/Lage: Fußballplatz, Wanderweg/außerorts.
Zufahrt: siehe Text.

Hinweis: Der Wanderweg auf die Megali Tourla (1934 m) ist von hier aus mit roten Quadraten markiert (man sieht diese aber bereits an der Hauptstraße, die vom Wanderweg überquert wird und kann dort parken). Die Tour hinauf dauert 2,5 Std. und ist durch viel Geröll recht mühsam, hinab 2 Std..

Zurück an der letzten Abzweigung wenden wir uns rechts. Nach 3,8 km kommen wir an eine Kreuzung mit einer Fichte mittendrauf. Hier biegen wir links nach KASTANITSA (reichen hunderte von Maronenbäumen an der Straße als Namenspaten?).

Am Ortsbeginn kann man scharf links auf breiterer Bahn nach ASTROS zurückkehren. Wir schlängeln uns geradeaus durch KASTANITSA (Foto; sehr schmal im Ort (?), zwei Brunnen, gut anfahrbar).
Weiter geht es mit einigen harmlosen Serpentinen und maximal 13% Gefälle, gebahnt von der Schlucht des **Vrasiotis-Flusses**, zur Küste bei AGIOS ANDREAS – Sie haben sich einen Ruhe- und Badetag verdient!
Hinter der EKO-Tankstelle biegen wir links in ein bequemes Teersträßchen ein, das sich rechts des ausgetrockneten **Vrasiotis** durch einen 3,5-km-Olivenhain zum Strand schlängelt,

nicht ohne sich nach 500 m nochmals zu gabeln. Geradeaus kommt man zum

(65) WOMO-Badeplatz: Ag. Andreas

GPS: N 37° 22' 17.9" E 22° 47' 0.7" **Max. WOMOs:** 2-3.
Ausstattung/Lage: Wasserhahn, Kiesstrand, kaum Schatten, Gaststätten/Ortsrand.
Zufahrt: 9 km südlich von Astros links und noch 3,5 km zum Strand.

Türkenbrückchen im Vrasiotis-Fluss

Schwenkt man an der Gabelung links und überquert den **Vrasiotis** bei der malerischen Türkenbrücke per sommertrockener Furt (Wegweiser: Akti Mylos), so landet man nach knapp 4 km an einem großen, allerdings schattenlosen Parkplatz [**66:** N 37° 22' 56.2" E 22° 46' 32.8"] direkt am feinen Sand-Kiesstrand (Foto) neben der Taverne Xeronisi mit Blick auf den Burgberg von PARALIA ASTROS.

Bis LEONIDI gibt es keine vernünftigen freien Stellplätze mehr. Die Sand-/Kiesbuchten sind im Besitz von Campingplätzen.
Der erste, **Arkadia** [N 37° 19' 44.3" E 22° 48' 24.6"], kommt nach 6,2 km. Der zweite, nach 12,5 km, heißt **Tserfos** [N 37° 17' 56.1" E 22° 49' 50.4"]. Dazwischen, nach 10 km, die Sandbucht **Krioneri Beach** [N 37° 18' 50.5" E 22° 49' 13.9"]. Bei »km 14,5« links der Straße ein vermüllter **Picknickplatz** mit Pavillon und Bäumen oberhalb der Küste.

Bei »km 17,0« passieren wir die Einfahrt zum Camping **Tsaritsi** [N 37° 16' 10.8" E 22° 50' 32.8"].
Eine Windbö fegt über das WOMO hinweg, versucht, den Aufbau in Segelschiffschräglage zu drücken. Ungehindert rauschen die Böen über die kahlen Hänge; bei TIROS stehen noch Reste von drei runden, weißen Windmühlen auf einem besonders zugigen Grat über der Steilküste. Schwenkt man in TIROS-SAPOUNAKEIKA (km 20,7) links zum "Beach", so kann man rechts und links auf der Strandstraße (zwischen Kiesstrand und Ferienhäusern) parken [N 37° 14' 49.4" E 22° 51' 42.4"] und ins Wasser hüpfen.
Nach weiteren 15 km haben wir die breite Schwemmlandmündung des **Dafnon** vor uns, in der Orangen, Oliven sowie Obst und Gemüse unter Folie gedeihen. Hier gibt auch die Straße den Kampf gegen die Steilküste auf! Weiter nach Süden geht es auf direktem Wege nicht, der **Dafnon-Fluss** begleitet die Straße ins Landesinnere nach LEONIDI (montags Markt).

Dieses Städtchen war einst die "Hohe Schule" des Wohnmobilfahrens. Es sind keineswegs Einbahnstraßen, die kaum drei Meter breiten Gässchen, garniert mit vorspringenden Häuserecken und vorwitzigen Balkons! Unverhofft wurde man mit einem Getränkelaster oder gar einem Wohnwagengespann in Gegenrichtung konfrontiert. Schattige Restaurants, die zur Entspannung einluden, konnte man mangels Parkplatz nicht aufsuchen.

Die neue Umgehungsstraße zweigt am Ortsbeginn links Richtung PLAKA/KOSMAS ab. Falls Sie vor unserer Inlandstour noch baden möchten, schwenken Sie nach der Furt nicht rechts, sondern links ab und werden durch unübersehbare Schilder zum Campingplatz "Semeli" geleitet. Dort stehen Sie in guter WOMO-Gesellschaft nahe des sauberen Feinkiesstrandes.

(67) WOMO-Campingplatz-Tipp: Semeli

GPS: N 37° 08' 58.5" E 22° 53' 31.0" **Max. WOMOs:** >30.

Ausstattung/Lage: Sand-/Kiesstrand, VE, Toiletten, Wasserhahn, Duschen, Mülleimer, wenig Schatten, keine Gaststätte/Ortsrand.

Zufahrt: Noch vor Leonidi (ausgeschildert) links durch die betonierte Furt des Dafnon.

Hinweis: Als (kostenloser) Ausweichplatz [**67a:** N 37° 09' 40.1" E 22° 53' 48.6"] empfiehlt sich **Lakkos**! 150 m vor der Plaka-Abzweigung führt ein Sträßchen vor bis zum Stranddamm (Parkplätze bei einer Gaststätte, WC, Dusche).

Der Strand von Lakkos, Platz 67a

KARTE TOUR 4 + 5/I

TOUR 4 (235 km / 3 Tage)

Plaka – (Kosmas – Geraki – Molai) – Fokianó – Peleta – Mitropoli – Lambokambos – Rihea – Limani Geraka – Monemvasia – Ag. Fokas – Kastania-Höhle – Paleokastro – Ag. Marina – Kap Malea

Freie Übernachtung:	Fokianó, Madara, Mitropoli, Rihea-Strände, Limani Geraka, Epidavros Limera, Monemvasia, Ag. Fokas, Kastania, Paleokastro, Ag. Marina, Prof. Ilias, Limni.
Trinkwasserstellen:	südl. Poulithra, Peleta, Ag. Fokas, Ag. Georgios, Neapolis.
Baden:	Fokianó, Mitropoli, Rihea-Strände, Epidavros Limera, Monemvasia, Ag. Fokas, Neapolis, Paleokastro, Limni.
Besichtigungen:	(Kloster Elonis, Geraki), Madara, Epidavros Limera, Monemvasia, Kastania-Höhle, Kap Malea.
Wandern:	Küstenwanderung ab Paleokastro bzw. ab Ag. Marina.

Wir sind nun im wilden **Lakonien**!
Es heißt, dass hier immer noch Wölfe hausen. Die Bewohner dieser Landschaft aus kegelförmigen Gipfeln, jähen Schluchten und schroffen Felsen, die aus der Tiefe zu gewaltiger Höhe emporsteigen, wurden nie von den Türken oder anderen Eroberern unterworfen, sie sprechen einen eigentümlichen Dialekt, der angeblich dorischen Ursprungs ist.
Noch in den siebziger Jahren endete die Fahrstraße in LEONIDI: „Ein Karrenweg, der nur bei trockenem Wetter befahrbar ist, klettert über das **Parnon-Massiv** nach SPARTA."
Als wir 1984 zum ersten Mal **Lakonien** bereisten, für unsere Leser nach abenteuerlichen, einsamen Strecken und malerisch-bizarren Landschaften suchten, kamen wir noch in den Genuss der letzten Reste dieses Karrenweges. Jetzt ist die Strecke LEONIDI – KOSMAS – GERAKI – MOLAI – MONEMVASIA vollständig asphaltiert, das "Abenteuer" ist dahin, die schöne Landschaft natürlich geblieben.
Für die Bade-Freunde unter unseren Lesern haben wir inzwischen eine neue Streckenführung von LEONIDI über PLAKA, POULITHRA – PELETA – LAMBOKAMBOS – RIHEA – LIMANI GERAKA – MONEMVASIA erforscht, die außer der wilden Landschaft noch Abstecher zu herrlichen Badestränden bei PIGADI, MITROPOLI und RIHEA bietet.

Zunächst die "alte" Inlandstrecke (ca. 110 km):
Die gigantische Gebirgsschlucht, die der **Dafnon** ins **Parnon-Gebirge** gefressen hat, ist nur an den Flanken des sommertrockenen Flusses mit üppiger Vegetation bewachsen, die steilen Felshänge wirken abweisend und kahl. So erspäht auch nur

Kloster Elonis aus der Froschperspektive

das forschende Auge die Mauern des **Klosters Elonis**, das wie ein Schwalbennest in der Wand klebt. Den besten Blick hat man nach 12 km von einem bequemen Rastplatz [N37° 08' 35.8" E22° 46' 24.6"] mit sommertrockenem Brunnen aus. Kurz darauf verlässt die Straße den Schluchtgrund, steigt in Serpentinen den Hang hinauf und erreicht nach 5 km den 300 m langen Stichweg zum Parkplatz vor dem Kloster, der auch mit WOMOs befahren werden kann.

Kloster Elonis, Innenhof

Die byzantinische Kirche des Klosters ist vollgehängt mit gestifteten Weihrauchgefäßen. Die holzgeschnitzten Friese der Ikonostase stellen Weinlaub und -trauben in zierlicher Form dar. Von der Klostermauer genießen wir einen herrlichen Blick hinab auf die Windungen der Fahrstraße und in die Schluchten. In Kurven geht es weiter bergan, ab 800 m Höhe werden die Kiefern von griechischen Tannen abgelöst.
Nach 26 km seit Leonidi ist das Hochplateau erreicht und wir rollen durch eine vielgestaltige Landschaft aus Macchie-Buschwald, aus dem die üppigen Tannen herausragen. Schaf- und Ziegenherden ziehen auf den dazwischenliegenden Heideflächen mit der Gemächlichkeit ihrer Futtersuche dahin...
Unser Wasservorrat fällt uns ein, als wir steil hinabkurven zum schattigen Dorfplatz, wo bunte Holzwegweiser zu der schmalen (?) Häuserlücke deuten, in der die Straße weiter nach SPARTI führt (**Brunnenwand** links unterhalb der Platia).

Dann brausen wir genau so steil wieder empor, und einen knappen Kilometer hinter KOSMAS sichten wir rechterhand einen **Rastplatz** mit trockenem Brunnen und einer Tannengruppe mit ringförmiger Steinbank – ein schöner Übernachtungsplatz!

(68) WOMO-Stellplatz: Kosmas + 1000 m

GPS: N37° 05' 8.3" E22° 44' 6.5", 1180 m. **Max. WOMOs:** 2-3.
Ausstattung/Lage: Baumschatten/außerorts, einsam. **Zufahrt:** Siehe Text.

An der Kreuzung bei GERAKI scheiden sich die Geister: Links über ALEPOCHORI/GOUVES/APIDIA 34 km nach MOLAI oder geradeaus über SKALA/VLAHIOTIS 45 km nach MOLAI. Wir nehmen die 11 km kürzere, verwinkelte Strecke, denn auf ihr werden wir direkt unterhalb der unbedingt sehenswerten Ruinenstadt von Geraki (Wegweiser: Kastro) vorbeigeführt.

Bereits 1250 von den Kreuzrittern angelegt war Geraki ein wichtiger Stützpunkt, der einst 15.000 Bewohner zählte. Wegen der großen Zahl von Kirchen in der befestigten Stadt spricht man auch vom "kleinen Mistras". Gleich nach dem Eingangsbereich steht die Kirche der Heiligen Paraskevi (15. Jh.), deren Fresken, meisterhaft restauriert, sich in strahlendem Glanz präsentieren. Beachtenswert die ungewöhnliche Darstellung der Stifter an der Westwand.
An weiteren Kirchen wird eifrig restauriert; es wird aber aus finanziellen Gründen nicht möglich sein, alles zu sichern (8-15 Uhr, Eintritt frei).

Wir durchqueren im Zickzack die wellige, dürr-braune Weidelandschaft und haben 4 km nördlich MONEMVASIA wieder die Küste erreicht.

Nun die "Küstenstrecke" (Plaka - Monemvasia ohne Badeabstecher ca. 92 km):
Wir rollen von PLAKA noch ein paar Kilometer nach Süden am Meer entlang, dann schwenkt die Straße ins Landesinnere, durchquert auf steilen Wegen das Dörfchen POULITHRA, dessen Häuser wie die Sitzreihen eines Amphitheaters den Hang hinaufsteigen.
Das Aufstiegswerk der neuen Bergstraße setzt sich hinter dem Ort in Serpentinen fort. Die 2.-Gang-Fahrt ist so beschaulich, dass immer wieder Blicke hinab auf den **Ormos Ag. Georgiou** erlaubt sind.
Das WOMO kippt fast übergangslos in die Horizontale, als wir die ersten Häuser von PIRGOUDI erreicht haben, aber die ersten sind auch schon die letzten. Über eine wellige Höhe, die überwuchert ist von grüner Macchie, ziehen wir weiter nach Süden, rechts und links der Straße liegen mannigfaltige Gelegenheiten für ruhige und kühle Übernachtungen.
Eine Abzweigung nach AMIGDALIA/PIGADI wird nach links angezeigt. Dieser Weg sollte Sie interessieren, denn PIGADI hat einen bisher völlig unbekannten "Hausstrand", die 500 m

breite Kiesbucht von **Fokianó** – und von dort aus geht es auf der neuen Küstenstraße europastraßenbreit direkt nach KIPARISSI.

(69) WOMO-Badeplatz: Pigadi/Fokianó

GPS: N 36° 51' 30.2" E 23° 02' 17.1" **Max. WOMOs:** 4-5.

Ausstattung/Lage: Feinkiesstrand, Gaststätten, **kein** Wasser/außerorts.

Zufahrt: Siehe Text.

Die Kiesbucht von Fokianó, im Hintergrund die neue Küstenstraße

Für Küstenstraßenverweigerer hier die "alte" Strecke:
Beim Durchqueren des Dörfchens PELETA überlegen wir, ob wir die freundliche Dorf-Taverne beehren sollen. Aber die Sonne steht schon tief, suchen wir lieber einen schönen Übernachtungsplatz!
600 m nach dem Ort erklimmt die Straße die Höhe der **Madara**, den letzten, südöstlichen Ausläufer des **Parnon-Gebirges**.
Dämmerung senkt sich über die Macchielandschaft, deren ebenste Flächen einst von Steinen befreit und mit Getreide angesät waren. Jetzt wehen dort Grasflächen mit Anemonen, Alpenveilchen, Glockenblumen und Wolfsmilch in der Abendbrise; wir wählen eine für unser Nachtlager aus.

(70) WOMO-Stellplatz: Madara

GPS: z. B. N 36° 59' 23.7" E 22° 53' 54.1", 860 m. **Max. WOMOs:** >5.
Ausstattung/Lage: keine/außerorts, einsam.
Zufahrt: Siehe Text.

So viele Sterne haben Sie am Himmel noch nie gesehen in lauer Nacht. Wir sitzen neben dem WOMO und zählen Sternschnuppen und Satelliten. Kein Fahrzeug stört die Ruhe, nur in der Ferne bimmelt leise eine Ziegenherde. Am nächsten Morgen erreichen wir, nach insgesamt 14,3 km seit der Abzweigung hinter PELETA, kurz vor dem Dörfchen KREMASTI, die Hauptstraße. Wir schwenken nach links Richtung LAMBOKAMBOS/KIPARISSI ein. Nach 1,2 km geht es wieder links, 10 km sausen wir durch ein ziemlich eintöniges Tal, dann treffen wir bei einem neu erbauten Kirchlein mit weißen Bogengängen wieder auf eine Querstraße, die ersten Häuser von LAMBOKAMBOS sind rechts hinter der nächsten Kurve versteckt. Wir biegen aber links nach HARAKAS/KIPARISSI, denn unsere neueste Peloponneskarte zeigt am Ende dieser Stichstraße rote Sonnenschirmchen am Strand! Noch mehrmals werden wir durchgeschüttelt, griechische Asphaltstraßen altern eben etwas schneller. Wir jedoch achten mehr auf die Landschaft, denn nachdem wir einen letzten Felsriegel durchbrochen haben, öffnet sich vor uns eine gewaltige Küstenszenerie: Hunderte von Metern steigt die Steilküste herauf zu uns; schaudernd verfolgen wir den Verlauf der Straße, die sich am Hang dahinwindet, hinabsteigt in den **Ormos Kiparissiou**. Dort unten liegt unser Ziel, der einzige Küstenort im Umkreis von 50 km. Wir kurven und kurven, nur flüchtig streift unser Blick zwei winzige Klösterchen, die am Hang kleben; sehnsüchtig versuchen wir, den erhofften Badestrand zu erspähen.

Die neue Küstenstenstaße schwingt sich breit und elegant, aber stets weit oberhalb der Felsküste nach Süden.
Bei den ersten Häusern von MITROPOLI wird sie schlagartig schmal, am Kiesstrand drängen sich ein paar Wohnmobile.

(71) WOMO-Badeplatz: Mitropoli

GPS: N36° 59' 4.0" E22° 59' 49.7" **Max. WOMOs:** 1-2.
Ausstattung/Lage: Kiesstrand/Ortsrand.
Zufahrt: Bei den ersten Häusern von Mitropoli links.
Warnung: In der Hauptsaison total überfüllt; meiden!

Waltraud holt die Kamera heraus, läuft voraus, um mein fachmännisches Einschwenken auf dem weiß glänzenden Kiesstrand zu filmen. Ich hole weit aus, die Anfahrt muss gleich beim ersten Mal sitzen, vorn, auf dem ebenen Teil!
Es rauscht nur ganz kurz unter den Vorderrädern, dann senkt sich der Bug nach unten links, welche Blamage, ich sitze fest! Aber auf unserem Film ist auch noch festgehalten, wie der griechische Wohnwagennachbar seinen Allrad-Toyota vorspannt und mich problemlos wieder aus dem Ungemach befreit.
Inzwischen ist die Zufahrt noch schlechter. Sie sollten die Piste genau prüfen – nicht immer steht ein Allradfahrzeug bereit ...

KIPARISSI ist ein schmuckes Städtchen mit weiß gekalkten Häusern und Mäuerchen, überall blüht es, Palmen und Bananenstauden, orangerote Trompetensträucher, violette und rote Bougainvilleas – ein Paradies! Aber die Straßen sind nicht für WOMOs erbaut worden. Ich biege das Wohnschiff fast um die Häuserecken, lasse mich von den Einheimischen fachmännisch beraten (Wegweiser: Molai) – und kurve über HARAKAS wieder steil hinauf zur Kirche vor LAMBOKAMBOS, wo wir auf die Küstenstraßenverweigerer treffen.

Bergstraße von Kiparissi nach Lambokambos

Wenige Meter später sind wir in LAMBOKAMBOS und schwingen dahinter die mühsam gewonnenen Höhenmeter wieder hinab. Die Straße quert ein trockenes Bachbett, steigt wieder an. Reste von zwei runden Wachtürmen blicken misstrauisch auf uns hinab, Wächter über ein karges, ein armes Land. Herrlich jedoch blüht die Macchie und wird abgeerntet von den vielen Bienen, deren bunte, würfelförmige Häuschen überall in langen Reihen aufgestellt sind. An manchen Stellen ist der Hang betoniert, fächerförmig leiten Rinnen das spärliche Regenwasser zu Betonkästen, bevor es in den Klüften des Kalkbodens versickern kann.

8,5 km hinter LAMBOKAMBOS kommen wir an die nächste Gabelung, wir biegen links Richtung RIHEA/GERAKAS. In dem ersten Dörfchen, 1,9 km seit der Gabelung, sollten Sie den Wegweiser zu den Stränden von **Vlihadas** und **Balugeri** nicht übersehen!

Wir schwenken links in die Stichstraße, halten uns (nach 150 m) rechts, entlang einer steilen Schluchtkante geht's genau nach Osten, bis sich die Bahn in Serpentinen zur Küste hinabschwingt. Nach 5 km, wir haben das steilste Stück hinter uns, gabelt sich der Weg. Ein jugendlicher Hirte auf rotem Moped nimmt uns die Entscheidung ab, denn links sei "poli kalo" (und außerdem ist die rechte Bahn nicht asphaltiert)!

Nach 7,5 km stehen wir zwischen blühenden Oleanderbüschen mitten auf dem grauweißen Feinkiesstrand einer Paradiesbucht, außer uns, unserem WOMO und einem Sanitärhäuschen gibt es nur Natur.

(72) WOMO-Badeplatz: Paralia Rihea

GPS: N 36° 51' 30.2" E 23° 02' 17.1" **Max. WOMOs:** 3-4.

Ausstattung/Lage: Feinkiesstrand, Duschen, Beach Bar, am rechten Buchtrand Quelle (Foto)/außerorts, Camping verboten.

Südlich von RIHEA fahren wir durch eine Landschaft bizarrer Felsgestalten, denen wir Namen von Tieren, Gesichtern und Fabelwesen geben können; eine Stichstraße führt nach links zum alten **Kloster Evangelistria**.

Rihea, Brackwasserquelle

Zwischen 20 und 30 zeigt unsere Tachonadel, man muss diese Landschaft genießen!

Jetzt blinkt das Wasser in der Bucht von LIMANI GERAKA zu uns herauf – ein weiteres Badeplätzchen?

Das "Meer" entpuppt sich als ein flaches, tangbewachsenes Becken, grünlich-rötlich leuchtet an seinem Rand ein dichter Teppich von Salzpflanzen. Fährt man am linken Ufer entlang und zwängt sich in LIMANI GERAKA zwischen den Tischen der Tavernen auf der Uferstraße hindurch, so findet der Vorwärtsdrang ein jähes Ende auf einer großen Betonfläche neben dem kleinen Jachthafen. Hier ist die WOMO-Welt zu Ende; als Badeplätzchen erkennt man den Ort an zwei Metallleitern, die ins Wasser hinabführen – und schönen Duschen!

(73) WOMO-Badeplatz: Limani Geraka

GPS: N 36° 47' 07.3" E 23° 05' 12.7" **Max. WOMOs:** 2-3.
Ausstattung/Lage: Bademöglichkeit, Picknickpavillon, viele Gaststätten/im Ort.
Zufahrt: siehe Text.

Sie bestehen auf Sandstrand? Dann folgen Sie uns an der Gabelung gleich nach Süden – bald haben wir es geschafft! Die Asphaltbahn schlängelt sich nur noch ein kurzes Stück am Südwestrand des flachen Beckens entlang, dann zieht sie den Hang empor, folgt einer optisch besonders "starken" Steilküstenlinie. Nach 4,5 km seit dem Salzsee führt eine 800-m-Teerbahn durch eine Felswüste mit Olivenbäumen und Macchiesträuchern zum Meer, wo man hinter Fels und Kies auf einer Wiesenfläche einparken kann.

(74) WOMO-Stellplatz: Ariana

GPS: N 36° 45' 33.7" E 23° 05' 02.5" **Max. WOMOs:** 2-3.
Ausstattung/Lage: keine/außerorts. **Zufahrt:** siehe Text.

Nach einer letzten Wegbiegung kommt der mächtige Felsstock von MONEMVASIA in Sicht, zunächst nur wie ein Schemen am Horizont, dann immer gewaltiger aus den Fluten emporsteigend. Am Nordrand der **Bucht von Kremmidi** erreichen wir wieder Meeresniveau und keine 800 m später kann man sein WOMO neben der Straße abstellen und über einen herrlichen Sandstrand zu den Wellen eilen. Dann erneut Schotter und links der Straße ein großer freier Wiesenplatz hinter dem Sandstrand, landseits anschließend Eukalyptusbäume und Pinien.
Rechts der Straße kann man zwischen den mächtigen Grundmauerklötzen des antiken **Epidavros Limera** in den Disteln herumkraxeln.

(75) WOMO-Badeplatz: Epidavros Limera

GPS: N 36° 43' 41.9" E 23° 01' 34.6".
Max. WOMOs: 3-4.
Ausstattung/Lage: Sand-/Kiesstrand, Dusche, Baumschatten/außerorts.

Sie werden es bald selbst merken: Die Umgebung von MONEMVASIA lebt zwar ausschließlich von den Touristen, aber sie ist nicht geradeWOMO-freundlich! Beherzigen Sie also bitte den Rat: Baden und besichtigen ja, übernachten möglichst nicht! Wir haben andere, genau so schöne Plätzchen für Sie gefunden!

Noch knapp 2 km sind es bis zu einer letzten Gabelung (mit gemauertem Gebetshäuschen innerhalb eines quadratischen Gevierts).

200 m vorher liegt rechts der Straße das (geschlossene) Gelände von **Laconia-Gas**! Dort konnte man nicht nur Autogas tanken, sondern auch seine deutsche Gasflasche nachfüllen lassen (falls wieder geöffnet, bitten wir um Nachricht).

200 m weiter, an der genannten Gabelung, geht's rechts nach AG. IOANNIS, nach links erreicht man nach weiteren 1300 m die Verbindungsstraße MOLAI - MONEMVASIA (Gesamtstrecke LEONIDI - MONEMVASIA (ohne Abstecher: 95 km).

Auch auf dem Weg Richtung MONEMVASIA, den wir nun gemeinsam zurücklegen, gibt es einen herrlichen Sandstrand: Die Abfahrt finden Sie am einfachsten, wenn Sie nach links dem Wegweiser "Villa Douka"/Pori Beach folgen. 1500 m rollen wir hinter dem Strand entlang, passieren zwei Gaststätten mit Badeplätzen (dort, z.B. bei der Taverna "To Apomero", unbedingt vorher wegen Übernachtung fragen).

(76) WOMO-Badeplatz: Pori Beach

GPS: N 36° 43' 01.6" E 23° 01' 21.4" **Max. WOMOs:** 2-3.

Ausstattung/Lage: Sandstrand, Dusche, Gaststätten/außerorts. **Zufahrt:** s. Text.

MONEMVASIA heißt, frei übersetzt: "Nur ein Zugang". Links vor ihm gibt es nochmals einen netten kleinen **Badeplatz** [N36° 41' 15.5" E23° 2' 15.8"] mit perfektem Blick auf den Burgberg. Über einen schmalen Damm rollen wir auf den elliptischen Inselfelsen (hinter der Brücke rechts bequeme Park- und bescheidene Bademöglichkeit), dessen Kleinod uns an der zunächst nicht sichtbaren Rückseite des Felsbrockens erwartet – wir durchqueren eine Stadtmauer und befinden uns im Mittelalter: Schmale, steingeplättelte Fußwege, byzantinische Kirchlein, alles gekrönt und bewacht von einer **Frankenfeste**. Wenn man Glück hat, reicht der Blick von hier aus bis zur Südspitze des östlichsten Peloponnes-Fingers (wenn man den

Argolis-Daumen nicht mitzählt), dem **Kap Maléa**, dessen Riffe und Untiefen der Schrecken der Seeleute in der Antike war.

Monemvasia, Stadtmauer

Die alten natursteingefügten Häuschen, in den fünfziger Jahren nahezu verfallen und nur noch von wenigen Familien bewohnt, wurden inzwischen von geschäftstüchtigen Leuten aufgekauft. Restaurants und Cafés, gemütlich, aber nicht besonders preiswert sowie Souvenirläden sind inzwischen daraus geworden.

Monemvasia, "Einkaufsmeile"

Wie gesagt, die Strände in der Umgebung MONEMVASIAS werden regelmäßig von der Polizei besucht, nur hinter dem Inseldamm darf man eine Nacht (Aussage der Polizei) stehen bleiben **[077:** N36° 41' 14.4" E23° 2' 36.0"].
Machen wir uns nach Süden davon!
Zunächst ist die Küste felsig, über giftig-zackige Felsen gischtet die Brandung, aber bereits nach 5500 m hat die rastlose Arbeit des Wassers daraus schon Kies gemacht und nach 5700 m und 5900 m sichten wir die ersten Sandbuchten für kurze Badestopps.
Bei »km 6,7« der **Kies-Sandstrand Leivadia** mit Schattentamarisken vor einem Bambusdickicht, kurz vorher hatten wir AG. STEFANOS durchquert.

Leivadia Beach

Wir notieren die Abzweigung nach FOUTIA, die letzte zur Westseite des ersten Peloponnesfingers, dessen südöstlichsten Teil wir nun erkunden:
Noch ein Kiesstrand mit Stellplätzen, dann wieder Felsküste mit scharfen Steinspitzen – dann kommt KASTELLA [N 36° 36' 44.2" E 23° 02' 44.2"]!

Eigentlich dürften wir über dieses Plätzchen gar nichts schreiben, denn sein Aussehen wird sich ständig ändern. Bei all unseren Besuchen war es ein Feriendorf (fast) ohne Häuser. Das ganze Areal ist bereits parzelliert – aber die Käufer bleiben aus. Es gibt einen Parkplatz, einen zweiten, einen dritten, gemauerte Stufen zum kleinen Kiesstrand, einen

Kinderspielplatz – und kaum eine Menschenseele. Aber wer weiß, wie das Gelände aussieht, wenn Sie vorbeikommen!
Da führen wir Sie doch sicherheitshalber noch die letzten Kilometer zu dem kleinen Dörfchen AG. FOKAS mit dem kleinen Kirchlein in dem 10-Gräber-Friedhof zwischen den Klippen. Hier endet die Straße (Foto)!

(78) WOMO-Badeplatz: Ag. Fokas

GPS: N 36° 35' 42.9" E 23° 03' 39.9". **Max. WOMOs:** 3-4.
Ausstattung/Lage: Sandstrand, kein Schatten, Wasser beim Friedhof/Ortsrand.
Zufahrt: siehe Text.

Aber das ist nicht alles! Der Weg zum Friedhof (dort Wasserhahn) führt entlang einer ruhigen, sandigen Bucht mit vielen Stellplätzen. Diese wird nicht jedermann gefallen, weil das Wasser sehr flach ist. Aber es ist still und friedlich hier, auf den meerseitigen Felsen kann man fein herumklettern und in der Bucht auch gut schnorcheln. Beim Bummel durch das Dörfchen entdecken wir einen weiteren Wasserhahn mit Schlauch am Dorfplatz.
Dann rollen wir 6,3 km zurück bis zur Abzweigung nach FOUTIA/ELLINIKO.
Hinweis für größere Wohnmobile: Die "Passstraße" über NOMIA/ELIKA ist wesentlich bequemer!
Legen Sie ruhig gleich den zweiten Gang ein! Mit 30 km/h brummen wir auf welliger Teerbahn den steilen Hang hinauf. Knapp 9 km wird es dauern, bis Sie die Passhöhe erreicht haben. Da lohnt es sich schon, bei »km 7,8« in einer Rechtskurve das WOMO im Schatten von Platanen und Nussbäumen abzustellen, neben dem Plastikrohrquell zu rasten und das Plätschern des Brünnleins und den Zikadenchor zu genießen!

Blick hinab auf Monemvasia

Sie möchten lieber mit Fernsicht rasten?
Dann fahren Sie am Dörfchen ELLINIKO vorbei noch bis zur Passhöhe. Dort finden Sie einen großen, ebenen Parkplatz links [**79:** N 36° 36' 25.1" E 22° 59' 09.0"; 594 m], durchaus übernachtungsgeeignet – und aussichtsreiche Spazierwege.
Dann geht es hinab zum **Lakonikos Kolpos**. Bereits nach 2800 m gabelt sich die Straße. Fahren Sie rechts, machen Sie auf breiterer Bahn einen "Umweg" von ganzen 4 km; folgen Sie uns nach links, müssen Sie sich durch die enge Straße des Dörfchens KRIOVRISSI hindurchzwängen (**??**), dann wird's auch hier breiter und nach 3,5 km sind wir unten an der Straße nach NEAPOLIS, in die wir nach links einschwenken. Kerzengerade geht es die letzten Kilometer nach Süden, wir können sogar mal wieder den 5. Gang einlegen!
Das Landstädtchen NEAPOLIS scheint eine Großstadt zu sein, denn am Ortsbeginn müssen wir zwischen "Kentro" und "Paralia", also "Zentrum" und "Strand" wählen. Wir halten natürlich auf den langen (und langweiligen) Sandstrand zu und beschließen spontan, seine Verlängerung nach Süden zu "erforschen". Wer allerdings nur nach Bank, Bäcker, Metzger, Obst- und Gemüsegeschäften oder einem Badestopp Ausschau hält, der ist hier richtig! In den Grünanlagen liegen lange Schläuche, an denen man sich bedienen kann.
Wenn Sie uns zu unserem ersten Höhlenabenteuer mit Badespaß begleiten wollen, dann nehmen Sie den linken Weg und folgen nach 1000 m dem Wegweiser MESOHORI ins Gebirge. Die steile Serpentinenstraße führt uns über MESOHORI und

FARAKLO zu der 570 m hohen Passhöhe mit einem großen, baumumringten Parkplatz [**80:** N36° 32' 7.5" E23° 5' 24.3"] mit prächtiger Sicht auf NEAPOLIS, die Insel Elafonisos und den Lakonischen Golf.

500 m weiter – und wir blicken nach Osten in Richtung Kykladen übers Meer, auch MONEMVASIA kommt wieder ins Blickfeld. ANO KASTANIA lassen wir links und KATO KASTANIA rechts liegen. Dann gabelt sich die Straße erneut: Geradeaus geht es zur "Cave of Kastania" (ca. 10 - 17 Uhr), rechts hinab zum Panagia Beach, der uns Badespaß und Nachtlager bieten wird.

(81) WOMO-Badeplatz: Panagia Beach

GPS: N36° 32' 32.3" E23° 7' 54.3" **Max. WOMOs:** 2-3.
Ausstattung/Lage: Sand-/Kiesstrand, Schatten, Klettersteg zum 2. Strand/Ortsrand.
Hinweis: Die Parksituation ist etwas beengt. Größere WOMOs sollten oben bei dem Trafostrommast parken.

Pünktlich stehen wir vor dem Höhlenareal, bei dem Badeunlustige einen großen Parkplatz [**82:** N36° 32' 44.7" E23° 7' 18.2"] vorfinden würden.

Ja, was soll man sagen über eine Tropfsteinhöhle, bei der es einem die Worte verschlägt: **Unbedingt sehenswert!**

Vielleicht ganz kurz: Die Temperatur ist mit 18°C. sommers wie winters gleich angenehm, die Führung (griechisch und englisch) dauert 30-40 min. und – für Foto- und Filmaufnahmen braucht man eine Sondergenehmigung.

Auf der Rückfahrt haben wir die Strecke über KATO KASTANIA/ PARADISI ausprobiert. Die Strecke ist (natürlich) ebenfalls sehr steil, aber in Kato Kastania zusätzlich sehr schmal (?), ein ernstes Problem für große Wohnmobile, die unbedingt wieder die Zufahrtsstrecke nehmen sollten.

Oberhalb von PARADISI passieren wir einen gut anfahrbaren **Brunnen** und stoßen wenig später auf die Verbindungsstraße Neapolis - Ag. Nikolaos. 1000 m nach links und schon können wir rechts hinab zum Meer fahren, auf das wir am kleinen Hafen von PALEOKASTRO am nördlichen Hals einer kleinen Halbinsel stoßen. Der "Kopf" des Halbinselchens trägt die weiße **Agia-**

Paraskevi-Kirche (an der Stelle eines ehemaligen venezianischen Kastells), sie blickt gnädig hinab auf einen Leuchtturm an der Westspitze. Südlich vom Halbinselhals kommt man zu einem süßen Sandstrand mit einigen Tamariskenbäumen, eingerahmt von Felsen, wo man fein stehen und baden kann.

(83) WOMO-Badeplatz: Paleokastro

GPS: N 36° 29' 20.8" E 23° 04' 01.8" **Max.WOMOs:** 2-3.
Ausstattung/Lage: Sandstrand, Baumschatten, Mülleimer/Ortsrand.
Hinweis: Zum Paleokastrostrand kommt man auch, wenn man in Neapolis die Strandstraße immer weiter nach Süden fährt (auf Schotter).

Wanderfreunde sind hier besonders gut aufgehoben, ist doch die **Krithina** mit dem **Kap Maléa** eine der idyllischsten Landschaften Griechenlands!

Der kleinste Spaziergang führt zum Agia-Paraskevi-Kirchlein an der Spitze der Halbinsel (Sonnenuntergangstraumplatz!).

Ein toller Küstenwanderweg führt von PALEOKASTRO aus immer am Meer entlang (lockende Badestrände!) bis zum Fischerdörfchen PROFITIS ILIAS (4 Std.).

Noch lohnender ist die Wanderung zum **Kap Maléa** mit der malerischen **Agia-Irini-Kirche**.

Deshalb kurven wir wieder 2,7 km steil zur Hauptstraße bei LACHI hinauf und dort rechts über AG. NIKOLAOS (Kinderspielplatz mit **Brunnen** vor der Umgehungsstraße links) bis PROF. ILIAS.

Durch das winzige Fischerdörfchen schlendert man zu Fuß, nachdem man das WOMO vor dem Ort links [**84:** N 36° 26' 10.7" E 23° 06' 52.2"] abgestellt hat.

Schwenkt man 150 m vor dem Parkplatz nach rechts (Schotterpiste), so entdeckt man nach 800 m in Richtung LIMNI **Sandstrände** zwischen Brandungsfelsgestalten. Gehen Sie auf Entdeckungstour!

(85) WOMO-Badeplatz: Limni

GPS: N36° 26' 28.7" E23° 6' 28.1"
Max. WOMOs: je 1-2.
Ausstattung/Lage: Sand-/Kies-/Felsstrand, kein Schatten/außerorts.
Zufahrt: siehe Text.

Eine weitere Schotterstraße führt 500 m vor PROF. ILIAS nach links bis AGIA MARINA. Parkmöglichkeiten sind dort knapp. Am besten steht man noch bei der Kapelle der **Ag. Marina** (links an ihr vorbei sind es nur 200 Schritte hinab zu einer kleinen Felsbucht mit kristallklarem Badewasser).

(86) WOMO-Wanderparkplatz: Ag. Marina

GPS: N 36° 26' 23.2" E 23° 08' 23.1"
Max. WOMOs: 1-2.
Ausstattung/Lage: Wanderweg, Bademöglichkeit/außerorts.
Hinweis: Versteinerter Wald unterhalb der Holzhütte.

Von dort aus wandert man, auf einem rostbraunen Weg zwischen bizarren Felsgestalten, weiter an der Küste nach Osten, erreicht nach etwa 2 Std. das Kirchlein **Agia Irini**, den Rest eines aufgegebenen Klosters (im Pilgerhäuschen neben der Kirche kann man notfalls übernachten). Das winzige Agios-Georgios-Kirchlein (400 m östlich der Agia-Irini-Kirche) dürfen Sie wegen seiner sehenswerten Fresken nicht übersehen.

Hinweis: Falls Sie schlechtes Wetter mit böigem Wind erwischen, sollten Sie auf die Tour verzichten! Das Kap ist bereits seit der Antike berüchtigt! Selbst die Helden Agamemnon und Odysseus hatten hier ihre liebe Not und auch in der Neuzeit kam es immer wieder zu Schiffsbrüchen. Der Wanderweg ist bei meterhohen Wellen kein Vergnügen!

TOUR 5 (220 km / 4-5 Tage)

Neapolis – Viglafia – Elafonisos – Arhangelos – Plitra – Karavostasi – Asopos – Boza – Paralia Asteri – Elos – Sparti – Mistras – Taygetos

(Karte 5/I siehe Tour 4)

Freie Übernachtung:	u. a. Viglafia, Elafonisos, Arhangelos, Boza, Glikovrisi, Par. Asteri, Taygetos.
Trinkwasserstellen:	Neapolis, Ag. Georgios, Par. Asteri, Mistras, Taygetos.
Campingplatz:	"Paleologio" Mistras.
Baden:	u. a. Viglafia, Arhangelos, Glikovrisi, Par. Asteri, Elos.
Besichtigungen:	Sparti, Mistras, Taygetos-Gebirge.
Wandern:	Elafonisos, Taygetos-Gebirge (Prof. Ilias).

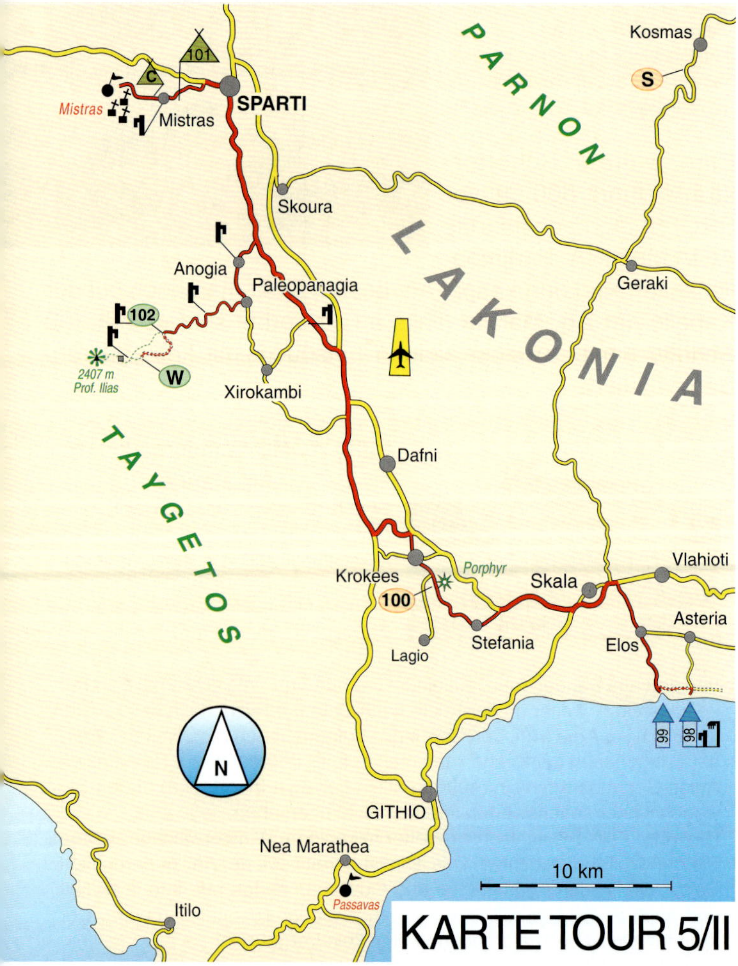

Wir kehren von unserem Bade- und Wanderparkplätzchen bei AG. MARINA nach NEAPOLIS zurück, nutzen die vielen Einkaufsmöglichkeiten direkt an der Strandpromenade und entdecken auch an ihrer "Nordverlängerung" noch Schotterwege mit Stellplätzen etwas abseits des Trubels.
Dann sausen wir die "Autobahn" von NEAPOLIS genau 7 km nach Norden bis AG. APOSTOLI und schwenken dort nach links, um die kleine **Insel Elafónisos** zu besuchen. Beim Durchqueren von AG. GEORGIOS sichten wir rechts der Straße die Kirche und daneben ein Denkmal. Am Kirchlein hinter dem Denkmal hängt ein **Wasserschlauch**.
Gegenüber sichten wir die Abzweigung zum Badestrand "Paralia Manganou". Der weite Sandstrand mit Dusche und Tamariskenbüschen würde uns ganz gut gefallen, wenn nicht der Wind so stark pfeifen würde (auch das Camping-Verbots-Schild stört).

(87) WOMO-Badeplatz: Viglafia/Paralia Manganou
GPS: N 36° 31' 36.8" E 23° 00' 28.4" **Max. WOMOs:** >5.
Ausstattung: Sandstrand, wenig Schatten, Dusche, Camping verboten/außerorts.

Nach 6 km haben wir VIGLAFIA erreicht mit seiner Fährstation. 400 m vor dem Fähranleger führt ein breiter Fahrweg nach links, an seinem rechten Rand wartet die Gaststätte von Andreas mit seiner WOMO-Olivenbaum-Wiese "Camper Oasis". Wer bei ihm speist, kann kostenlos nächtigen und sogar ver- und entsorgen.

(88) WOMO-Stellplatz: Viglafia/"Camper Oasis"
GPS: N 36° 31' 20.1 E 22° 59' 0.7" **Max. WOMOs:** >5.
AusstattungLage: Sandstrand 300 m, etwas Schatten, Ver-/Entsorgung, Parken erlaubt aber Camping verboten, Gaststätte/bei Einzelgebäude.

Ignoriert man das Komfortangebot, so landet man 500 m weiter am breiten Dünenstrand neben vielen WOMOs.

Die WOMO-Olivenbaum-Wiese von Andreas ...

... und der Badestrand 500 m weiter.

Der Strand ist eine Wucht! Feinsandig, flach, malerisch mit Blick auf die "große" **Insel Elafónisos** und ein winziges Inselchen nur wenige Meter vor der Küste. Zu ihm kann man hinschwimmen und nach den Resten einer versunkenen Siedlung vor ihrem Ufer schnorcheln! Falls man sie nicht findet, entdeckt man sicher wenigstens einige besonders schöne Skelette des *Echinocardium cordatum* (Kleiner Herzigel, eine Seeigelart). Seine herzförmigen Schalen haben eine sehr schmucke, fast an ein Gesicht erinnernde Zeichnung.
Die eigentliche Ursache für das WOMO-Gedränge jedoch ist ein Herr namens **Meltemi**, ein von 11 - 17 Uhr stetig auflandig blasender Wind, der hier Surfcracks aus allen Teilen Europas versammelt.

Die (gar nicht so kleine) Fähre scheint auf uns gewartet zu haben. Über 20 € für den kurzen Hopser hinüber halten wir zwar für etwas happig, aber leider hat das WOMO an den vielen Badeplätzen noch nicht das Schwimmen gelernt.
Nun, wir genießen den Blick über das türkisblaue Wasser, passieren am rechten Rand der Hafeneinfahrt ein fotogenes

Inselkirchlein und rollen im Scheitel des Hafenrunds 300 m geradeaus eine Straße hinauf. Dort geht's rechts zum schönen Panagitsa-Beach im Dörfchen KATO NISI, wo die Straße endet.
Auf der gesamten Insel ist Camping verboten, aber direkt neben dem Panagitsa-Beach gibt es dankenswerterweise einen eingezäunten WOMO-Stellplatz **(nach Leser-Info geschlossen)**.

(89) WOMO-Badeplatz: Kato Nisi/Panagitsa-Beach

GPS: N36° 29' 24.7" E22° 56' 43.4" **Max. WOMOs:** ca. 20.
Ausstattung/Lage: Ver-/Entsorgung, Dusche, wenig Schatten, Gaststätte, geringe Gebühr/Ortsrand. **Zufahrt:** siehe Text.

Hält man sich am Fährhafen scharf links Richtung SIMOS und folgt immer der unwirtlichen Felsplattenküste, so überquert man nach 2,5 km einen Hügel und sichtet das "Paradies" in Form blendender Strände.
Bei km 3,3 gabelt sich die Straße. Hält man sich links, so erreicht man bald kostenpflichtige, staubige Parkplätze, von denen aus man durch die Dünen zum Strand stapfen muss. Da schwenken wir lieber nach rechts und schauen uns den Camping "Simos" an, der für seine separaten WOMO-Stellplätze und viel Schatten je nach Saison 20-28 € verlangt.

(90) WOMO-Campingplatz-Tipp: Elefaónisos/Simos Bay

GPS: N36° 28' 37.2" E22° 58' 29.0" **Öffnungszeiten:** ca. 1.5. - 30.10.
Zufahrt: Von der Fähre kommend sofort links halten und am Meer entlang 4 km.
Ausstattung: Schön schattig; schöner Sandstrand 50 m; Mini-Markt; Gaststätte, Ver-/Entsorgung, nächster Ort: 4 km.

Ja, das war's im wesentlichen schon mit dem Inselchen. Wer also übersetzt, sollte auch eine Weile bleiben, den Drahtesel satteln und Elafonisos genießen, denn die Rückfahrt kostet wieder ...

Zurück in AG. GEORGIOS kürzen wir rechts der Kirche nach Norden zur Hauptstraße ab, münden nach links ein.

Nach 2,2 km passieren wir die Einmündung unserer Passstraße – und 400 m später gehen wir Richtung AVLOS auf die Suche nach einsameren Stränden. Eine immer breiter werdende Bahn

Fels- und Sandbereiche wechseln sich ab zwischen Limnes und Panaritis

führt uns nach gut 3 km hinab zur Sand-/Kiesstrandküste mit dekorativen Felsabschnitten. Wir wenden uns nach rechts, rollen immer hinter der abwechslungsreichen Küste entlang bis zum Ende der Straße.

(91) WOMO-Badeplätze: Limnes/Marathias/Panaritis

GPS: u. a. N 36° 35' 38.3" E 22° 55' 33.9" **Max. WOMOs:** je 1-2.
Ausst./Lage: 6,5 km langer Sand-/Kies-/Felsstrand, kaum Schatten, Gaststätten/außerorts.
Zufahrt: Von Süden Richtung Avlos, von Norden in Elika ausgeschildert.

Wir verlassen den Strand nach 4,7 km Richtung ELIKA und treffen dort nach 2,5 km wieder auf die Hauptstraße.

Wir wenden uns nach links (nach rechts käme nach 200 m ein Kiosk mit Wasserhahn). Nach 3,5 km verlassen wir die Hauptstraße schon wieder, sausen hinab zum Fischerdörfchen ARHANGELOS. Die Teerstraße endet nach 2000 m am Hafen – mit wenigen Park- und noch bescheideneren Bademöglichkeiten. Aber kurz vor dem Ort kann man nach rechts, direkt am Meer entlang, nach Norden rollen. Zunächst geht es oberhalb der bizarren Felsküste entlang. Das Wasser ist kristallklar, ein Schnorchelrevier! Nach einem knappen Kilometer sinkt die Straße zu **Feinkiesstränden** hinab, wo man direkt am Wasser parken kann. Dann wird die Küste wieder felsig, Salzschichten füllen die höher gelegenen Gesteinsmulden aus. Wieder ein **Kies-Sandstrand**, malerisch eingerahmt von rotbraunen Felsen, an die sich Feigenkakteen und verkrüppelte Pinien klammern – Fototermin!

Nach insgesamt 2700 m seit ARHANGELOS landen wir westlich DEMONIA wieder auf der Hauptstraße, während sich die Küstenlinie als herrlicher Schwemmlandbogen mit Sandstrand fortsetzt – **der Xilisbucht**. Zwei Möglichkeiten gibt es, das WOMO dorthin zu bugsieren: Entweder man schwenkt 20 m vor der Hauptstraße sehr steil links zur Küste hinab – oder man fährt auf der Hauptstraße 600 m nach links, schwenkt wieder nach links und holpert 400 m in einem ausgetrockneten Flussbett zum Sandstrand, wo man neben Schilfwänden unter Tamariskenbüschen parken kann. Außer einheimischen Badegästen, die mit ihren PKWs kommen und gehen, gibt es hier keine Touristen. Eine feste Piste führt nach rechts noch 700 m am Sandstrand entlang – suchen Sie sich Ihr Stellplätzchen aus!

(92) WOMO-Badeplatz: Xilis-Bucht

GPS: N 36° 39' 20.4" E 22° 52' 45.0" **Max. WOMOs:** 3-4.

Ausstattung/Lage: Sandstrand, Sitzbänke, wenig Schatten, Gaststätte/außerorts.

Dann zieht die Straße hinauf, verlässt den näheren Küstenbereich; an der nächsten Gabelung biegen wir links ab Richtung PLITRA, rollen direkt an der Müllhalde vorbei zum Ort hinab. Am Beginn des Hafens (Kinderspielplatz, Basketballfeld, Camping verboten) kann man auf einer Betonbahn (Sackgasse) nach rechts zu einem wunderschön weißen, allerdings stark besuchten Sandstrandrund fahren (rechts und links der Fahrbahn sind Parkplätze); das Ganze endet nach 500 m mit einer Betonwendeplatte.

(93) WOMO-Badeplatz: Plitra

GPS: N 36° 41' 21.3" E 22° 50' 0.1"

Max. WOMOs: 2-3.

Ausstattung/Lage: Umkleidekabinen, Mülleimer, Sandstrand, wenig Schatten, Gaststätte/außerorts.

Zufahrt: siehe Text.

Hinweis: Camping verboten.

Blickt man von dort nach Westen, so entdeckt man einen weiteren Sandstrandabschnitt mit Namen KARAVOSTASI. Viele WOMO-Urlauber haben dort beim **Gastwirt Vasili** schon Urlaub gemacht ...

1500 m müssen Sie von PLITRA Richtung PAPADIANIKA ins Landesinnere fahren, dann entdecken Sie nach links die Abzweigung nach KARAVOSTASI. 2200 m bequeme Bahn führen zwischen Olivenhainen zur Feigenbaumwiese des Wirtes Vassili – genau auf der anderen Seite der Bucht von PLITRA. Durch ein Tor biegen wir zu den WOMOs und Wohnwagen ab, zwischen denen Hühner, Truthühner und Hunde herumlaufen – Ferien auf dem Lande.

Wir melden uns höflich beim Chef Vasili, seien Sie freundlich, denn wer ihm nicht gefällt, wird weitergeschickt!

Natürlich erwartet er Sie ab und zu an seinen Gaststättentischen im Schatten der blühenden Trompetenbäume, nur ein paar Stufen sind's hinab zum schönen Sandstrand.

Inzwischen geht unser Freund Vasili am Stock und ist auch schon über 80, aber wir machen uns keine Sorgen, denn Schwiegertochter Maria und Enkeltochter Panagiota schmeißen den Laden!

(94) WOMO-Badeplatz: Karavostasi/Vasilis Taverne

GPS: N 36° 41' 17.9" E 22° 49' 41.0" **Max. WOMOs:** 3-4.

Ausstattung/Lage: Toiletten, Duschen, Mülleimer, Sandstrand, Schatten/bei Gaststätte, privat.

Zufahrt: 1500 m nördlich von PLITRA links, dann noch 2200 m.

Auf der Strecke von PAPADIANIKA nach GITHIO liegt eine ganze Reihe von Badeplätzen, allerdings sind die meisten nicht so einfach zu finden!

Am Ortsbeginn von ASOPOS schlagen wir bei der New Holland-Vertretung einen Haken nach links zum Boza-Strand.

Nach 4,3 km auf breiter Bahn schnurgerade nach Südwesten erreichen wir einen schönen Sandstrand direkt vor einem Tamarisken- und Eukalyptuswäldchen (stets gut besucht), in dem man sich schattig einrichten kann.

Eine Gaststätte sorgt sich um die Gäste, auch ein Wasserschlauch liegt bereit ...

(95) WOMO-Badeplatz: Boza

GPS: N36° 42' 15.9" E22° 49' 13.9" **Max. WOMOs:** >5.

Ausstattung/Lage: Sandstrand, Schatten, Gaststätte, Duschen, Wasserhahn/außerorts bei Gaststätte.

Zufahrt: Am Ortsbeginn von Asopos links (ausgeschildert).

Zurück in ASOPOS biegen wir <u>hinter</u> der Kirche links Richtung ELIA (vor der Kirche, links neben dem Kriegerdenkmal, ein **Wasserhahn**).

Hat man die Küste wieder erreicht, sichtet man 1400 m südlich ELIA linkerhand eine einsame Taverne. Rechts vorbei führt ein 300 m langer, festsandiger Strandweg, an dessen Rande man einparken kann.

(96) WOMO-Badeplatz: Tigania

GPS: N 36° 44' 20.0" E 22° 48' 37.6" **Max. WOMOs:** 2-3.

Ausstattung/Lage: Kies-/Sandstrand, Dusche, Wasserhahn, Dixi-Clo, kein Schatten, Gaststätte/außerorts, Camping verboten. **Zufahrt:** Von Asopos Richtung Elia.

WOMO-Badeplatz Tigania

Südlich KATO GLIKOVRISI liegt zunächst eine kleine Sandbucht ohne vernünftige Parkmöglichkeit, aber 1100 m weiter nördlich beginnt ein weiter Dünenstreifen. Er ist der östliche Beginn des riesigen **Lakonikos Kolpos** oder noch besser seinem Nordende zwischen ELIA und GITHIO und heißt **Paralia Kokkinias**. Man biegt von der Asphaltstraße links ab und kann sich entlang der 400 m langen Sackgasse einrichten. An ihrem Ende ist eine Hafenanlage im Bau.

(97) WOMO-Badeplatz: Paralia Kokkinias

GPS: N 36° 47' 56.9" E 22° 46' 56.7" **Max. WOMOs:** >5.

Ausst./Lage: Duschen, Wasserhahn, Kantina, wenig Schatten/außerorts.

Zufahrt: siehe Text.

Diese Schwemmlandgegend des **Evrotas**-Flusses wandelt ständig ihr Gesicht: Mal braun-vertrocknete Grasflächen, in die die Olivenbäume ihre silbrig-grünen Tupfen streuen, dann aber, in den Bewässerungsgebieten, tiefgrüne Plantagen, aus denen unverschämt orangegelb die reifen Apfelsinen bis ins WOMO-Fenster ragen.

Das Schwemmland mit der Dünenküste wird (leider) den Orangen- und Tomatenbauern überlassen, die Hauptstraße zieht sich weit ins Hinterland zurück.

„Das Glück ist mit dem Tüchtigen!" sagen wir uns und biegen 500 m nach dem Ortsendeschild von KATO GLIKOVRISI (bei dem Beton-Triumphbogen mit Kinderspielplatz) nach links in eine "verdächtig" aussehende Teerstraße, die schnurgerade nach Süden zieht (dort ist das Meer!).

Einst schrieb ich über diese Abzweigung:
Vielleicht der "Privatstrand" von GLIKOVRISI, vor lästigen Touristen geheimgehalten (durch das Fehlen jeglicher Hinweisschilder)?
Da müssen wir hin!
1200 m Teer, 1700 m Schotter, immer genau nach Süden, dann rechts der "Hauptstraße" folgen. Wir landen an einem Traum – einem Alptraum! Hinter dem Dünenstrand, für den man in Rimini und Eckernförde Eintritt verlangen würde, stinkt die Mülldeponie von Glikovrisi gen Himmel, blaue Plastikbeutel, zum Teil verbrannt, türmen sich zu Bergen; man könnte heulen.
Bei unserem nächsten Besuch waren es 2300 m Teer, dann ging's an der Gabelung rechts, an einer kleinen Lagune vorbei, in der sich Schwäne und Seidenreiher wohl fühlten. Nach weiteren 600 m landeten wir direkt hinter den Dünen des endlosen Sandstrandes – die Mülldeponie war wirklich und wahrhaftig verschwunden!
Bei unserem letzten Besuch war die Mülldeponie wieder im Entstehen, der Parkplatz versandet und zerfahren, kein Badeplatz mehr. Aber wir werden jedes Jahr wieder hinfahren (die Hoffnung stirbt zuletzt)!

Nur 3800 m sind es auf der Hauptstraße nach Westen bis zum Dörfchen ASTERIA (gr. "aster" = Stern); wenn das kein gutes Vorzeichen ist!

Sicherheitshalber frage ich aber das einzige, sichtbare menschliche Wesen, einen Alten auf der Bank vor dem kleinen Laden: „Ipárchi äthó ena paralía (Gibt es hier einen Strand)?"

Da er samt Bänkchen nach Süden in die einzige Seitenstraße guckt, braucht er nur die Hand zu heben und seinen knorrigen Zeigefinger auszustrecken. Na, mal sehen!?

500 m geht die Bahn nach Süden, dann nach rechts, gleich wieder links, und dann 2800 m immer nach Süden bis zu den Dünen (wie bei GLIKOVRISI) . Unser Herz klopft bis zum Hals, wir wollen es nicht glauben, werfen misstrauische Blicke nach allen Richtungen (wo sind die Müllhaufen?).

Nein, wir haben wirklich ein schönes Plätzchen entdeckt – sogar mit Dusche!

(98) WOMO-Badeplatz: Paralia Asteri

GPS: N 36° 48' 20.6" E 22° 43' 42.8" **Max. WOMOs:** 3-4.

Ausstattung/Lage: Hohe Dünen, feiner Sandstrand, wenig Schatten, Mülleimer, Dusche/ außerorts.

Zufahrt: In Asteria links und 3,2 km bis zum Strand.

Hinweis: Die Querpiste hinter dem Strand führt nach links bis zum Müllplatz von Glikovrisi und nach rechts bis zu den Dauercampern von Elos (siehe nächster Platz).

Der Badeplatz von ASTERIA ist ein endloser Sandstrand mit feiner Brandung. Die Fahrstraße quert sogar den Dünenbereich, so dass man direkt vor ans Wasser fahren könnte (offensichtlich, um Boote vom Trailer aus ins Wasser zu lassen). Wir richten uns lieber direkt hinter den Dünen, neben Schilfgesträuch, auf dem großen Parkplatz ein, nur wenige Schritte von zwei Duschen und einem Wasserhahn entfernt. Den ganzen restlichen Tag bleiben wir die einzigen Badegäste, erst am Abend rollen zwei PKWs mit Einheimischen an, die uns freundlich (aber sehr erstaunt) begrüßen. Offensichtlich sind wir die ersten Ausländer hier!

Von meinem Aussichtsplatz auf der höchsten Dünenkuppe genieße ich wie der Graf von Monte Christo unsere Entdeckung. Wenn wir könnten, würden wir hier den Rest der Ferien verbringen!

Wesentlich mehr Trubel herrscht bei den Dauercampern am **Paralia Elos**! Am Dorfplatz in ELOS (mit Kriegerdenkmal) biegt man links zum Strand (Kiani Akti). Nach 3,6 km geteerter Stichstraße, die schnurgerade durch Obstplantagen und sogar Reisfelder zieht, landet man bei griechischen Dauercampern: Häuser, Hütten, Buden, Baracken, gezimmert aus jedem vorstellbaren Baumaterial, Wohnwagen, Zelte und Restaurants besiedeln den ausgedehnten Dünenstrand. Für WOMO-Urlauber findet sich kaum ein Plätzchen!

Hinweis: Vom **Paralia Asterias** führt inzwischen eine 800-m-Schotterpiste direkt zum **Paralia Elos**!

(99) WOMO-Badeplatz: Paralia Elos

GPS: N 36° 48' 20.0" E 22° 42' 54.3" **Max. WOMOs:** 3-4.
Ausstattung/Lage: Sandstrand, Mülleimer/"Baracken-Ortsmitte".
Zufahrt: In der Ortsmitte von Elos links.

Die Küstenstraße macht nun einen Abstecher ins Landesinnere; wir überqueren in einer mausefallenähnlichen Metallgitterbrücke den **Evrotas**, kommen nach SKALA (Internetcafé in der Ortsmitte); eine Umgehungsstraße führt bequem links um den Ort herum.

Am Ortsende müssen Sie sich entscheiden!

Die Surfcracks unter Ihnen werden uns sicher untreu werden und nach Südwesten auf die Küste bei GITHIO zuhalten.

Kultur- und Bergfans können wir bestimmt für einen Abstecher nach Nordwesten, ins Landesinnere, begeistern; dort kann man SPARTI und die einmaligen Reste der byzantinischen Stadt **Mistra** besichtigen sowie den Pilgerberg **Profitis Ilias** (2407 m) besteigen, den höchsten Gipfel des **Taygetos** und der ganzen Peloponnes.

Im Altertum wurden in seinen Schluchten die jungen Spartaner zur Abhärtung ausgesetzt, heute wird er wegen seiner majestätischen Erscheinung als "Vater der Bergsteiger" besungen – wenn das nichts für Sie ist!?

Wir halten also auf SPARTI zu, rollen noch eine Weile durch die fruchtbare Ebene des **Evrotas**. Nach 3,8 km gabelt sich die Straße (beide Äste führen nach SPARTI). Wir nehmen den linken (über STEFANIA), lassen die Maisfelder und Orangenplantagen hinter uns, steigen ins Gebirge. Bald begleiten nur noch Olivenhaine im braungelb verbrannten Grasland zwischen

Kalksteinbrocken unseren Weg, Zikadenheere geben dem Brummen des Diesels einen rhythmischen Schwung.
2,8 km hinter STEFANIA gibt es etwas zu finden, wonach schon die Römer, ja sogar die Ptolemäer vor über 2000 Jahren systematisch suchten: den **Lapis lacedaemonius**.

(100) WOMO-Stellplatz: Lapis lacedaemonius
GPS: N 36° 51' 26.3" E 22° 35' 07.7"; 219 m.
Max. WOMOs: 2-3.
Ausstattung/Lage: Baumschatten, Porphyrfunde/außerorts.
Zufahrt: Wiesenplatz 2,8 km hinter Stefania links; 1,7 km vor der Abzweigung Lagio.

Geologen bezeichnen den **Lapis lacedaemonius** als triasischen, vulkanischen Andesit, allenfalls als Porphyr. Kaiser Diokletian jedoch machte den roten Porphyr zum ausschließlich kaiserlichen Gestein, Konstantin der Große entwickelte einen regelrechten Kult um diesen Porphyr: „In seinem neuen Palast ist der Kaiser von Porphyr umgeben, die Prinzen erblicken das Licht der Welt in der Porphyra, dem porphyrgetäfelten Gebärzimmer der Kaiserinnen".

Bei den grünen Schmucksteinen gilt der **Porfido verde antico**, der grüne Porphyr, als der edelste. Er wurde im ganzen römischen Imperium gehandelt, von Palmyra bis zu den britischen Inseln, vor allem zur Ausschmückung von Bädern.
Wir finden im 100-m-Umkreis um unseren Parkplatz sowohl braune als auch rotvioletten Porphyrbrocken, die man leicht an den stäbchenförmigen, gelblichweißen Einschlüssen im vulkanischen Grundgestein erkennen kann.

Dann taucht er auf vor uns, majestätisch, der **Pentadaktylon**, der fünffingrige **Taygetos**. Welche seiner Zinnen mag die höchste sein?
Zunächst jedoch sitzen wir noch bequem hinterm Lenkrad, rollen auf gleichmäßiger Bahn dahin, deren Anthrazitglanz nur unterbrochen wird durch die Werbesprüche der beiden großen griechischen Parteien: Grünes Geschmiere der Pasok (Sozialisten), blaues der ND (Neue Demokratie).
Mehr Aufmerksamkeit sollten Sie den Proskinitaria, den Gebetshäuschen in den Straßenkurven widmen, sie haben in Griechenland den Rang von Verkehrs-(Warn-)schildern! Entweder wurden sie aus Dankbarkeit für einen glücklich überlebten oder zur Erinnerung an einen tragischen Verkehrsunfall errichtet. Immer kennzeichnen sie damit eine Gefahrenstelle; wir haben schon Kurven mit drei, vier Proskinitaria (oder: Eglisakia) gesehen!
Bald passieren wir KROKEES, die Häuser steigen gemsengleich den Hang hinauf, schon fast eine Sommerfrische. Falls Sie sich jetzt vor der Wahl sehen, rechts über DAFNI oder

links nach SPARTI zu fahren: Die linke Strecke hat die bessere Straße, beide jedoch sind gleich lang!
Noch 25 km sind es auf der Hauptstraße bis SPARTI; nach 10 km sichten wir neben der Straße ein Militärlager, wo endlich mal das Fotografieren verboten ist.
Auf der Höhe des Flughafens werden Sie nach rechts auf die neue Umgebungsstraße (die weit um SPARTI herumführt) gelockt. Sie sollten dieser Verlockung unbedingt widerstehen, sie wäre ein weiter Umweg!
Wir halten uns also links.
1500 m später, kurz vor TRAPEZANDI, dort, wo es links nach XIROKAMBI abgeht, links der Straße ein Parkplatz mit **Brunnen**. 2,2 km später zeigt ein überdimensionales Schild nach links: **The shelter of Taygetos!** Sie sollten sich diese Stelle merken, ist sie doch der Beginn unserer Bergtour auf den **Profitis Ilias**.
Wohl sind noch 8 km bis zur Stadt der kriegslüsternen Spartaner zu fahren, ihre Vororte säumen aber schon jetzt den Straßenrand.
In SPARTI gibt es zwar klassische Ruinen, wir werden aber auf ihren Besuch verzichten.

Begründung: Die typische "spartanische" Lebensweise verbot jeden Luxus und ausschweifende Pracht auch bei den Bauwerken. Bereits 400 v. Chr. meinte der griechische Geschichtsschreiber Thukydides: „Wenn nur die Tempel und öffentlichen Gebäude übrig blieben, würde die Nachwelt die Kunde von der Macht dieses so vielgerühmten Volkes nur ungläubig hinnehmen!“ Welche Weitsicht!
Aber nicht nur "Heilige Trümmer" vermisst man in SPARTI. Auch gegenüber der Kunst, der Literatur, ja sogar dem Handel mit Fremden verhielten sich die Spartaner ablehnend. Die einzigen würdigen Ziele waren: Eroberung, militärische Zucht und Gehorsam gegenüber dem Gesetz. Der griechische Lyriker Simonides (*556 v. Chr.) verglich sie mit "Pferden, die eingeritten werden, wenn sie noch Füllen sind".
Interessantes ist lediglich über die Stellung der spartanischen Frauen zu berichten. Gekleidet in jenen geschlitzten Chiton, über den sich das ganze übrige Griechenland erregte (Prüde nannten ihn "Schenkelzeiger"), hatten sie wohl alle Hände voll zu tun, die männliche Jugend so lange von Kampf, Heldenmut (und Homosexualität) abzuhalten, bis die Erhaltung der (spartanischen) Art gesichert war.

Machen wir also einen Sprung vom Jahre 221 v. Chr. (als SPARTI die letzte Schlacht gegen den König von Makedonien verlor) bis ins Jahr 1249, als der griechenfreundliche fränkische Fürst Guillaume de Villehardouin beschloss, eine starke Feste auf einen Sporn des Taygetos zu setzen. Und weil die Form des Sporns ein bisschen an den volkstümlichen griechischen Käse Myzithra erinnerte, wurde daraus der Name **Mistras**.
Durch eine Palmenallee sind wir in SPARTI eingezogen, folgen den unübersehbaren Wegweisern **Mistras**/KALAMATA nach

links, halten direkt auf die steilen Hänge des **Taygetos** zu. An der nächsten Gabelung (800 m) trennen sich die Wege – rechts KALAMATA, links **Mistras**. 700 m später notieren wir einen herrlich schattigen, großen Parkplatz rechts mit Platanen und Eukalyptusbäumen gegenüber der Gaststätte "Dionysos". Ein schönes Plätzchen - aber nur für Gaststättenbesucher!
Nun müssen wir noch das "moderne" Dörfchen MISTRAS durchqueren. Vor dem Ort besichtigen wir den Campingplatz "Paleologio" links der Straße, ein idyllisches, ruhiges Revier.

(101) WOMO-Campingplatz-Tipp: Paleologio

GPS: N37° 04' 19.9" E22° 24' 18.0" **Öffnungszeiten:** ca. 1.5. - 30.10.

Ausstattung: Schön schattig, Mini-Markt; Gaststätte, Ver-/Entsorgung, Pool, Kinderspielplatz, WIFI gratis/im Ort.

Zufahrt: Direkt vor Mistras links der Straße.

MISTRAS ist total auf Touristen fixiert. Links, am Dorfplatz, von Gaststätten umgeben, ein **Brunnen**, der aus einer Platane sprudelt, nach rechts zeigt der Wegweiser zur "Archeological Site", vorbei am zweiten **Campingplatz** "Castle view" [N37° 04' 10.8" E22° 22' 54.9"], ähnlich ausgestattet wie der vorgenannte. An der Auffahrt zum Haupttor (Main gate) liegen zwei große Parkplätze (300 m und 50 m vom Haupttor entfernt), beide sind meist bereits am Vormittag überfüllt. Wesentlich ruhiger steht man auf dem ebenen Parkplatz [N 37° 04' 24.0" E 22° 21' 48.0"] am **oberen** Tor (unterhalb der Burg).

Wir löhnen reichlich (dafür gleich rechts hinter dem Eingang, 17 Stufen hoch, ein gekühlter **Wasserspender**) und halten Einzug in der Lieblingsresidenz des Guillaume de Villehardouin, die er jedoch schon 14 Jahre nach dem Baubeginn an das wiedererstarkte Byzanz verlor.

Als Zufluchtsstätte byzantinischer Kultur gewann **Mistras** weiter an Bedeutung, Angehörige des Kaiserhauses residierten hier, im Jahre 1449 wurde gar Konstantin XI. Dragáses, der letzte byzantinische Kaiser in Mistras gekrönt. Da auch während der türkischen Besetzung die Stadt bewohnt blieb, Paschas im Palast des Despoten residierten, blieb die byzantinische Pracht Mistras (wenigstens zum Teil) bis in unsere Tage erhalten.

Die Pracht strahlt im Glanz der (leider) schon ziemlich hochstehenden Sonne, unsere Anfahrt vom Lakonischen Golf (und das Abschiedsmorgenbad am Badeplatz Asteri) haben einfach zu lange gedauert. So entscheiden wir uns für den kleinen Rundgang (für den Sie mindestens zwei Stunden ansetzen sollten), der den besonders schweißtreibenden Aufstieg zur fränkischen Feste ausklammert.

Dankbar begrüßen wir nach wenigen Schritten schon neben einer schattenspendenden Platane einen **Brunnen** mit zwei Wasserhähnen (Sie haben doch eine Feldflasche dabei?).

Dann beginnen wir unseren Rundgang im Uhrzeigersinn, marschieren also zunächst geradeaus weiter, leicht abwärts, und kommen an den beiden kleinen Kirchlein Ag. Christophoros und Ag. Georgios vorbei zum Períbletos-Kloster; der Name meint Maria, "die von überall gesehen (verehrt) wird."

Períbletos-Kloster

Die Zweisäulenkirche, wegen des abschüssigen Geländes zum Teil in den Felsen hineingebaut, beherbergt Fresken, die zu den letzten großen Meisterwerken der byzantinischen Kunst gehören.

Nun müssen wir steil hinaufstapfen; am Frangópulos-Haus, einem typischen Herrenhaus vorbei erreichen wir den Prachtbau von Mistra, das noch bewohnte Pantánassa-Kloster ("Alleinherrscherin"). Im Klosterhof werden wir zunächst von einem Brunnen mit der (auch deutschen) Aufschrift "Das Wasser ist trinkbar" erfreut, bunte Blumenpracht leuchtet aus Töpfen und Blecheimern. Die Kirche ist klein, aber prächtig: Sechs Marmorsäulen, von denen jeweils drei die Seitenschiffe abteilen, tragen Kapitelle mit Pflanzenornamenten, nach oben spähend erblicken wir einen Irrgarten aus Kuppeln, flachen Gewölbezwickeln und engen Tonnengewölben.

Die Fresken bieten überraschende Farbzusammenstellungen. Während im Períbletos-Kloster ein feierliches Dunkelblau vorherrschte, werden wir hier von zitronengelb und erbsengrün geradezu geschockt. In der Säulenvorhalle der Kirche (man beachte auch hier die herrlichen Kapitelle) kann man schön im Schatten sitzen und über die weite, fruchtbare Ebene von Sparti schauen.

Von der Pantánassa führt der Weg weiter hinauf durchs Monemvasia-Tor und dahinter links (Gabelung) und nochmals links zur Agios Nikolaos-Kirche (rechts neben der Kirche, hinter einem Mäuerchen, ein Wasserhahn) und dem sog. "Kleinen Palast".
Bei der Agia Sofia, die man durch einen ungewöhnlich großen, überwölbten Narthex betritt, sollte man vor allem den kostbaren Plattenbelag des Fußbodens beachten; der schöne Glockenturm über der Nordgalerie wurde während der Türkenzeit in ein Minarett umgewandelt.
Nun haben wir den höchsten Punkt unseres Rundganges erreicht, erleichtert stolpern wir hinab zum riesigen, L-förmigen Despotenpalast, in dessen Innenhof wir uns zunächst für die schattige Platane mit Sitzbank interessieren. Während unseres letzten Besuches wurde der Westflügel mit seinen drei Stockwerken gerade restauriert. Ihnen werden sicher als markantestes Merkmal die spätgotischen Fenster (darüber Rundfenster) auffallen.
Wir gehen weiter hinab bis zum Monemvasia-Tor, wenden uns dort nach links und kehren an der Evangelístria-Kirche, einer ehemaligen Friedhofskapelle, vorbei zum Eingang zurück.

Genau 5100 m rollen wir, durch das Dörfchen MISTRAS hindurch, bis zum schattigen Platanenwald-Parkplatz vom "Dionysos". Dort schlachten wir eine riesige "Karpousi", eine Wassermelone und nehmen uns feierlich vor, den nächsten Marsch entweder kurz nach Sonnenaufgang – oder noch besser in 1.500 m Höhe – oder am besten kurz nach Sonnenaufgang in 1.500 m Höhe zu beginnen!
Wir kehren zur Palmenalle in SPARTI zurück, biegen rechts in sie ein (Richtung GITHIO), rollen also auf unseren eigenen Spuren wieder nach Süden. Sie haben die Aufschrift auf dem großen Schild nicht vergessen?
Richtig: "The shelter of Taygetos", nur 7,6 km weiter im Süden. Hier biegen wir rechts ein, durchqueren ANOGIA (am Ortsbeginn links Kirche mit Palme und **Wasserhahn**). Diesen Wasserspender sollten Sie allerdings verschmähen.
Ganz im Gegenteil würden wir Ihnen eher empfehlen, Ihre Tanks leerlaufen zu lassen, denn dem WOMO steht eine Himmelfahrt bevor!
100 m hinter dem Dorfplatz von PALEOPANAGIA beginnt nach rechts die Bergstraße auf den Taygetos (rote Wegweiser mit "Prof. Ilias/Refuge") – los geht's!
Zunächst werden wir überrascht von einer völlig neuen, aber natürlich recht steilen Teerstraße; in den Serpentinen erster, in den Geraden zweiter Gang! Falls Sie schwindlig werden – nach 4,3 km rechts der Straße eine schattige Sitz- und Aussichtsgelegenheit unter Platanen, ein Proskinitario – und ein

Wasserhahn, um Ihre verschwitzte Stirn zu kühlen.
Weiter, immer weiter nach oben! Was zeigt das Kühlwasserthermometer an? Als letzte Hilfe können Sie immer noch Heizung und Gebläse einschalten, da wird das heiße Kühlwasser schneller abgekühlt!
Mehrmals zweigen Stichstraßen zu Hirtensiedlungen ab, wir bleiben immer auf dem Hauptweg Richtung Taygetos-Schutzhütte (griechisch: Katafygio). Bei »km 9,2« hat eigentlich das WOMO seine Taten getan, wir lassen es auf einem malerischen, völlig ebenen (!) Waldparkplatz ausrollen und studieren das Gelände: Schattenkiefern, Picknicklauben, Plätscherbach und ein Brunnen mit herrlich frischem Bergquellwasser.

(102) WOMO-Wanderplatz: Taygetos/Maganiari-Quelle
GPS: N 36° 57' 56.8" E 22° 22' 55.9"; 957 m. **Max. WOMOs:** 2-3.
Ausstattung/Lage: Tisch & Bank, Brunnen, Schatten/außerorts. **Zufahrt:** s. Text.
Wanderstrecke: Maganiari-Quelle – Schutzhütte 1,5 h; Schutzhütte – Gipfel 2,5 h.

Dort, wo das Bächlein den Fahrweg quert, beginnt nach links der gut gekennzeichnete Wanderpfad zur Schutzhütte (Katafygi; 1 1/4 Std.), von dort aus sind's nochmals 2 1/2 - 3 Std. bis zum Profitis-Ilias-Gipfel.

Hinweis: Die erstere Strecke kann man noch etwas abkürzen, denn der Fahrweg zur Katafygi (vor dem Waldparkplatz nach links) macht einen durchaus WOMO-tüchtigen Eindruck. Der Fußgänger-Zeitgewinn ist allerdings pro Strecke nur 1/2 Std..
Wir holpern also weiter (»km 0«), meistern bei »km 3,7« eine ziemlich felsige, ausgewaschene Passage und kommen bei »km 4,5« an eine Gabelung (rechts Schutzhütte, links Xirokambi). Diese Stelle werden wir nicht vergessen, den nach wenigen Metern weiter bergan wirft unser WOMO das Handtuch – der Waldweg ist zu staubig, geröllig und steil! Wir sind jedoch nicht besonders enttäuscht, denn immerhin haben wir seit dem Waldparkplatz fast 5 weitere Bergkilometer gemacht, und nach 150 Metern Richtung Xirokambi finden wir einen ebenen, aussichtsreichen Parkplatz in romantischer Umgebung zwischen gewaltigen Tannen, den wir Ihnen als Basis- und Relax-Station bestens empfehlen können. Hier verbringen wir zunächst Abend und (ruhige, etwas kurze) Nacht.

Am nächsten Morgen stapfen wir bereits kurz nach 6 Uhr (mühelos) durch den Staub mit den Rutschspuren unseres WOMOs.
Die staubige Schotterpiste führt uns in 40 Minuten steil und in Serpentinen bis zur (verschlossenen) Schutzhütte des Griechischen Bergsteigervereins. Über die Zufahrt haben wir viel gegrübelt und kommen zu dem Resümee, dass die Traktionsprobleme wieder mal am Vorderradantrieb unseres Ducatos lagen. VW-Bus-Piloten, Ford-Fans u. ä. könnten es folglich bis zur Schutzhütte schaffen und dort parken (und übernachten). Wir durchstöbern die Umgebung, entdecken ein Wasserspül(!)-Klosett am Waldrand, aber keine Quelle (wir verraten Ihnen nach dem Abstieg, wo sie ist).
Links der Hütte geht es, nun auf dem breit ausgetretenen Pilgerpfad, unter den letzten, sturmzerzausten Kiefern an der Baumgrenze weiter nach Norden. Der Festtag zu Ehren des Propheten Elias ist am 20. Juli. An diesem Tag pilgern ganze Scharen von Gläubigen aus dem Tal (!) zur Kapelle des Heiligen auf dem Gipfel, wir sind heute völlig allein!?

Plötzlich kommen uns zwei Kinder auf dem Pfad entgegengehüpft, sind genau so überrascht wie wir. „Kalimera!“ habe ich auf den Lippen, aber der Bub kommt mir auf gut schwäbisch mit: „Guede Morge!“ zuvor. Eine ganze Schar strömt nun vorbei, eine Jugendgruppe, die auf dem Gipfel übernachtet hatte. Schnell erklärt mir der letzte noch die Lage der Quelle bei der Schutzhütte, verspricht eifrig, Pfadfinderpfeile aus Zweigen für uns auszulegen.

Rote Pfeile und Punkte weisen uns den Weg durch Fels und Geröll, an markanten Punkten sind auch Stangen mit farbigen Schildchen montiert: Rot markiert den Aufstieg, gelb zeigt in Richtung Abstieg.

Der Pfad wendet sich nun in Serpentinen nach Westen, quert eine schräge Matte, wieder Serpentinen, schließlich steigen wir auf einem schrägen Plattenschuss nach Süden, direkt auf den Gipfel zu.

Ein Grat, eine letzte Ruhepause, dann nehmen wir den Gipfelhang, schnaufen nach genau 2 Std. 36 Minuten (seit der Schutzhütte) neben der dachlosen Kapelle in 2407 m Höhe aus.

Ein deftiges Vesper mit Panoramablick kommt als erstes dran, dann studieren wir das Gipfelbuch, in dem sich auch viele auf deutsch verewigt haben. Gut hat uns dieser Spruch gefallen:

Der Mensch hat drei Wege, klug zu handeln!
Erstens durch nachahmen – das ist der leichteste.
Zweitens durch nachdenken – das ist der edelste.
Drittens durch Erfahrung – das ist der bitterste.

Bergabmarschieren ist schön! Obwohl Waltraud fast jedes Bergblümchen fotografiert, schaffen wir die Strecke bis zur Schutzhütte in 1 Std. 48 Minuten und entdecken sofort den ersten Pfadfinderpfeil am Rand der Fahrstraße. 200 m unterhalb der Schutzhütte, in der ersten Rechtskurve, verschwindet der pfeilmarkierte Wanderweg nach links im Wald, steigt steil ab in eine Schlucht. Dort finden wir die gemauerte Quelle und stürzen darüber her, als würde heute Champagner ausgeschenkt!

Gegen 13 Uhr sind wir wieder an unserem WOMO, haben also mit allen Pausen und dem Brunnenumweg 7 Stunden gebraucht, um den **Profitis Ilias** zu bezwingen!
Wir beschließen, den Rest des Tages faul zu sein; räumen die Liegen aus dem WOMO, strecken alle Viere von uns, genießen die herrliche Ruhe und die angenehme Temperatur.

Wir haben den Prof. Ilias bezwungen!

KALATHIO
Virós-Schlucht
102
2407 m
Prof. Ilias
W
Paleopanagia
Xirokambi
TAYGETOS
122
Exohori
Kardamili
Proastio
Stoupa
121
Ag. Nikolaos
Ag. Dimitrios
119
120
Mani-Museum
Lagada
Trahila
MANI
GITHIO
103
104
Passavas
105
106
Itilo
Ageranos
117+118
107:Kamares
Skoutari
Areopolis
Kalivia
116
108+109
Seenhöhle Glifada
Kalos
Pirgos Dirou
Flomohori
Kotronas
110
SANGIAS
115
Mezapos
Kokkala
Gerolimenas
Lagia
114
Vathia
Kenourgia Hora
111
112
Marmaria
Porto Kagio
113
Kap Tenaro
N
10 km

KARTE TOUR 6

TOUR 6 (250 km / 4-5 Tage)

Githio – Ageranos – Paralia Kamares – Skoutari – Mani-Rundfahrt – Kap Tenaro – Gerolimenas – Seenhöhle Glifada – Agios Nikolaos – Exohori

Freie Übernachtung:	u. a. östl. Githio, Kamares, Skoutari, Flomohori, Porto Kagio, Gerolimenas, Sauriereierstrand, Itilo, Ag. Nikolaos, Exohori.
Trinkwasserstellen:	Kotronas, Itilo, Langada, Ag. Nikolaos, Proastio, Exohori.
Campingplätze:	mehrfach südl. Githio.
Baden:	u. a. östl. Githio, Kamares, Skoutari, Kotronas, Flomohori, Marmaria, Porto Kagio, Wander-P Kap Tenaro, Gerolimenas, Mezapos, Sauriereierstrand, Itilo, Ag. Nikolaos.
Besichtigungen:	Githio, Ruine Passavas, Mani-Halbinsel (besonders Lagia und Vathia), Kap Tenaro, Seenhöhle Glifada, Höhle von Ag. Nikolaos, Höhle bei Stoupa, Viro-Schlucht.
Wandern:	zum Kap Tenaro, Höhlenwanderung Ag. Nikolaos, Viro-Schlucht.

Von unserem Sommerfrische-Platz unterhalb des **Profitis Ilias** sind wir wieder 4,5 km zum Waldparkplatz hinabgerollt, haben den Tank und alle Kanister aus dem herrlich kalten Bergquell gefüllt und sind nun gerüstet für weitere Stranderkundungen.
In PALEOPANAGIA halten wir uns rechts, erreichen über XIROKAMBI, DAFNI und POTAMIA die Hauptstraße SPARTI – GITHIO und sausen auf ihr nach Süden, längst begleiten uns wieder Olivenbäume, Zikadenheere – und Hitze.
Schnell haben wir den quirligen Hafen- und Touristenort GITHIO erreicht (Internetcafé neben Eiscafé "Dodoni").
An dem ehemaligen Hafen von Sparta kann man fein bummeln (falls man fürs WOMO einen Parkplatz findet), das Lädenangebot ist komplett, schöne Strände bietet GITHIO zunächst allerdings nicht.
Am Kai angekommen, wenden wir uns nach rechts (Süden), fahren am Jachthafen vorbei, um einen Kreisverkehr herum und entdecken kurz darauf eine mauerbewehrte Mole, die die **Insel Marathonissi** mit dem Festland verbindet. Der Leuchtturm und der zinnengekrönte **Tzannetakis-Turm** lugen über die Pinien, im letzteren ist jetzt das Museum für Geschichte und Volkskunde der Mani untergebracht (9-13, 17-21 Uhr), freie Plätze gibt's hier reichlich [N36° 45' 13.9" E22° 34' 24.0"].

Falls Ihnen zufällig gerade nicht nach Museum zumute sein sollte, können wir Ihnen trotzdem einen Spaziergang auf dieser mythenumwobenen kleinen Insel empfehlen. Hier verbrachte Paris die erste Nacht mit Helena, der Ehefrau des Königs Menelaos von Sparta, nachdem er sie (mit vielen

Schätzen) entführt hatte – und beschwor damit den ganzen Schlamassel mit dem Trojanischen Krieg herauf.
Wer die Griechen kennt, weiß, dass Menelaos nur so seine Ehre wieder herstellen konnte!

Östlich von GITHIO gibt's schöne Strände, sagte man uns! Folglich machen wir zunächst einen Abstecher nach links, stellen bei den letzten Häusern den Tageskilometerzähler auf "0" und hypnotisieren die Küstenlinie:
Zu dem schönen Sandstrand "Paralia Glifadas" mit dem alten Frachterwrack schwenken wir nach 3,4 km scharf nach rechts in ein schmales Wegle, das uns nach 400 m zu einem sandigen Stellplatz mit Büschen und Binsen hinter den Dünen führt.

(103) WOMO-Badeplatz: Githio-Ost/Paralia Glifadas
GPS: N 36° 47' 20.1" E 22° 34' 56.1". **Max. WOMOs:** 3.
Ausstattung/Lage: Sandstrand, Gaststätte, kaum Schatten/außerorts.
Hinweis: Zeitweise überfüllt. **Zufahrt:** s. Text.

Zurück auf der Straße rollen wir nochmals 4,8 km nach Osten, überqueren ein Flüsschen und schwenken unmittelbar dahinter scharf rechts steil hinab zum Sandstrand neben der Flussmündung, wo man sich auf einer großen Wiesenfläche gut einrichten kann. Links schließt sich eine umfangreiche Dauercampersiedlung an.

(104) WOMO-Badeplatz: Githio-Ost/Dauercampersiedlung
GPS: N 36° 48' 16.1" E 22° 37' 08.0" **Max. WOMOs:** 2-3.
Ausstattung/Lage: Sandstrand, Dusche, kaum Schatten/bei Dauercampern.
Hinweis: 400 m nach der ersten Abfahrt geht es ganz bequem mitten in die Dauercampersiedlung, wo man weitere Stellplätze findet.

Auch südwestlich von GITHIO werden die Strände schöner, sind aber zunächst völlig mit Ferienhäusern und Campingplätzen zugebaut. Bereits den ersten (nach 3,5 km) mit Namen "Meltemi" können wir empfehlen:

(105) WOMO-Campingplatz-Tipp: Meltemi

GPS: N 36° 43' 48.6" E 22° 33' 12.8" **Öffnungszeiten:** 1.4. - 20.10.
Ausstattung: direkt am Sandstrand, viel Schatten, Gaststätte, Laden; Ort: 3,5 km.

Bereits 800 m später Camping "Githion Bay" mit ähnlicher Ausstattung und nochmals 100 m darauf Camping "Mani Beach" usw.

9 km südlich GITHIO taucht die Straße in eine rote Felsschlucht hinab, eine zinnenbewehrte Burg, eine stolze fränkische Feste wacht über ihr. Der Name **Passavas** kommt wohl vom französischen »pas-avant« (nicht weiter), aber von der Straße aus ist nichts Bedrohliches zu sehen.

Wir zweigen dahinter links ab Richtung AGERANOS. Lassen Sie sich nicht erschrecken von Campingplätzen und Trubel!

(106) WOMO-Campingplatz-Tipp: Porto Ageranos

GPS: N 36° 42' 14.9" E 22° 31' 14.6" **Öffnungszeiten:** ganzjährig
Ausstattung: direkt am Sandstrand, viel Schatten, Gaststätte, Laden; Ort: 12 km.

Wir fahren am Eingang zum Campingplatz vorbei und verlassen die Sandbucht hinter dem Hotel "Belle Helene" nach Süden. Ein Weiler mit einem fotogenen, quadratischen Wohnturm, dem ersten Anzeichen der kriegerischen **Mani**, wird durchquert, dann senkt sich der Weg (auf dem wir Ihnen keinen Gegenverkehr wünschen) zu der weiten **Bucht von Kamares** vor Olivenplantagen.

Wie in einer Erkundungs-Rallye kurven wir eine Weile zwischen den Bäumen herum, die uns den Blick zum Strand versperren, durchspritzen eine Furt neben einer aus Natursteinen gemauerten Brücke und landen schließlich am ausgedehnten Feinkiesstrandbogen.

(107) WOMO-Badeplatz: Surferbucht Kamares

GPS: N 36° 40' 47.4" E 22° 31' 19.6" **Max. WOMOs:** 3-4.
Ausstg./Lage: Feinkiesstrand, kein Schatten, Mülleimer, Brackwasserquelle/außerorts.
Hinweis: Zum Strand von Kamares gibt es noch eine zweite Zufahrt! Statt hinter der Passavas-Schlucht sofort links nach Ageranos zu fahren, rollt man noch 1200 m geradeaus und lässt sich dann links nach Kalivia/Skoutari schicken.
Nach weiteren 3 (!) km führt, wieder nach links, ein neues Teersträßchen durch den riesigen Olivenhain zum Strand von Kamares. Die bequemste Zufahrt führt über Kalivia (s. Weiterfahrt). **Achtung:** Zeitweise Polizeiräumungsaktionen.

Surferbucht Kamares, steile Zufahrt von Ageranos aus

Surferbucht Kamares, Westseite

Halbkugelige Mönchspfefferbüsche beleben und unterteilen das flache Wiesenareal, bieten auch Schutz vor dem pfeifenden Wind – es sei denn, Sie schwingen sich auf Ihr Fun-Board wie die kleine Belgierin, die sich einen Spaß daraus macht, beim zischenden Ritt über die Wellen ihren Pferdeschwanz durchs Wasser schleifen zu lassen.

Diese entlegene Bucht südlich AGERANOS wollen wir uns merken, falls wir irgendwann mal die Muße haben, uns auf

die faule Haut zu legen! Denn außer dem feinen Sandstrand, dem herrlichen Surfwind und der ungestörten Lage bietet sie inzwischen auch zwei Strandtavernen und zwei Quellen. Eine dieser Quellen finden sie im südlichen Teil der Bucht, dort, wo die Felsen bis zum Strand vorragen, zu deren Füßen.
Wer stattdessen Windstille und ruhige See sucht, der ist im **Ormos Skoutariou**, der Bucht von SKOUTARI richtig!
Wir verlassen den **Kamares-Strand** nach Süden, preschen zwei steile Serpentinen hinauf, dann geht's im zweiten Gang weiter. Oben stoßen wir auf eine Querstraße, biegen rechts, passieren einen Friedhof mit **Wasserhahn** und gelangen nach 2,8 km zur Abzweigung nach SKOUTARI.
Wir halten nach links auf den Ort zu, der wie ein Raubvogelnest auf einer Kuppe hockt, lassen uns von den Hinweisschildern schmal durch das Dorf hindurch, dann steil bergab, zum "Paralia" führen. Die Straße gabelt sich nach 800 m bei einem Hinweisschild, welches das Nacktbaden verbietet, wir nehmen den rechten Arm und passieren 300 m später ein renoviertes Brunnenhaus.

Nach links rollen wir auf Meereshöhe noch 200 m bis zu schattigen Parkarealen unter und zwischen Olivenbäumen (man kann auch schattenlos direkt am Strand parken).

(108) WOMO-Badeplatz: Skoutari

GPS: N 36° 39' 47.8" E 22° 30' 00.7". **Max. WOMOs:** 3-4.
Ausstattung/Lage: Sandstrand, etwas Schatten, Strandtaverne/außerorts.
Zufahrt: siehe Text.

Der ruhige Strand von Skoutari

Es ist nur ein Hopser auf den herrlichen, feinen, weißen Sandstrand und in das strahlendblaue Meer. Rechts wartet ein kleines Kirchlein für das geistliche und links eine Strandtaverne für das leibliche Wohl – hier bleiben wir!

Der weitere Verlauf unserer Mani-Umrundung hat sich durch den Neubau der Strecke SKOUTARI - KOTRONAS stark vereinfacht. 200 m zurück an dem Brunnenhaus schwenken wir nicht rechts hinauf nach SKOUTARI, sondern erreichen geradeaus die neue, breite Asphaltbahn Richtung KOTRONAS (nach 1000 m kann man links hinab zum Bootshafen von SKOUTARI mit betonierten Stellplätzen [**109:** N 36° 39' 35.3" E 22° 29' 58.1"] und verstecktem Sandstrand rollen).

Bootshafen von Skoutari mit verstecktem Sandstrand

Dann erscheinen vor uns grau, kahl und abweisend die ersten Berge der **Mani**. In KOTRONAS legen wir nur einen kleinen Zwischenstopp ein. Das Dörfchen hat Stellplätze auf der Mole und einen kleinen Sandstrand daneben.

(110) WOMO-Badeplatz: Kotronas

GPS: N 36° 37' 10.7" E 22° 29' 39.2" **Max. WOMOs:** 1-2.
Ausstg./Lage: Sandstrand, Brunnen, kein Schatten, Taverne/Ortsrand.
Zufahrt: s. Text.

Kaum haben wir KOTRONAS durchquert, schenken wir (leider) einer Abzweigung nach links (Kalikias Beach) kaum Beachtung. Nach 3,5 km treffen wir auf die Ringstraße der **Mani**, in die wir nach links einschwenken. Eine Rundfahrt um den **Sangias-Gebirgsstock**, der die **Halbinsel Mani** prägt, sollte man nicht auslassen! Noch nie haben wir solche abweisenden, kahlen

Bergwände, eine solch erdrückende Verlassenheit erlebt. Während das Schuttplateau der Westseite noch etwas Landwirtschaft erlaubt, stürzen die Felsflanken im Osten direkt ins Meer. Auf Vorsprüngen, Felsnasen haben die Bewohner der Mani ihre **Wohntürme** errichtet – aus Furcht voreinander, um der Blutrache zu entrinnen oder der Verfolgung anderer, denn Piraterie war wohl ihr Hauptgeschäft. Woher sie dieses verhängnisvolle Erbe haben?

Sie sind wohl die letzten Nachfahren der kriegerischen Spartaner, die sich nach der Niederlage gegen die Makedonier in dieses unzugängliche – und wegen seiner Unwirtlichkeit auch nicht besonders attraktive – Gebiet zurückgezogen hatten.
Ihr leidenschaftliches Unabhängigkeitsbedürfnis, ihre kriegerischen Tugenden und ihre persönliche Tapferkeit flößten den Heeren des Sultans solche Furcht ein, dass man es vorzog, sie sich selbst zerfleischen zu lassen, statt gefährliche und kostspielige Anstrengungen für ein paar unfruchtbare Felsen zu unternehmen. "**Kakovounia**", die "Bösen Berge" heißen die letzten, völlig kahlen Ausläufer des **Taygetos**. Von wilden Schluchten zerklüftet stürzen ihre Steilhänge ins Meer, Generationen haben an ihnen Steine gelesen, Felder angelegt, Mäuerchen aufgeschichtet – um dann blutige Fehden wegen der Besitzrechte auszutragen.
Sie suchen unterwegs einen Badeplatz?
Die **Mani** ist dafür nicht gerade das ideale Gebiet. Wir haben jedoch auch für den anspruchsvollen Luxusbadegast ein paar Plätzchen entdeckt – das erste liegt noch nicht einmal weit entfernt: Nach 1100 m passieren wir das Ortsschild von FLOMOHORI. Genau am Ende dieses bereits besonders typischen Mani-Dorfes biegen wir links in eine geteerte Stichstraße, die uns nach 2100 m hinabgeführt hat zum malerischen Strand im **Ormos Kolokithiás** (die direkte Zufahrt von KOTRONAS aus hatten wir ja verpasst).
Der Badestrand von FLOMOHORI (Kalikias Beach) ist ein Idyll [N36° 37' 2.1" E22° 28' 37.7"]!

Kalikias Beach

Man trägt seine Badeklamotten in einem sommertrockenen Schotterbett ca. 50 Schritte bis zum weißglänzenden Feinkiesstrand und stürzt sich ins kristallklare Wasser. Hinter dem Strand ein paar kleine Natursteinhäuschen, rechts und links der Bucht Schnorchelfelsen, darüber die bizarren Mani-Berge; ein Tages-Badeplätzchen (kaum Parkraum) wie aus dem Bilderbuch!
Die weiteren, mühsam anzufahrenden Buchten an der Ostseite der **Mani** haben Geröllstrände und geringen Parkraum. Aber hier sollen Sie auch nicht Baden, sondern bei einer Besichtigungsfahrt die besondere Atmosphäre der Mani er"fahren".

Kokkala mit Kiestrand

In KOKKALA verlassen wir die Ostküste, schrauben uns hinauf nach LAGIA. Dort sollte man unbedingt das WOMO auf dem Dorfplatz beim Uhrturm abstellen und einen Bummel durch das typische Dörfchen machen – maniotischer wird es kaum noch!

Lagia, typisches Mani-Dorf

Lagia, Kiche

Beim höchsten Pass zweigt nach links eine neue Asphaltstraße Richtung KENOURGIA HORA ab, die uns direkt nach PORTO KAGIO nahe der Südspitze der **Mani** bringt.

So einsam die Gegend dort auch ist – die Straßenbeschreibung ist etwas kompliziert:

Am Meer auf der Westseite angekommen, wenden wir uns nach links (Süden), nehmen an der ersten Gabelung die linke Spur und landen nach 1,6 km wieder auf der Ostseite mit der berühmten Hafenbucht von PORTO KAGIO.

Früher hieß der Hafen Porto Quaglio – so genannt, weil er der Wachteln letzter europäischer Ruhepunkt war, bevor sie die Seereise nach Kreta und Afrika begannen.

(111) WOMO-Badeplatz: Porto Kagio

GPS: N 36° 25' 41.6" E 22° 29' 12.7" **Max. WOMOs:** 2-3.
Ausstattung/Lage: Kies-/Sandstrand, Mülleimer, kein Schatten, Tavernen/im Ort.
Zufahrt: siehe Text.

Das Wasser ist kristallklar, das Stellplatzangebot ziemlich knapp. Da trifft es sich gut, dass die Wirtin Maria von der Taverne "Porto" kostenlos ihren Parkplatz für WOMOs anbietet (natürlich sollte man auch ihrer guten Küche zusprechen).

In Porto Kagio geht es eng zu

Zurück an der ersten Gabelung nehmen wir den anderen Ast, der sich kurz darauf wieder gabelt: Rechts liegt das Örtchen MARMARIA. Der einzig vernünftige Parkplatz liegt rechts der Straße noch vor der Strandtaverne. Von ihr aus führt ein Treppenweg steil hinab zum schönen Strand.

(112) WOMO-Badeplatz: Marmaria

GPS: N 36° 25' 30.5" E 22° 28' 35.1" **Max. WOMOs:** 1-2.

Ausstattung/Lage: Mülleimer, Taverne, Treppenweg zum Sandstrand/Ortsrand.

Zufahrt: siehe Text.

Fahren Sie lieber nicht ins Örtchen MARMARIA hinein (höchstens zum Wenden!).
Schließendlich rollen wir links an MARMARIA vorbei, lassen PALIROS links liegen, folgen dem Wegweiser zum Totenorakel und dem **Kap Tenaro**. Nach 2,4 km haben wir den südlichsten Punkt Griechenlands erreicht, den man mit dem WOMO anfahren kann, parken oberhalb der Reste des Totenorakels des tänarischen Poseidon. Aus den steinernen Resten der Orakelbauten entstand eine kleine Kapelle, wie die ganze Gegend "Kisternäs" genannt.

(113) WOMO-Wanderparkplatz/Badeplatz: Kap Tenaro/Kisternäs
GPS: N 36° 24' 8.2" E 22° 29' 10.5" **Max. WOMOs:** 3-4.
Ausstattung/Lage: Kiesstrand, Wanderweg, Taverne/Ortsrand.

Links der Kapelle führt ein Pfad zu einem kleinen Kiesbadestrand. Marschiert man vom Strand 5 Schritte landwärts, so sieht man linkerhand die kleine Höhle – ein weiterer Eingang zur Unterwelt:

Der letzte Auftrag, den Herakles erhielt, lautete, den Höllenhund Kerberos aus dem Hades zu holen. Dieser war groß wie ein Elefant und hatte drei Köpfe mit scheußlichen Rachen, aus denen unaufhörlich Gift und Geifer flossen. Jeder der Köpfe trug eine Mähne aus grässlich geringelten Schlangen, sein Schweif selbst war ein Drache.
Am Vorgebirge Tainaron stieg er durch mächtige Felsspalten und Höhlengänge in den Hades hinab ....
Herakles stellte den Höllenhund zum Kampfe. Er packte das Untier am Halse und würgte es mit übermenschlicher Gewalt, obwohl der Drachenschweif wütend auf ihn einbiss. Überwältigt hob er das grimmige Untier auf seine Schultern und trug es zur Oberwelt empor.

Außer von der Unterwelt sind Sie auch nur noch ein paar hundert Meter vom berüchtigten **Kap Tenaro** entfernt, mit seinen sturmgepeitschten Klippen berüchtigt bei den Seefahrern aller Zeiten. Auf den Seekarten ist es bei 36° 23' 9,8" n. Br. eingetragen und liegt damit nur 41,3 km nördlicher als der südlichste Punkt Europas, die **Punta Marroqui** südwestlich von **Gibraltar**:

Am rechten Rand des Wanderparkplatzes stapfen wir hinab, umrunden eine erste Bucht. Am Beginn der zweiten, nach genau 5 min. liegt links des Pfades ein wunderschönes Mosaik (Foto), die Reste eines weiteren daneben. Außerdem haben wir Grundmauern und in den Fels eingekerbte Treppen entdeckt – Überreste aus hellenistischer Zeit.
Nach knapp 30 min. strammen Marsches haben wir den **Leuchtturm** am Kap Tenaro erreicht – genau im Süden, nur noch 390 km entfernt, kann man bereits die Küste von Afrika ahnen. 900 Watt Solarpower versorgen ihn mit der nötigen Energie, um nachts die vielen Schiffe, die ihn umrunden, vor seinen gefährlichen Klippen zu warnen.

Leuchtturm am Kap Tenaro

An der Westküste der Mani kurven wir wieder nach Norden. Vor dem wohl maniotischsten Ort, VATHIA, wartet ein praktischer Parkplatz links der Straße. Hier können Sie in Ruhe Ihre Mani-Erinnerungs-Fotos schießen!

Vathia, Mani pur!

16 km nördlich unseres Kap-Tenaro-Wanderparkplatzes sind wir in GEROLIMENAS, das links abseits der Straße liegt. Hat man sich in das gemütliche Örtchen hineingewühlt (?) und ist rechts zum Hafen abgebogen (hinter den vielen Fischrestaurants an der Kaimauer geht's entlang), so kann man ordentlich hinter dem Kiesstrand parken. Wenn man Glück hat, erwischt man sogar einen Parkplatz unter den Eukalyptusbäumen.
Tipp: Große WOMOs sollten die zweite, die nördliche Zufahrt nach GEROLIMENAS nehmen.

(114) WOMO-Badeplatz: Gerolimenas

GPS: N 36° 28' 56.5" E 22° 23' 58.6". **Max. WOMOs:** 2-3.
Ausstattung: Kiesstrand, Mülleimer, Tavernen, Schattenbäume.
Zufahrt: s. Text.

Auf der breiteren Bahn nach Norden verlassen wir das Örtchen. 8 km nördlich, in AG. GEORGIOS, biegen wir links zum Paralia Mezapou, dem Strand von MEZAPOS. Nach 2,2 km hinab auf schmaler Teerbahn, die durch das Dörfchen hindurch noch schmaler (?) wird, landen wir auf dem (leicht schrägen) Kirchplatz. Von dort aus hat man bereits einen Blick auf zwei besonders malerische Buchten. Umgeben von steilen Erosionsfelsen, schimmert das Meer in allen Türkistönen herauf (kein Strand, nur Badesteg!).

(115) WOMO-Badeplatz: Paralia Mezapou

GPS: N 36° 32' 32.0" E 22° 23' 27.1". **Max. WOMOs:** 1-2.
Ausstattung: Mülleimer, Taverne, Bademöglichkeit.
Zufahrt: siehe Text.

Bei unserer Rückkehr zur Ringstraße versinkt gerade die Sonne in diesem atemberaubenden Farbton, der auf jeder Postkarte kitschig wirkt, im Messiniakos Kolpos, dem **Messinischen Golf**. Nur ein knappes Dutzend Kilometer sind es noch, dann werden wir am bereits geschlossenen Eingang der **Tropfsteinhöhle von Glifada** stehen (offen: 8.30 - 15.30 Uhr)!?
Sie gilt unter Fachleuten als eine der schönsten Seenhöhlen der Welt. Ein unterirdischer Fluss hat das Kalkgebirge ausgewaschen, und das von Decken und Wänden herabtropfende Wasser hat bizarre Tropfsteinformen geschaffen. Über 4000 m des unterirdischen Flusslaufes wurden bereits erkundet. Davon können sich die Besucher 1200 m in kleinen Booten durch die unterirdische Seenlandschaft fahren lassen – ein fast überirdisches Vergnügen.
Leider ist das außer uns schon ein paar anderen Personen bekannt – und deshalb bevorzugen wir die späte Anreise!
Der Trick bei der Sache ist nämlich der, dass man am Tage, wenn man Pech hat, bis zu zwei Stunden auf Einlass warten muss: Wir jedoch werden morgen früh, gleich nach dem Frühstück, ohne zu warten die Ersten sein!
In der Ortsmitte von PIRGOS DIROU sind wir links abgebogen, die Abzweigung ist wegen der vielen Andenkenläden unmöglich zu übersehen. Nach 800 m passieren wir die Kirche des Ag. Dimitrios (gegenüber Friedhof mit **Brunnen** davor) und nach weiteren 600 m, dort, wo die breite Teerstraße eine Linkskurve macht, rollen wir geradeaus hinab bis zum Sauriereierstrand.

(116) WOMO-Badeplatz: Sauriereierstrand

GPS: N 36° 38' 25.3" E 22° 22' 58.5". **Max. WOMOs:** >5.
Ausstattung/Lage: Badesteg, Mülleimer, Spazierweg zur Höhle/außerorts.

Fragen Sie nicht, warum er Sauriereierstrand heißt! Entweder Sie erraten es – oder Sie schauen ihn sich selbst an. Dieser abgelegene und ruhige Badestrand, an dem mancher Urlauber länger verweilen wird, als er eigentlich vorhatte, ist nur durch eine kleine Felsnase vom Nachbarstrand mit dem Eingang zur Seenhöhle getrennt.

Wir haben natürlich sofort das Gelände erkundet und einen Pfad entdeckt, der in 5 Minuten über die Felsnase zum Höhleneingang führt. Richten Sie sich also ruhig am Sauriereierstrand ein – und vergessen Sie nicht, am nächsten Morgen rechtzeitig ihr Morgenbad zu beenden, denn die (teuren!) Eintrittskarten für die Höhle gibt's von 8.30 Uhr - 15.30 Uhr an der Einfahrtsschranke – und die Reihenfolge des Eintritts richtet sich nach der Seriennummer auf der Karte.

Sicherheitshalber hier die genaue Beschreibung des Pfades:
Am Südende des Strandes steigt man vor der Felswand auf einer Jeeppiste nach links empor. Man klettert an zwei Gebäuden vorbei nach rechts, folgt Steinmännchen und blauen Punkten über den Felsrücken bis zu einem rostigen Eisengittertürchen und landet direkt unterhalb des Höhlenmuseums, nicht weit vom Eingang zur Höhle.

Wir sind am nächsten Morgen natürlich die ersten am Kassenhäuschen und sitzen eine Viertelstunde später stolz ganz vorne im ersten Bootchen, das uns in die Geisterwelt der Feen und Elfen von Glifada hineinträgt – ein Genuss, den sich niemand entgehen lassen sollte! Nach einer unbeschreiblich eindrucksvollen Fahrt durch die unwirkliche Tropfsteinwelt der bizarren Formen dürfen wir noch ein Stück zu Fuß durch das unterirdische Labyrinth wandern; tief beeindruckt verlassen wir dieses Naturwunder, noch Minuten geblendet von

der grellen griechischen Sonne.
Der archäologisch Interessierte sollte nicht das Höhlenmuseum auslassen, auch wenn es nochmals Eintritt kostet. Es handelt sich nämlich keineswegs um das Museum der Glifada-Höhle, sondern um das der benachbarten Alepótrypa-Höhle (Fuchsloch). Sie liegt 20 m höher als ihre Schwester, also über dem Meeresspiegel und war deshalb für unsere steinzeitlichen Vorfahren, denen eine trockene Bleibe wichtiger war als Rheumatismus-fördernde Tropfsteinfeuchte, viel interessanter. Auf Wasser konnte man natürlich auch nicht verzichten, schon gar nicht auf der trockenen Mani. Deshalb war es geradezu eine Sensation, dass in der Alepótrypa auch noch eine Süßwasserquelle entsprang.
Die ausgestellten Funde zeigen, dass diese Kombination aus Süßwasser und Meeresnähe die Höhle zu einem Handelsstützpunkt für den Obsidianhandel werden ließ. Obsidian ist der harte, schwarze, glasähnliche Lavastein, der in der Steinzeit für die Herstellung von Werkzeugen und Waffen unverzichtbar war.
Bereits während eines Erdbebens in der Steinzeit wurde der Höhleneingang verschüttet und erst 1958 gelang es, die aufschlussreichen Fossilien sowie Werkzeuge aus Stein, Knochen und Metall, Muschel- und Silberschmuck, die komplette Einrichtung einer Töpferwerkstatt sowie Felszeichnungen wieder dem Berg zu entreißen. Den Namen Fuchsloch hat die Höhle übrigens dem Hund des Herrn Lamprinakos zu verdanken, der bei der Verfolgung eines Fuchses sich in eine Felsspalte gezwängt hatte und erst nach drei Tagen wieder zum Vorschein kam, weil er den Ausgang nicht wieder gefunden hatte.

Wir umrunden weiter den **Sangias-Stock** (in KALOU **Brunnen** links) und gelangen, durch AREOPOLIS hindurch, links hinab zum guten Badeplatz von NEO ITILO. Dort erwartet uns ein feinsandiger Strand, die Dünung ist prächtig, der Ufersaum allerdings aus Kies und Geröll. Auf der Wiese dahinter kann man (neben vielen anderen Wohnmobilen) prima übernachten, es ist ein "Durchgangsplatz", kein Urlaubsparadies.

(117) WOMO-Badeplatz: Neo Itilo
GPS: N 36° 41' 35.2" E 22° 23' 21.3" **Max. WOMOs:** >5.
Ausstattung: Sandstrand mit Grobkies, Mülleimer, bei Gaststätten Duschen, Wasserhahn und WC. **Zufahrt:** s. Text.

Das "eigentliche" ITILO liegt oben am Hang. Bevor wir die Küste verlassen, entdecken wir noch eine Stichstraße nach links (Wegweiser: Karavostasi, Einfahrt B), Fischtavernen preisen ihre frisch gefangenen Flossentiere an.
Nach 900 m in der Stichstraße ein großer, ebener Platz **[118:** N36° 41' 45.5" E22° 22' 41.0"] speziell für WOMOs. Nächtliche Ruhe ist sicher, denn der Geröllstrand lockt sicher keine Badegäste an.

Die wehrhaften Häuser von ITILO haben Historie! Einst war der Ort der wichtigste der ganzen **Mani**, Treffpunkt der Korsaren Nordafrikas und der "einheimischen" Piraten der "tiefen Mani" – und damit das Zentrum des Sklavenhandels. 1675 wanderten von hier aus hunderte von Manioten nach Korsika aus, wirtschaftlich zugrundegerichtet von den erpressten türkischen Steuern und Abgaben. Eine dieser Familien trug den alten

griechischen Namen Kalomeris, was "der gute Teil" bedeutet und, ins Italienische übersetzt, "Buonaparte" heißt. Ein gewisser Napoleon Buonaparte stammt aus Korsika ....
Südöstlich von ITILO, jenseits einer Schlucht, erhebt sich auf einem Plateau Kelephá, das südlichste türkische Fort, dessen Kanonen sogar die Bucht von ITILO mit ihren guten Ankerplätzen sicherten. Trotzdem landeten hier 1770 russische Truppen, die von der Zarin Katharina der Großen den Auftrag hatten, "die Griechen vom türkischen Joch zu befreien". Die völlig unzureichenden Kräfte lassen ahnen, dass es sich nur um einen politischen Schachzug handelte; nach anfänglichen Erfolgen zog man sich unrühmlich zurück – und die Griechen hatten jahrelang unter Vergeltungsmaßnahmen zu leiden.

Die Fahrstraße führt oberhalb von ITILO vorbei. Links der Straße stehen viele Fahrzeuge bei einer Taverne, der eigentliche Grund des Gedränges scheint jedoch ein **Brunnen** neben einer großen Eiche zu sein.
Nun ist das Meer nicht mehr zu sehen. Zwischen weißgrauen Steinmäuerchen kurvt das schmale Sträßchen entlang des Berghanges, durchquert Dörfer, in denen die Zeit stehengeblieben ist.
Bald werden die Formen der Landschaft weicher und freundlicher, erstmals fallen uns wieder die kleinen byzantinischen Kirchen mit ihren gedrungenen Kuppeln auf. Besonders schön die Metamorphosis-Kirche in LAGADA (dort mehrere **Wasserhähne** rechts und links der Straße), sehenswert das Mani-Museum [N 36° 47' 05.2" E 22° 19' 57.2"] 1000 m darauf (leider mit verkaufssüchtigem Besitzer).

Metamorphosis-Kirche in LAGADA

Gegenüber warten ein Brunnenhaus mit **Wasserhahn** und eine schön schattige "Platanengaststätte".
Nach 26 km ohne Meernähe erreichen wir die Abzweigung von AG. NIKOLAOS. Der Berghang ist viel flacher hier, bereits nach 700 m stoßen wir am Hafen aufs Ufer, biegen links (Wegweiser: AG. DIMITRIOS/TRAHILA; an der Gabelung **Löwenkopf-Brunnen**, 500 m später links ein zweiter) und landen 1200 m später an einem kleinen Tamariskenwäldchen mit einem niedlichen, grauweißen Sandrund davor. Das Wäldchen ist gesperrt für Camper, aber an seinem Rande gibt's einige Stellplätze. Auch die Gaststätte "Voulimenas" 300 m weiter hat Stellplätze für WOMOs und einen eigenen Strand für ihre Gäste.

(119) WOMO-freundliche Gaststätte: Ag. Dimitrios/"Voulimenas"
GPS: N 36° 48' 56.7" E 22° 17' 41.1" **Max. WOMOs:** 2-3.
Ausstattung/Lage: Sandstrand, Dusche, Mülleimer, Baumschatten, Taverne/Ortsrand.
Zufahrt: siehe Text.

Wer am Tage Kühlung sucht oder auf ein Abenteuer aus ist, fährt noch 2000 m weiter nach Süden, wo direkt hinter dem letzten Haus rechts unterhalb der Straße ein gewaltiges, graues Felsenchaos liegt.

(120) WOMO-Höhlenbadeplatz: Ag. Dimitrios/Höhle
GPS: N 36° 48' 10.7" E 22° 17' 51.6" **Max. WOMOs:** 1-2.
Ausstattung/Lage: Felsstrand, Tropfsteinhöhle/Ortsrand.
Zufahrt: siehe Text.

Felsenchaos vor der Höhle (Katafygi Selinitsas)

Am Straßenrand parken bereits einige (Nackt-)Badegäste, ein Mulipfad führt hinab zu der Bucht aus gewachsenen, quaderförmigen Kalkblöcken. Hier kann man sich auf den sonnenerwärmten Steinplatten nahtlos bräunen, von Steintürmen in die Fluten springen – oder Richtung Hang (unter der Straße hindurch) den Eingang zur Unterwelt betreten!

Mit festem Schuhwerk, fünf (!) Taschenlampen (noch besser wäre eine Gaslampe) und einem weißen Garnknäuel bewaffnet machen wir uns an die Erkundung der Höhle von Ag. Dimitrios, denn hier gibt es keine Beleuchtung, keinen Führer – wir sind ganz allein!

Gleich hinter dem Eingang müssen wir uns ein paar Mal bücken, dann wandern wir aufrecht durch eine unterirdische Flusslandschaft, spulen dabei unseren Ariadne-Faden ab.

Ja, es sind unterirdische Wasserläufe gewesen, die den sich mehrfach verzweigenden Gang ausgewaschen haben. Das Wasser suchte sich nach und nach einen anderen Weg, nur noch spärliche Rinnsale tropften von der Decke, ließen in Jahrhunderten die immer wieder beeindruckende Formen- und Farbenvielfalt unwirklicher Tropfsteingebilde entstehen.

Tapfer stapfen wir durch den geheimnisvollen Gang, der sich mal verengt, dann wieder saalartig erweitert, immer weiter ins Berginnere vorandringt. Braune, graue und weiße Tropfsteingebilde hängen in den Weg, so dass wir, nach den ersten, schmerzhaften "Kontakten", unsere Aufmerksamkeit mehr nach oben richten – um prompt, zweihundert Schritte nach dem Höhleneingang, bis zu den Waden im Wasser zu stehen.

Noch vorsichtiger tappen wir weiter, erkunden etwa zwei Kilometer der geheimnisvollen Tiefe, dann löst zunehmende Bedrückung den Unternehmungsdrang ab. Wir wenden, entdecken jetzt auch weiße Pfeile, die in Richtung Ausgang zeigen und begrüßen aufatmend Licht und Wärme der "Oberwelt".

Wer will, kann zwischen der Steilwand mit weiteren Grotten und Höhleneingängen und der malerischen Felsküste noch weiter nach Süden tuckern. Die Straße endet bei dem idyllischen

Fischerdörfchen TRAHILA. Im Felsrund des kleinen Hafens tummeln sich einige Badegäste, andere schauen ihnen von den schattigen Tavernenplätzen aus zu, reife Weintrauben hängen von den Schattendächern herab, die vor den weißgekalkten Häusern stehenden Blecheimer quellen über von einer bunten Blütenpracht (Park- und Wendemöglichkeit nur für kleine WOMOs).
3 km nördlich von AG. NIKOLAOS liegt das Dörfchen STOUPA mit seinem Camping "Kalogria" (ausgeschildert).

(121) WOMO-Campingplatz-Tipp: Stoupa "Kalogria"
GPS: N 36° 50' 58.0" E 22° 15' 31.3" **Öffnungszeiten:** April - Oktober
Ausstattung/Lage: Sandstrand 200 m viel Schatten, Laden/Ortsrand.
Zufahrt: siehe Text.

Genau 6,5 km sind wir seit der Abzweigung nach AGIOS NIKOLAOS weiter nach Norden gefahren. In einer Linkskurve parken einige Autos. Neugierig blicken wir hinab zur Küstenlinie und entdecken die kleine, in ein Felsenpanorama eingebettete Kiesbucht mit dem **Paralia Foneta** [N36° 52' 03.7" E22° 14' 58.3"], für uns nur ein Anhaltspunkt von dem aus man genau 500 m weiterfahren muss, um die nächste Höhle (Katafygi Vatsinidi) "erforschen" zu können.

Seenhöhle zwischen Stoupa und Kardamili (Katafygi Vatsinidi)

Man parkt links der Straße auf dem roten Schotterplatz [N36° 52' 7.8" E22° 14' 44.5"] , marschiert ein Stück neben der Leitplanke zurück und folgt dem deutlichen Pfad hinab, bis man unterhalb des Parkplatzes den Eingang entdeckt hat. Für Ihre "Erforschung" brauchen Sie: Entweder "nur" feste

Turnschuhe und eine kräftige Taschenlampe – oder Badehose, wasserdichten Behälter für den Fotoapparat und eine gehörige Portion Mut, denn die Höhle liegt zur Hälfte unter Wasser und man muss von einer Grotte zur anderen schwimmen oder tauchen. Belohnt wird man bei seiner Exkursion vielfach: Fledermäuse, Tropfsteine, tolle Lichtreflexe und, wenn man Glück hat, sogar die Gesellschaft von zwei Robben ...

Sie wollen Ihre Abenteuer lieber "über Tage" erleben? Eine der schönsten Schluchten der Peloponnes durchwandern? Dann folgen Sie uns nach EXOHORI!
Zu diesem Bergdörfchen zweigen wir 1500 m weiter nördlich scharf rechts ab, passieren PROASTIO (Brunnen) und LAKKOS, folgen dann in EXOHORI nach links dem Wegweiser zum Hotelrestaurant "Farangi" (Viro's Gorge).
Neben dem Restaurant können Sie parken, aber viel schöner steht man, wenn man links an der benachbarten Kirche vorbei fährt und oberhalb von ihr seinen Wanderstützpunkt aufschlägt.

(122) WOMO-Wanderparkplatz: Exohori/Virós-Schlucht
GPS: N36° 54' 21.1" E22° 16' 19.1"; 477 m. **Max. WOMOs:** 2-3.
Ausstattung/Lage: Brunnen, Wanderwege, Gaststätte/Ortsrand.
Zufahrt: Von der Hauptstraße Stoupa - Kardamili rechts nach Exohori.

Und jetzt kommen unsere Aktivitätsvorschläge:

1. Sie spazieren zum "Farangi", grüßen Vangelis Katsuleas von uns, setzen sich auf seine herrliche Dachterrasse, trinken ein eiskaltes Bier vom Fass und schauen sich ganz gemütlich die **Virós-Schlucht** von oben an.
2.Oder Sie lassen sich von Vangelis auf seiner Wanderkarte (von der er Ihnen gerne eine Fotokopie machen wird) den bequemen Weg über CHORA hinab zum **Kloster Sotiros** im Schluchtgrund weisen (der Beginn führt an Ihrem WOMO vorbei und ist blau/weiß markiert). Unten in der **Virós-Schlucht** besichtigen Sie das Klösterchen und wandern dann talwärts bis nach KARDAMILI. Dort setzen Sie sich ins nächstbeste Café, bestellen

Blick von "Farangi" hinab in die Virós-Schlucht

sich zwei Frappé und ein Taxi, das Sie zum Einheitspreis von 20 € wieder nach Exohori fahren wird.
3. Oder Sie gehören zu den ganz Harten, die sich mal richig auspowern wollen (Sie sind sich ganz sicher?!). Dann lassen Sie sich den Jeepweg in Verlängerung der Straße zeigen (und lesen sicherheitshalber vorher, wie wir die Tour erlebten):

Pünktlich um 8 Uhr marschieren wir in die Verlängerung der Straße hinein (ebenfalls blau/weiß markiert), passieren nach 200 m eine Übersichtstafel (bis zum Schluchtgrund zeigt sie uns 1,6 km an).
Zunächst auf Asphalt, dann geschottert geht es weiter, vorbei an einer Kapelle (Blick bis zum Meer und hinüber zum Dörfchen Tséria auf der anderen Schluchtseite).
Nun bergab auf Fahrspuren, an Steilstellen Beton.
Um 8.20 Uhr eine Weggabelung, wir halten links auf Kardamili zu, passieren einen trockenen Brunnen, erreichen den Schluchtgrund.

Aber was für eine Schlucht! Reißendes Frühjahrshochwasser hat gewaltige Felsblöcke mit sich gerissen und an Engstellen wie von Riesenhand übereinander getürmt. Unser Weg wird begleitet von metallenen Trinkwasserrohren; oft ist es bereits die dritte Generation, die älteren hängen zerfetzt an der Hangwand.
Spärliche Steinmännchen sind der einzige Hinweis, wo man den Schluchtgrund queren oder Steilstellen umgehen kann.
9.20 Uhr reine Kletterei über Felsklötze und Felsabstürze, ohne knöchelumfassende, stabile Bergstiefel nicht machbar! Dann eine Weile bequemer im breiteren Flussbett, bis uns eine gewaltige Barriere zu einem weiten Umweg zwingt.

Gegen 10 Uhr erreicht die Sonne den Schluchtgrund, das Navi gibt den Geist auf, 10.40 Uhr sichten wir den Stufenweg zum **Kloster Ag. Sotiros** (mit **Wasserhahn und WC** vor dem Eingang).
Merke: Für die knapp 5 km haben wir mehr als 2 1/2 Std. gebraucht.
Auf der linken Schluchtseite entdecken wir bei einem trockenen Brunnen den Fahrweg hinauf nach Chora/ Exohori (unserem Aktivitätsvorschlag 2).

Wir marschieren ab 11.20 Uhr weiter im Schluchtgrund, erreichen 11.30 Uhr die wohl engste Stelle, die Felswände stehen nur noch 10 m auseinander, der weißglänzende Flussschotter wird zunehmend feiner.
Hier ist prima marschieren, malerisch die tiefgrünen Säulenzypressen vor der rotbraunen Wand; Nuss- und Feigenbaum recken ihre Äste über uns.
12.40 Uhr in der rechten Hangwand vier große Grotten (als Ziegenställe missbraucht).
12.50 Uhr auf dem großen Parkplatz an der Straßenbrücke von Kardamili, Gesamtzeit für 7,6 km = 4 3/4 Stunden!

TOUR 7 (260 km / 4-5 Tage)

Kardamili – Kalamata – Messini – Paralia Velikas – Petalidi – Ag. Andreas – Koroni – Faneromeni – Finikounda – Methoni – Pilos – Navarino-Bucht

Freie Übernachtung:	u. a. Kardamili, Messini-Strände, Velika-Strand, Petalidi, Ag. Triados, Faneromeni, Navarino-Bucht.
Trinkwasserstellen:	Kardamili, Messini-Strand, Petalidi, Ag. Andreas.
Campingplätze:	Südlich von Kalamata, Analipsi, Petalidi, Tsapi, Finikounda, Methoni, Gialova.
Baden:	Kalamata, Messini-Strände, Analipsi, Velika-Strand, Petalidi, Ag. Andreas, Ag. Triados, Faneromeni, Navarino-Bucht.
Besichtigungen:	Kardamili, Koroni, Methoni, Pilos, Navarino-Bucht.
Wandern:	Pilos: Paleokastro, Lagunenwanderung, Nestorhöhle.

KARTE TOUR 7

Zurück an der Küstenstraße rollen wir rechts bis KARDAMILI. Zwei Zufahrten gibt es dort zum "Paralia": Die erste unmittelbar hinter der Kirche, die zweite 300 m später hinter der uns bereits bekannten Brücke über das trockene Flussbett des Virós. Von diesem Parkplatz [N36° 53' 27.2" E22° 13' 59.0"]

aus kann man übrigens bestens die sehenswerte Altstadt von KARDAMILI ersteigen. Bereits in der Ilias erwähnt (Achill sollte sie als Lohn für die Teilnahme am Trojanischen Krieg von Agamemnon bekommen) ist sie seitdem ununterbrochen bewohnt.
Nach 200 Metern sind wir am Strand und wenden uns nach rechts. Jetzt kann man noch viele hundert Meter hinter dem Sand-/Kiesstrand entlangrollen und findet dabei hinter dem Sportplatz rechts und am Strand unter Eukalyptusbäumen, Pinien und zwischen Büschen günstige Stellplätze – aber auch (alte) Camping-Verbotsschilder.

(123) WOMO-Badeplatz: Kardamili

GPS: N 36° 53' 40.2" E 22° 13' 32.2"
Max. WOMOs: 3-4.
Ausstattung/Lage: Kiesstrand, Mülleimer, Taverne, Baumschatten/außerorts.
Zufahrt: siehe Text.

Auf der Weiterfahrt nach KALAMATA erleben wir fast so etwas wie ein Wunder. Gerade noch hatten wir hinter einem kegelförmigen Hügel mit dem türkischen **Fort Zarnáta**, dessen gedrungener Turm sich wie eine Silhouette gegen den Horizont abhebt, verdächtig dunkle Wolken aufziehen sehen, da fängt es auch schon an zu regnen, zu gießen, zu schütten. Im Nu strömen Bäche über die Straße, führen Lehm und Schotter mit sich, ein Verkehrschaos bahnt sich an. Aber während ich noch das durchweichte, junge Pärchen bedaure, das vor uns auf dem Moped nach Hause flüchtet, beginnen die Scheibenwischer zu quietschen, das Wetter verzieht sich, Minuten später ist die Straße trocken.
Eine Schlucht hinauf, in Serpentinen wieder hinab, das gleiche noch einige Male, dann erreichen wir südlich KALAMATA den **Ormos Almirou**, den Ostrand der **Messinischen Bucht**.
Das bedauernswerte KALAMATA, das nach dem schweren Erdbeben von 1986 große Anstrengungen unternehmen musste, um die Zerstörungen zu beseitigen, hat eine schöne Strandpromenade. Allerdings dürfen Sie am östlichen Beginn der Stadt nicht der Hauptstraße folgen, sondern müssen Richtung "**Sea front**" nach links abbiegen (rechts der Strandstraße liegt der kleine **Camping** "Fare" [N37° 1' 14.9" E22° 8' 37.1"]). Direkt hinter dem langen Feinkiesstrand kann man parken und ins Wasser hüpfen. Aber auch Gaststätten und Einkaufsmöglichkeiten gibt es reichlich.

Westlich von KALAMATA gab es bis 2016 eine Gasflaschenfüllstation - und neben ihr einen langen, etwas verlotterten Sandstrandstreifen. Die Petrogasstation fand man, wenn man 1800 m nach dem LIDL, an der nächsten Ampel, links abbog, bis zum Meer rollte, sich dort nach rechts wendete und hinter den BP-Tanks das dritte Tor nahm [N 37° 1' 44.6" E 22° 4' 33.6"]. Der Sandstrand (den es natürlich immer noch gibt) zieht sich von dort noch 4 km nach Westen und endet, sehr verkehrsarm, vor einem kleinen Hafen. Kurz vorher steht man sehr schön am rötlichen Sandstrand.

(124) WOMO-Badeplatz: Kalamata-West

GPS: N37° 1' 23.6" E22° 1' 40.0" **Max. WOMOs:** 3-4.
Ausstattung/Lage: Sandstrand, kaum Schatten, Gocartbahn, Gaststätte/außerorts.
Zufahrt: 4 km westlich der beschriebenen Gasfüllstation.

Vor diesem Badeplatz führt eine Straße nach rechts wieder zur Hauptstraße zurück, wo auch die Autobahn 7 beginnt.

Wir düsen 2 km weiter nach Westen, erreichen die Stadt MESSINI an einem Kreisverkehr (mit LIDL).

Man darf sie jedoch nicht mit dem **antiken Messéne** verwechseln! Wer sich für dessen Ruinen interessiert, muss entweder in MESSINI nach Norden abzweigen; nach knapp 30 km erreicht man die Reste der antiken Stadt – oder man wartet bis zu unserer Tour 9, denn da wird man von uns bequem zur antiken Stadt hingeführt (und nicht nur dorthin!).
Der Name MESSINA (der lebhaften Handelsstadt im Nordosten von Sizilien) ist übrigens keine zufällige Namensgleichheit! Am Ende des Zweiten Messenischen Krieges (7. Jahrh. v. Chr.) flüchteten viele der unterlegenen Messenier dorthin, um der Leibeigenschaft zu entgehen.
Der Transitreisende wird rechts um MESSINI herum Richtung PILOS geleitet.

Wir umrunden den LIDL-Kreisverkehr (400 m nach der Brücke über den **Pámisos**) zu zwei Dritteln und schwenken 900 m später links zum "Paralia Messinis/Boukas Ag. Nikolaos".
Die prächtige Paradestraße, auf der auch Flugzeuge landen

könnten, verengt sich jäh, durchquert Kartoffelfelder und endet nach 3,3 km am langen Sandstrand bei zwei Duschen und einer Umkleidekabine.

(125) WOMO-Badeplatz: Paralia Boukas Ag. Nikolaos
GPS: N 37° 01' 04.9" E 22° 00' 38.8".
Max. WOMOs: 1-2.
Ausstattung/Lage: Sandstrand, Mülleimer, Dusche, kein Schatten/außerorts.
Zufahrt: s. Text. Nach rechts Schotterpiste zum nächsten Platz mit buckeligem (?) Brückchen.

Der zweite "Hausstrand" des Ortes, der Paralia Messinis/Boukas Ag. Konstantinos, ist wesentlich "komfortabler" ausgestattet. Besonders gut gefiel uns das schattige Eukalyptuswäldchen, das man problemlos mit dem WOMO entern kann.

(125a) WOMO-Badeplatz: Paralia Boukas Ag. Konstantinos
GPS: N 37° 00' 52.5" E 21° 59' 52.9". **Max. WOMOs:** >5.
Ausstattung/Lage: Sandstrand, Palmenstrandallee, Umkleidekabinen, Basketballfeld, Kinderspielplatz, Tennisplatz, Duschen, WC, Wasserhähne/Ortsrand. **Zufahrt:** s. Text.

4,5 km weiter südwestlich, in ANALIPSI, führt wieder eine Stichstraße zum "Paralia".

(126) WOMO-Badeplatz: Paralia Analipsis
GPS: N 37° 00' 17.6" E 21° 58' 16.4"
Max. WOMOs: 3-4.
Ausstattung/Lage: Sandstrand, Sitzbänke, Basketballfeld, Kinderspielplatz, Duschen, Wasserhahn, Gaststätten, Picknickpavillon, Obst-/Gemüseverkauf/außerorts, ruhig.
Zufahrt: siehe Text.

3 km später biegen wir links zum **Paralia Velikas**.
Nach 1100 m stehen wir hinter einer flachen Düne auf einer großen, ebenen, einsamen Sand-/Wiesenfläche mit einzelnen Tamarisken - und versinken sehr zufrieden in dem lauen, glatten Meer, dessen sandiger Grund babyflach absinkt. Ein schönes Plätzchen, auch für mehrere Tage!
Und falls dabei die Küche kalt bleiben soll: 300 m vom Strand entfernt liegt an der Zufahrt eine gemütliche Taverne.

(127) WOMO-Badeplatz: Paralia Velikas

GPS: N 36° 59' 42.8" E 21° 57' 00.6" **Max. WOMOs:** 3-4.
Ausstattung/Lage: Sandstrand, Dusche, wenig Schatten, Taverne/außerorts.

Fährt man auf der Hauptstraße 1000 m weiter nach Süden, kommt man nach VELIKA. Am Ende des Ortes, unmittelbar hinter der Brücke über ein ausgetrocknetes Flussbett, führt wieder eine Stichstraße nach links (Katsoulis-Beach).
Nach 2400 m stehen wir vor dem Nachbarstrand vom **Paralia Velikas**: Genau so schön sandig, genau so sauber das Meer und zusätzlich viel Schatten unter einem Streifen Eukalyptus-Bäumen. Außer zu einer Strandtaverne führt 100 m vorher links eine holperige Piste zum Eukalyptusbaumsandstrand - vorbei an drei wütend bellenden Hunden.

(128) WOMO-Badeplatz: Katsoulis-Beach

GPS: N 36° 59' 27.9 E 21° 56' 30.7".
Max. WOMOs: 1-2.
Ausstattung/Lage: Sandstrand, Gaststätte, Baumschatten/außerorts.
Zufahrt: s. Text.

In RIZOMILOS verlassen wir die Hauptstraße, halten links auf PETALIDI/KORONI zu. 2,4 km später zeigt ein Wegweiser nach links zu dem Campingplatz "Petalidi-Beach". Er liegt sehr schön in einem Pappelwald direkt hinter dem Sandstrand - empfehlenswert!

(129) WOMO-Campingplatz-Tipp: "Petalidi-Beach"

GPS: N 36° 58' 53.3" E 21° 55' 34.0" **Öffnungszeiten:** April - Oktober.
Ausstattung: schön schattig; am Kiesstrand; Laden; Gaststätte; nächster Ort: 2,5 km.
Preise: 18 - 20 €, Strom 4 €.

PETALIDI hat seinen Strandbereich weit ausgebaut, ein umfangreiches Gewirr aus Teersträßchen führt hinter dem **Sandstrand** vorbei, so dass man für einen Badestopp, aber auch für eine Übernachtung abseits der Straße viel Platz findet. Besonders gut hat uns der Bereich rechts des Jachthafens hinter dem Sportplatz bei dem kleinen Leuchtturm gefallen.

(130) WOMO-Badeplatz: Petalidi

GPS: N 36° 57' 31.5" E 21° 56' 07.0" **Max. WOMOs:** 3-4.
Ausstattung/Lage: Sandstrand, Duschen, Wasser (Außenmole)/Ortsrand, Mo Markt.
Zufahrt: s. Text.

Genau 12 km südlich PETALIDI liegt AGIOS ANDREAS, ein kleines Dörfchen mit einem noch kleineren Hafen (mit Brunnen), nichts besonderes!? Die Attraktion des schönen Sandstrandes rechts der Kaimauer war und ist das kleine Eukalyptuswäldchen dahinter, einst unser Lieblingsplätzchen bei einer Fahrt nach Messenien. Leider, könnte man sagen, ist das freie Wäldchen jetzt ein Campingplatzwäldchen, so ändern sich eben die Zeiten!?

Aber irgendwie hat das schöne Wäldchen den Campingplatzbetreibern kein Glück gebracht. Seit einer Weile ist er schon wieder verwaist – aber nicht verschlossen! Ob Sie auf dem Areal unbehelligt bleiben können, wissen wir nicht vorherzusagen. Immerhin hat sich schon eine Kantina etabliert und wartet auf Badegäste. Und wenn man Sie ärgern möchte, können Sie sich immer noch in den kleinen Hafen neben den Sandstrand stellen.

(131) WOMO-Badeplatz: Ag. Andreas

GPS: N36° 51' 46.8" E21° 55' 19.6" **Max. WOMOs:** 3-4.

Ausstattung/Lage: Sandstrand, Wasser am Hafen/Ortsrand. **Zufahrt:** s. Text.

Wir steuern mal wieder auf ein Kap zu, das **Kap Akritas** an der dritten Fingerspitze der Peloponnes. Kaum haben wir jedoch AG. ANDREAS verlassen, drehen wir auf dem Kreisverkehr von NEA KORONI eine Ehrenrunde, entdecken einen **Brunnen** und düsen weiter bis HAROKOPI. Hier zweigt nach rechts eine gute Straße nach METHONI auf der anderen Seite des westlichsten Peloponnesfingers ab; wir schwenken jedoch nach links, auf KORONI zu.

Bereits 1300 m später (aufpassen!) rauschen wir an einem kleinen Schild links der Straße vorbei. Erst nach einer Weile hat mein Gehirn die Buchstaben zu "Pross Plage ... (irgendwas)" zusammengesetzt. Netterweise kommt wenig später eine Straßengabelung, so dass ich bequem wenden und zurückfahren kann.

"Pross Plage Agios Triados" kann ich nun in Ruhe entziffern, aber ich frage mich schon nach den ersten Metern in den schmalen (?) Asphaltweg hinein, ob er wohl eher ein Pilgerpfad als eine Straße sein soll. Als Auskunftei (und Verkehrshindernis) kommt mir ein PKW mit deutschem Kennzeichen entgegen. Meine besorgte Auskunft nach der Befahrbarkeit wird selbstbewusst beantwortet: „Ich habe gerade meinen Trailer runtergebracht!“

Beruhigt setzen wir unseren Weg fort, passieren nach 300 m links eine **Brunnenwand** mit Wasserhahn und Schlauch, schlängeln (?) uns zwischen Zäunen und unter Bäumen hindurch, sichten nach 1200 m links des Weges ein kleines Kirchlein (dahinter links wieder **Wasserhahn**). 200 m später, wir haben nun den tiefsten Punkt der Piste erreicht, entdecken wir rechts der Weges unter Olivenbäumen einige wenige Schattenplätze. Dahinter führt ein Betontreppchen und der darauf folgende Sand(fuß)weg 150 Schritte hinab zu einem höchst idyllischen Strand (mit Wasserhahn und Duschen):

Bester 1-A-Sand so weit man möchte, überragt an manchen Stellen von schattenspendenden Büschen, am rechten Rand schneeweiße Rügenfelsen wie von Caspar David Friedrich, nur im Original, links ebenso steile Felsen, jedoch diesmal Pfälzer-Wald-Sandstein-rostbraun. Allein der Anblick lohnt die Mühe der Anfahrt!

Allerdings: Die Stellplatzmöglichkeiten sind sehr begrenzt, bitte nie in der Hauptsaison anfahren (Camping verboten)!

(132) WOMO-Badeplatz: Agios Triados

GPS: N 36° 48' 36.6" E 21° 56' 12.3". **Max. WOMOs:** 1-2.

Ausstattung/Lage: Sandstrand, Schatten/außerorts; extrem schmale Zufahrt!

Nun haben wir nur noch ein Ziel auf der Ostseite – die berühmte, venezianische Festung von KORONI und ihren schönen Strand südwestlich des Ortes.

Im Mittelalter hieß es, in Korone gibt es so viel Olivenöl, "in Korone regnet es sogar Öl". Wir wollen es gerne glauben, so fruchtbar sind die Hänge und Auen, die wir von der Straße aus sehen, jedes Zipfelchen Land quillt über von Gemüse und Obst. KORONIS Ortskern ist ein Alptraum für WOMO-Fahrer. Aber am Ortsbeginn wartet ein empfehlenswerter Campingplatz.

(133) WOMO-Campingplatz-Tipp: "Koroni"

GPS: N 36° 47' 56.5" E 21° 56' 59.9" **Öffnungszeiten:** ganzjährig
Ausstattung: schön schattig, Sandstrand 300 m, Laden, Gaststätte, schöner Pool/ Ortsrand; steiler Treppenweg hinab zum Sandstrand.
Preise: 19 - 26 €, Strom 4 €, WIFI gratis.

KORONI, Blick vom Hafen zum Kastell

Von hier aus sind es nur wenige Schritte zum malerischen Hafenambiente.
Direkt aus dem Wasser heraus erheben sich dahinter die steilen Felsen, die das **Kastell** auf der Landzunge tragen, das ein besuchenswertes Frauenkloster in seinen Mauern beherbergt. Von den Mauern der byzantinisch-venezianisch-türkischen Festung genießen wir einen herrlichen Blick auf den Messenischen Golf und das offene Ionische Meer. Direkt zu unseren Füßen erstreckt sich nach Süden in weitem, flachen Bogen ein endloser **Sandstrand**, menschenleer.

KORONI, Kloster im Kastell

Mit einiger Mühe finden wir nach Südwesten den Ausgang aus dem Altstadtgewühle und eine Zufahrt zu diesem Traumstrand – einen staubigen Parkplatz direkt neben einem Hotel.
So hatten wir uns das eigentlich nicht gedacht!
Nun ja, zwei Badeplätzchen haben wir doch noch entdeckt. Sie liegen aber direkt links der Straße, das ist nicht nach unserem Geschmack.
Folglich rollen wir auf der komfortablen Teerstraße weiter nach Süden auf der Suche nach dem ultimativen Strandplätzchen. 100 m hinter der Ortszufahrt von VASILITSI zweigt nach links eine schmale Asphaltbahn ab (Wegweiser: Koukouras/Faneromeni/Kalamaki).
Nach 1600 sehr kurvigen und steilen Metern passieren wir das Ortsschild von FANEROMENI und nach 3300 m sind wir am **Paralia Kalamaki**, dem südlichsten Strand des westlichsten Peloponnes-Zipfels.
Das einzige Gebäude war eine kleine Strandtaverne. Ohne Baugenehmigung errichtet, wurde sie wieder abgerissen; nur eine Betonbodenplatte zeugt noch von ihrer kurzen Existenz und bietet uns waagerechten, sauberen Untergrund.
Das schönste an dieser herrlichen Ecke Griechenlands jedoch ist die Ruhe. Hierhin sollten Sie fahren, wenn Sie genug besichtigt haben und nur noch ausspannen möchten.

(134) WOMO-Badeplatz: Paralia Kalamaki

GPS: N 36° 44' 44.0" E 21° 54' 18.7" **Max. WOMOs:** 3-4.
Ausstattung/Lage: Sandstrand, kaum Schatten, Mülleimer/außerorts, einsam.
Zufahrt: 100 m nach der Ortszufahrt VASILITSI links und noch 3300 m.

Gegen Abend hat der Wind aufgefrischt, Wogen schlagen platschend auf den Strand. Wer ein empfindliches Gehör hat, findet oberhalb des Strandes, neben dem Kirchlein, ebene, aussichtsreiche und vor allem viel ruhigere Plätze. Der Wasserhahn unter der Tamariske ist leider total trocken (wer die Zuleitung verfolgt, versteht das gut).
Wir kurven zurück bis zur Hauptstraße, links geht es nach FINIKOUNDA/METHONI. Bei »km 2,5« passieren wir das **Kloster Hrisokellarias**, erreichen nach 4,7 km die Passhöhe und blicken hinab in die weite Bucht von FINIKOUNDA mit den Inseln **Shiza** und **Sapiendza**.
400 m später zweigt nach links eine schmale Asphaltbahn ab zum "**Plage Tsapi**", wir können erkennen, wie sich das Teerband um Hügel windet, immer weiter nach Südwesten zieht und schließlich hinter dem Kap verschwindet.
Abenteurer und Robinsons werden begeistert sein, wenn sie nach knapp 7 km den Strand erreichen: Zwei Tavernen und der gemütliche Campingplatz "Tsapi" betreuen die Gäste an diesem einsamen Platz.

(135) WOMO-Campingplatz-Tipp: "Tsapi"

GPS: N 36° 45' 20.8" E 21° 51' 17.8". **Öffnungszeiten:** 1.4. - 31.10.
Ausstattung: schön schattig, am Sandstrand, Laden, Gaststätte; nächster Ort: 12 km.
Preise: 15 - 17 €, Strom 3,50 €, WIFI gratis.

Nach 4 km ab dem Pass erreichen wir die Verbindungsstraße KORONI - HAROKOPIO - METHONI, halten uns links und rauschen zwischen steilen roten, gelben und weißen Felswänden hinab zum berühmten Sandstrand von FINIKOUNDA. Berühmte Orte sind nichts für WOMO-Urlauber! 1300 m vor dem Ort liegt links am Strand der Camping "Loutsa".

(136) WOMO-Campingplatz-Tipp: "Loutsa"

GPS: N 36° 48' 15.4" E 21° 49' 17.2". **Öffnungszeiten:** ganzjährig.
Ausstattung: schön schattig; am Sandstrand; Laden; Gaststätte; nächster Ort: 1,5 km.

Der sandige Strandbogen von Finikounda

Direkt hinter dem (zugegeben) herrlichen Strand rollen wir nicht allein, sondern in einer Fahrzeugschlange durch den quirligen Ort. Die Straße verlässt den Strand, führt an der Kirche vorbei (dahinter Supermarkt/Bäckerei) zur Umgehungsstraße, auf der Sie bequem den Ort rechts umfahren könnten.
Bereits nach 300 m auf der neuen Straße, die kerzengerade nach Westen zieht, kommt die Abzweigung zum nächsten Camping "Anemomylos", links sehen wir zwischen den Olivenbäumen den goldgelben Strand schimmern; ein dritter und vierter Camping nach 1100 m bzw. 1400 m – Sie merken, hier haben "freie Camper" keine Chance. Falls Sie das nicht selbst

Zanzibar-Strand

spüren, werden Sie durch gehässige Verbotsschilder, die Ihnen für freie Übernachtungen hohe Geldstrafen und zusätzlich "mehrere Jahre Gefängnis" androhen, vollends erschreckt.
Unser Tipp: Weiterfahren!
Nach 5,5 km führt eine erste Stichstraße zwischen zwei Pfosten (Wegweiser: Zanzibar) zum Strand, an dem man sich rechts oder links wendend schön einrichten kann (rechts 100 m bis zu einer Schilfwand [N36° 48' 0.0" E21° 44' 49.9"], links 300 m bis zu der Strandbar mit italienischem Bagno-Flair.
300 m weiter gestalten zwei Tavernen den "Finiki-Beach", der rechts von einer hohen Felswand begrenzt wird. Man steht recht ordentlich vorn am Sandstrand zwischen kleinen Bäumchen (Tagesplatz [N 36° 48' 01.7" E 21° 44' 41.4"]).
Nun verlässt die Schnellstraße die Küstenlinie, zieht dann in breiter Bahn, durch eine tief in den Berg gehackte Schlucht direkt hinab nach METHONI.
Der kommunale Campingplatz von METHONI liegt direkt an der Strandstraße hinter dem schönen Sandstrand.

(137) WOMO-Campingplatz-Tipp: "Methoni communal"

GPS: N 36° 49' 02.7" E 21° 42' 53.9". **Öffnungszeiten:** 15.5. - 15.10.
Ausstattung/Lage: schön schattig, am Sandstrand, Laden, Gaststätte, WIFI gratis/im Ort.

Von ihm aus kann man nicht nur bequem ins Wasser hüpfen sondern auch zur Besichtigung des gewaltigen **Kastells** starten.

Methoni, Blick vom Tamariskenwäldchen zur Festungsanlage

Am rechten Ende des Sandstrandes (vor dem Kastell) parkt man am besten neben dem kleinen Tamariskenwäldchen [N36° 49' 3.7" E21° 42' 27.0"], dort gibt es **Duschen**, Picknicktische sowie einen Kinderspielplatz – und ein paar Schwimmzüge im Meer kühlen vor für den Besichtigungsrundgang.
Dann folgt man den braunen Wegweisern zu der wohl großartigsten und weitläufigsten mittelalterlichen Befestigungsanlage der Peloponnes.

METHONI war früher besiedelt als KORONI. Homer nennt den Ort Pedasos und "reich an Reben", die umliegenden Hügel sind es heute noch. Agamemnon bot ihn dem schmollenden Achill als Geschenk an, damit er den Kampf gegen die Trojaner wieder aufnahm. In römischer Zeit wurde er von Antonius stark befestigt, dann war er Schlupfwinkel von Seeräubern, schließlich fiel er an die Venezianer, die ihn als wichtigen Handelsstützpunkt mächtig ausbauten. Das schlimmste Jahr für die Festung war 1500: die 7000 Mann starke venezianische Garnison konnte dem Ansturm von 100.000 Türken mit 500 Kanonen nicht standhalten, nach der Eroberung wurden alle Verteidiger sowie die gesamte männliche Bevölkerung über 12 Jahren geköpft. 1686 fiel die Festung wieder an Venedig, 1715 wieder an die Türken, ..., ...
Innerhalb der Mauern lag einst ein dicht bevölkertes Wohnviertel. Die Bausubstanz kann, im Gegensatz zu den Festungsmauern, nicht besonders stabil gewesen sein, denn heute entdeckt man nur noch zwei kleine, überkuppelte Hamams, türkische Bäder und eine (hässliche, neuzeitliche) Kirche.

An der Südspitze der Anlage öffnet sich das See-Tor zu einem Damm, der zum eindrucksvollen Bourzi-Turm hinüberführt – ein herrliches Fotomotiv.
Die sengende Sonne wird Ihnen gewaltig zusetzen, aber verzichten kann man auf die Besichtigung der Feste nicht – um so mehr, als am Tamariskenwäldchen Schatten, Dusche und Badeerholung warten.

Nur 12 km weiter nördlich liegt das nächste türkische Fort – und doch gleichzeitig der Ort, der den Zusammenbruch der türkischen Besatzungsmacht erlebte – **Navarino**!
Wir rollen diese 12 km nach Norden, dann sinkt die Straße in Serpentinen zum Meer hinab (linkerhand die Reste eines **Aquädukts** aus der Osmanenzeit).
An der letzten Rechtsserpentine zweigt links eine 100 m kurze Straße zum **Kastro** ab, genauer gesagt dem **türkischen Néokastro** aus dem 16. Jahrhundert. Vor seinem Haupttor kann man das WOMO unter Pinien schattig abstellen [N 36° 54' 46.5" E 21° 41' 31.8"] und das Kastro als Aussichtspunkt benutzen: Nach Norden und Nordwesten breitet sich zu unseren Füßen die berühmte **Bucht von Navarino** aus, benannt nach dem

Aquädukt aus der Osmanenzeit

alten, dem **Paläokastro** am Nordwestausgang der Bucht, das nach seiner Eroberung durch die Avaren (im 6. Jahrh.) "Ton Avarino" hieß.

Die bananenförmige **Insel Sfaktiria** und einige weitere Inselchen schirmen wie ein Topfdeckel die Bucht gegen die offene See ab, der nördliche Ausgang, die nur 106 m schmale **Sykia-Enge**, ist zudem zu flach für Kriegsschiffe.

Ja, Krieg, aber mehr aus Versehen!

Am 20. Oktober 1827 lag in der Navarino-Bucht nahezu die gesamte türkisch-ägyptische Flotte im Halbkreis vor Anker, 89 Schiffe mit 2438 Kanonen, an Land hatten 20.000 Mann ein Feldlager errichtet; von hier aus sollte der Befreiungskampf der Griechen zunichte gemacht werden.

Iwan Aiwasowski (1817 - 1900): Seeschlacht von Navarino aus russischer Sicht

Als dabei Massendeportationen und Greueltaten der Türken bekannt wurden, schickten die Alliierten England, Frankreich und Russland ihre verbündete Flotte in die griechischen Gewässer, um ein bisschen zu drohen....
Stellen Sie sich vor, Sie sitzen auf einem türkischen Kriegsschiff, blicken sinnend Richtung Südwesten, wo sich die Navarino-Bucht zum Meer hin öffnet – und sehen plötzlich ein fremdes Kriegsschiff nach dem anderen auf Sie zukommen, insgesamt 27 überwiegend schwere Schlachtschiffe mit 1276 Kanonen – es ist kurz nach 12 Uhr mittags.
Der erste Schuss kommt von einem türkischen Schiff, das ist sicher, vermutlich aus Panik, und er löst binnen weniger Minuten die letzte, große Seeschlacht mit Segelschiffen aus. Historiker fragen sich jetzt noch, wie es überhaupt gelang, für alle 116 Schiffe in der Bucht Platz zu finden. Aus geringster Entfernung, zum Manövrieren war gar kein Platz, schoss man aufeinander, ein Chaos aus explodierenden Schiffen, brennenden Wracks, ätzenden Rauchwolken und stiebenden Funken erhellte die Nacht, im Morgengrauen lagen nur noch 29 der türkischen Schiffe auf dem Wasser, die alliierten Verluste waren gering.

Die Griechen hatten quasi ihre Unabhängigkeit erlangt, ohne dass ein einziger Grieche an diesem Kampf beteiligt war, denn ohne Seeunterstützung waren die türkischen Truppen auf dem Festland von jeder Versorgung abgeschnitten.
Wir rollen vom Kastro hinab zum Hafen von PILOS, wo man nach links zum Parkplatz auf einer riesigen Betonmole geführt wird. Links der Mole genießen viele Badegäste den Luxus von Sonnenschirmen, Duschen und einem WC, begnügen sich dafür mit betonierten Badeplätzen.

(138) WOMO-Badeplatz: Pilos/Hafen

GPS: N 36° 54' 55.3" E 21° 41' 43.4" **Max. WOMOs:** 3-4.
Ausstattung/Lage: Duschen, Mülleimer, Bademöglichkeit, WC, Taverne/Ortsrand.
Zufahrt: Am Ortsbeginn von Pilos links zum Hafen.
Ausweichplatz: Beim Fischereihafen rechts [**138a:** N 36° 54' 55.3" E 21° 41' 51.7"]; WC.

Rechts der Mole liegen kleine, rote Ausflugs-Bootchen (auch ein Glasbodenboot), die nur darauf warten, Ihnen das historische Geschehen praktisch vor Augen zu führen. Von 7 Uhr bis 22 Uhr können Sie einen Seemann samt schwimmendem Untersatz chartern und sich eine reichliche Stunde durch die Bucht schippern lassen. Er legt am Denkmal für die gefallenen Franzosen auf der kleinen **Insel Pylos** (im Buchteingang) an, am Denkmal der Russen am Ufer der großen **Insel Sfaktiria**, zeigt Ihnen eines der versunkenen türkischen Schiffe (falls die See ruhig ist) und wenn ein Engländer an Bord ist, geht's auch noch zum winzigen **Inselchen Helonaki** genau in der Mitte der Bucht. Wenn Sie alle diese historischen Punkte mit dem Fernrohr erkunden, entdecken Sie einen flachen Sandstreifen, der die Bucht im Norden begrenzt. Warten dort Badeplätzchen auf uns?
Wir durchqueren das gemütliche Örtchen PILOS, wo man auf der Platia bei morgendlichen Kaffee die Dreikantsäule zu Ehren der alliierten Admiräle Codrington, de Rigny und Graf Heydden bestaunen kann, zu ihren Füßen zwei besiegte, reich verzierte, bronzene türkische Schiffskanonen.

Unser Weg führt an der Ostseite der **Bucht von Navarino** nach Norden (Wegweiser: GARGALIANI/PIRGOS).
Am Nordosteck der **Navarino-Bucht** liegt das Dörfchen GIALOVA (mit Campingplatz "Navarino Beach" N 36° 56' 51.8" E 21° 42' 23.1"] rechts und links der Straße).
600 m später macht die Straße einen Rechtsknick ins Landesinnere und nach weiteren 900 m (und 100 m vor einer Shell-Tankstelle) schlagen wir einen Haken nach links in eine Seitenstraße ("Golden Beach").
Nach 600 m liegt links der pieksaubere Camping ...

(139) WOMO-Campingplatz-Tipp: "Erodios"

GPS: N 36° 57' 10.1" E 21° 41' 45.3" **Öffnungszeiten:** 1.5. - 30.9.
Ausstattung: schön schattig, am Sandstrand, Laden, Gaststätte; WIFI gratis.

... und nach 1500 m haben wir die schmale Landzunge erreicht, die wir bereits mit dem Fernrohr erspäht hatten. Sie trennt die offene Navarino-Bucht (links) von einer Lagunenlandschaft (rechts), besteht nur aus der Asphaltbahn und einem Sand-/ Gebüschstreifen. Dieser ist überall dort, wo man nicht einsinkt, ein idealer WOMO-Badeplatz. Die Unzahl von Verbotsschildern vergangener Jahre ist verschwunden?!
Wir erkunden die ganze Sandzunge, die bis vor zu der seichten Sykia-Enge führt, fast zu Füßen des zinnenbewehrten Paläokastro.

Baden in der Navarinobucht - mit Blick auf den Buchtausgang

Die Fahrstraße gabelt sich nach 2,7 km. Rechts geht es (Wegweiser: Lagoon) zu einem **Naturschutzgebiet mit Wanderweg** [N36° 57' 29.4" E21° 40' 18.8"], der auf einem 1,5-km-Rundweg zu den schönsten Stellen dieses Feuchtbiotops führt.
Holpert man an der Gabelung noch 1300 m geradeaus weiter (Wegweiser: Paläokastro) so erreicht man am Ende des Schotterweges zu Füßen des **Paläokastro** nochmals ein schönes **Bade- und Stellplätzchen** [N36° 57' 08.8" E21° 39' 40.2"].
Hier können Sie Ihr "Lager" einrichten, den restlichen Tag mit Baden und Nichtstun verbringen – oder einen Viehdieb fangen!

Wir kennen seinen Lieblingsunterschlupf, nichts kann schief gehen. Nur zwei Bretter auf wackeligen Holzpfosten führen über den Ausfluss der Lagune hinüber zum Fuße des Burgberges. Dort wenden wir uns rechts, ein Pfad führt zwischen Lagune und Felshang nach rechts. Kleine Fischchen und große Krabben fliehen eilig den Ufersaum, als wir vorbeitrampeln. Nach 15 Minuten endet der See, wir durchqueren nun eine Dünenlandschaft mit Kiefern, Wacholder, Mastixsträuchern und Buchsbaumbüschen, haben direkt links über uns die Zinnen des **Paläokastro**. Wir wenden uns nach links, stapfen durch den weichen Sand auf den Sattel rechts unterhalb des Kastros zu, erspähen jetzt endlich das gähnende, schwarze Loch in der Wand unter den Burgmauern – die Räuberhöhle!

Nach insgesamt 30 Minuten stehen wir vor dem Eingang der **Höhle des Nestor** (Foto); er hat etwa das Aussehen eines kopfstehenden Herzens.
In der hohen Halle, durch deren Deckenöffnung Licht einfällt, schrecken wir die Fledermäuse auf, Kühe finden wir nicht! Offensichtlich ist König Nestor (*1300 v. Chr.) gerade auf einer neuen Diebestour. Dieser junge König, von dem zwar Homer einerseits berichtet, er sei klug, gerecht, vorsichtig und von freigiebiger Gastfreundschaft, hatte eine Leidenschaft, den Viehdiebstahl. Einmal habe er sich davongemacht mit:

„Fünfzig Herden von Rindern und ebenso viele von Schafen,
Schweine auch ebensoviel und schweifende Rotten von Ziegen,
rötliche Rosse dazu an hundertfünfzig,
es waren Stuten alle und hatten zumeist ein säugendes Füllen.“

Nach einem ausgiebigen Rundgang durch die Diebeshöhle (Tiefe 25 m, Breite 15 m, ovale Form, einzelne Tropfsteinreihen, steile Wände, algengrün bewachsen an den Stellen, die vom Licht getroffen werden) setzen

wir uns in den kühlen Schatten des Höhleneingangs und studieren die Umgebung unter uns:
Nach Norden zu öffnet sich ein Felsentor zum Meer, das eingedrungene Wasser hat eine genau halbkreisförmige Sandbucht (Voidokilia = Ochsenbauchbucht) ausgefüllt, ihr Rand ist von feinstem weißem Sand bedeckt, keines Menschen Fuß hat ihn zertrampelt. Ist es nicht herrlich, dass es noch unberührte Landschaft gibt!?

Ochsenbauchbucht (Voidokilia) vom Paläokastro aus

Da hüpfen die ersten Badegäste zum Wasser – und sofort erwacht auch in uns der Wunsch, diesen Traumstrand zu bebaden – aber wie kommt man mit dem WOMO hin?

Paläokastro

Zunächst jedoch klettern wir (rechts des Höhleneingangs) in 6 min. hinauf zum Kastro (auf eigene Gefahr!), wenden uns vor seiner hohen Mauer kurz nach links, wo wir einen Durchbruch finden.
Auf der Mauer kann man, herrliche Blicke genießend, immer nach rechts den Wehrgang benutzend, bis zum Hauptportal auf der gegenüberliegenden Südseite marschieren. Von dort aus führt ein Wanderpfad in 20 min. hinab zur friedlichen Badebucht von Navarino, wo unser WOMO wartet.

KARTE TOUR 8

25 km
N
PIRGOS
Alfios
Epitalio
Olimbia
Olympia
Langadia
Krestena
Ladon
159
Kato Samiko
158
Kaiafa-See
Kallithea
Zacharo
157
Kakovatos
156
Krioneri
Andritsena
Neohori
155
Nea Figalia
154
Tholo
Giannitsohori
153
Elea
Bassai
(Vasses)
152a
Dragogi
TOUR 9
152
151
Agaliani
150
149a
Kalo Nero
149
Ag. Theodora
TOUR 9
148
Kiparissia
Märchenschloss
Agrili
147:Stomio
Meligalas
Filiatra
MESSINIA
146
Ag. Kiriaki
145
Lagouvardos
Messene
144
IC
Gargaliani
Marathopoli
Hora
140
Nestors Palast
Tragana
143:Vromoneri
142:P. Mati
Romanos
Messini
141
Petrochori
B
Velika
Ochsenbauchbucht
Höhle des Nestor
Paläokastro
Gialova
Bucht von
Navarino
Pilos
Petalidi

TOUR 8 (160 km / 3-5 Tage)

Nestors Palast – Ochsenbauchbucht – Romanos – Paralia Mati – Paralia Proti – Agrili – Kalo Nero – Elea – Tholo – Kaiafa-See – Olympia

Freie Übernachtung:	Romanos, P. Mati, Vromoneri, P. Proti, Ag. Kiriaki, Stomio, Kalo Nero, Elea, Giannitsohori, Neohori, Kakovatos, Zacharo, Kaiafa-See, Kato Samiko.
Trinkwasserstellen:	u. a. Nestors Palast, Agrili, Elea, Tholo, Neohori, Kakovatos.
Campingplätze:	u. a. Marathopoli, Tholo, Olimbia.
Baden:	Ochsenbauchbucht, Romanos, P. Mati, Vromoneri, P. Proti, Ag. Kiriaki, Stomio, Agrili, Kalo Nero, Elea, Tholo, Neohori, Kakovatos, Zacharo, Kaiafa-See, Kato Samiko.
Besichtigungen:	Nestors Palast, Ochsenbauchbucht, Grab des Trasymedes, Märchenschloss, Heilwassergrotte (Kaiafa-See), Olympia.

Eigentlich hatte es unser Viehdieb-König noch am besten erwischt – im Gegensatz zu Odysseus und Agamemnon kehrte Nestor wohlbehalten vom trojanischen Kriegszug zurück und konnte seine alten Tage im Schoße der Familie verbringen.
Wie lebte der König vor 3000 Jahren, wo war sein Palast, wo seine Hauptstadt Pylos?
Homers Berichte in der Ilias sind recht ungenau: „ ... dem Meer nicht fern und nahe dem sandigen Pylos!“ Oder nach dem Besuch des Telemach: „ ... und willig flogen die Rosse davon und ließen zurück das ragende Pylos.“ (Anm. d. Verfassers: Das moderne Pilos an der Bucht von Navarino entstand erst im 19. Jahrhundert und wurde nach dem antiken Pylos benannt, weil man es an dieser Stelle vermutete).
Frei nach Schliemann bräuchte man ja nur nach kyklopischen Steinen suchen, die viel zu schwer sind, um sie wegzuschleppen ....
Was Professor Blegen mit seiner amerikanisch-griechischen Archäologengruppe seit 1939 ausgrub, erhebt sich jedoch kaum mehr als hüfthoch; kein Mauerring, keine Tore mit riesigen Sperrbalken schützen den Königspalast.

Wir haben unseren Badeplatz in der **Bucht von Navarino** verlassen, sind von GIALOVA aus 4,7 km nach Norden gefahren. Dort macht die Hauptstraße einen Knick nach rechts, nach links zeigt ein Schild in die Nebenstraße Richtung PETROCHORI/ ROMANOS/TRAGANA. Bitte merken Sie sich diese Stelle, wir kommen hierher zurück!
Zunächst fahren wir rechts, der **Palast des Nestor** ist nahe! Genau 5200 m rollen wir nach Norden, dort liegt er links der Straße unter einem riesigen Schutzdach. Zunächst freuen wir uns über den großen, olivenschattigen Parkplatz mit riesiger Brunnenwand (und Toilette).

(140) WOMO-Stellplatz: Nestors Palast

GPS: N 37° 01' 39.9" E 21° 41' 46.3" **Max. WOMOs:** 3-4.
Ausstg./Lage: Brunnen, WC, Mülleimer, Baumschatten/außerorts. **Zufahrt:** s. Text.

Kritiker werden sagen: Das Blechdach, das die luftgetrockneten Ziegel der Palastmauern vor weiterem Zerfall schützen soll, zerstöre die ganze Stimmung. Dem hitzestöhnenden Touristen ist es jedoch ein willkommener Schattenspender, unter dem er sich in Ruhe mit dem streng geometrischen, hierarchischen Aufbau des Königspalastes vertraut machen kann:

Zentraler Punkt ist der Thronsaal mit einer gewaltigen Feuerstelle im Zentrum.
Etwas abseits liegen das Staatsgemach der Königin, Gästezimmer und ein Baderaum mit einer ornamentverzierten, wärmespeichernden **Tonbadewanne**!
Bei Homer kann man über den Badespaß des Gastes Telemach neidisch folgendes lesen:

„Dem Telemach bot indessen des Neliaden (Nestor)
jüngste Tochter das Bad, Polykaste, die herrliche Jungfrau.
Als die Maid ihn gebadet, ihm Öl zur Salbung geboten,
und ihn mit prächtigen Linnen und einem Gewande bekleidet,
stieg er aus der Wanne, schön wie der Unsterblichen einer ....“

Das einzige, vollständig rekonstruierte Gebäude der Anlage ist ein Kuppelgrab, das Sie im umzäunten Areal vergeblich suchen. Sie finden es, wenn Sie vom Parkplatz einige Schritte zwischen Olivenbäumen nach Norden gehen.
In diesem Tholos-Grab fand man eine Fülle wertvoller Grabbeigaben, zum Beispiel Gold, Juwelen, Amethyste, Bernstein-Halsketten, Ringe, Nachbildungen kleiner Eulen und ein königliches Siegel, vermutlich war es die Grabstätte der Könige. Weitere Gräber grub man südlich des Burghügels, im Bereich der Unterstadt von Pylos aus.
Auch die Funde aus diesen Gräbern sind im Pylos-Museum in Hora (3 km weiter nordöstlich) ausgestellt (sehr sehenswerte Keramiken!).

Wir rollen auf der gleichen Straße zurück, können jetzt erst richtig den Blick über die **Bucht von Navarino** genießen, erkennen sogar die Zinnen des alten **Kastro**, und mit dem Fernrohr kann man direkt in die **Höhle des Nestor** hineinschauen.
An der vorhin beschriebenen Abzweigung nach PETROCHORI/ ROMANOS/TRAGANA fahren wir jetzt geradeaus in das das schmale Teersträßchen Richtung Voidokilia (Boidokilia).
Nach 1600 m, wir sind am Ortsbeginn von PETROCHORI, zweigt ein Fahrweg nach links von der Hauptstraße ab (Wegweiser wieder "Voidokilia") – und entlang einer Felswand erreichen wir wirklich nach 1500 m diesen Traumstrand, den

wir bereits von der Nestorhöhle aus gesichtet hatten.
Hinweis: Wenn man nicht links den Fahrweg nimmt, erreicht man auch über das Zentrum von PETROCHORI (dort links halten) die Ochsenbauchbucht.
Wir richten uns gleich am Beginn des Parkplatzes rechts auf einem Wiesenflecken ein (nach links ist die weitere Zufahrt verboten). Nur 50 Schritte müssen wir durch den feinen, weißen Sand zum Wasser stapfen – eine kleine Mühe im Paradies!

WOMO-Badeplatz: Ochsenbauchbucht (Voidokilia)
GPS: N 36° 57' 59.6" E 21° 39' 39.5" **Max. WOMOs:** 3-4.
Ausstattung/Lage: Sandstrand, Übernachten verboten/außerorts. **Zufahrt:** s. Text.
Hinweis: Im Frühjahr ist ein Teil des Parkplatzes schlammig oder überschwemmt.
Hinweis für Hundebesitzer: Nicht frei laufen lassen, ausgelegte Fuchsköder!

Vom Strandhalbrund genießen wir den Blick zwischen den Felsstöcken hinaus aufs offene Meer. Der linke Klotz trägt das **Paläokastro** mit der **Nestor-Höhle** darunter (von hier aus ein bequemer 30-Minuten-Spaziergang).

Vom gegenüber liegenden Felsstock liest man bereits in antiken Quellen, dass er das **Grab des Thrasymedes** (eines Sohnes des Nestor) tragen soll, ebenfalls ein Tholosgrab? Kurzerhand starten wir eine "Expedition" in Badehosen und -schuhen. Am rechten Buchtrand stapfen wir einen steilen Sandweg empor, schwenken oben nach links (nach rechts käme man zum FFK-Strand Glossa), durchqueren ein kleines Macchiewäldchen und erreichen nach insgesamt 5 Minuten das "Kuppel"grab (die Kuppel ist eingebrochen). Das zentrale, immer noch eindrucksvolle Bauwerk mit einem Durchmesser von fast fünf Metern ist umgeben von weiteren Schachtgräbern.

Nach gemütlichem Bade verlassen wir schweren Herzens unseren Ochsenbauchstrand, halten in PETROCHORI nach Norden (immer geradeaus). Nach 2,2 km stehen wir an einem Stopp-Schild; wir schwenken nach links, auf ROMANOS zu. Erst am Orts<u>ende</u> von ROMANOS geht es scharf links zum **Glifadaki-Beach**; auf halbem Wege liegt linkerhand "Rinas Taverne" mit gutem Essen, etwas Schatten und einem Wasserhahn [**141a:** N 36° 59' 21.1" E 21° 39' 19.8"].
Nach 2700 m, wir haben das Dünenstrandmeer vor Augen, schwenkt die Asphaltstraße nach links ab, geradeaus geht es auf Schotter weiter. Hält man sich links, so endet die Straße mit einem großen Parkplatz vor einer Taverne. Hinab zum Sandstrand sind es zehn Schritte. Noch viel schöner wird es, wenn man 300 m geradeaus auf Schotter zum "Beach" rollt; die Ferienanlage im Norden wird Sie wohl kaum interessieren!?.

(141) WOMO-Badeplatz: Glifadaki-Beach

GPS: N 36° 59' 16.5" E 21° 38' 57.5" **Max. WOMOs:** 3-4.
Ausstattung/Lage: Sandstrände, kaum Schatten/außerorts. **Zufahrt:** siehe Text.

Man steht erhaben auf einem kleinen, oft stürmischem Plateau: Links ein herrlicher Sandstrand für die Kleinen, durch Felsplatten vor der Brandung geschützt, rechts ein kleiner Sandstrand für die Großen; ein idyllisches Plätzchen!
Zurück in ROMANOS wenden wir uns nach links. Nach 500 m kommt die nächste Gabelung, wir folgen der linken Straße Richtung TRAGANA/GARGALIANI. Am Ortsende vom Dörfchen TRAGANA Stopp beim **Brunnen** links (sehr zu empfehlen!), dann kurven wir wieder hinab, erreichen nach 4800 m seit der letzten Gabelung eine Abzweigung mit dem Wegweiser: "Paralia Mati" sowie für Nichtgriechen: "Golden Coast".
Noch 700 m geteerte Stichstraße zwischen Schilfwänden – und wir werden von einer weiten Sandbucht überrascht, in der sich inzwischen eine riesige Gaststätte etabliert hat. Ob da ruhige Nachtruhe möglich ist? Stellen Sie sich sicherheitshalber ins hinterste Eck, dort wo die Strandstraße endet.

(142) WOMO-Badeplatz: Paralia Mati

GPS: N 37° 00' 31.2" E 21° 38' 11.3" **Max. WOMOs:** 3-4.

Ausstattung/Lage: Sandstrand, etwas Schatten, Dusche, große Gaststätte, Mülleimer an der Straße/außerorts.

Zufahrt: siehe Text.

Nur 700 m nördlich des **Mati-Strandes** wirbt ein weiterer Platz fürs Badevergnügen (Agia-Sotira-Strand) mit einer Gaststätte. Die Zufahrt kann man sich sparen, denn ein Badestrand fehlt völlig.

Wesentlich lohnender ist 900 m weiter die Benutzung der Stichstraße nach VROMONERI. Das Örtchen hat zwei kleine, malerische **Sandbuchten**. Unten, am Sandstrand, gibt es kaum Parkraum. Aber 150 m oberhalb der rechten Bucht steht man sehr ordentlich links der Strandzufahrt auf einem geschotterten Platz und hat sogar einen eigenen Stufenweg hinab zum Strand.

(143) WOMO-Badeplatz: Vromoneri

GPS: N 37° 01' 00.8" E 21° 37' 11.9" **Max. WOMOs:** 3-4.

Ausstattung: Sandstrand, Treppenweg zum Strand, an der Mauer Duschen.

Hinweis: Schauen Sie sich mal die Spatzenbrutkolonie unter dem Vordach der kleinen Kirche zwischen den beiden Buchten an .....

In MARATHOPOLI kann man fast zur kleinen **Insel Proti** hinüberspucken, aber weder das Fischerdörfchen noch das Inselchen hat einen schönen Strand. Den Hafen werden Sie übrigens automatisch kennenlernen, weil man in der Ortsmitte (dort Internet-Café) leicht übersieht, dass die Hauptstraße nach rechts abknickt. Am Ortsende von MARATHOPOLI, an der nächsten Straßengabelung, biegen wir nach links in die Küstenstraße ein (dem Wegweiser "LAGOUVARDOS" und

"**Camping Proti**" [N37° 4' 1.6" E21° 34' 48.8"] nach links (Filiatra) folgend, den wir nach weiteren 800 m passieren).
2700 m nach dieser Gabelung verschwindet ein Schotterweg nach links zum **Lagouvardos-Beach**; dort Strandbar und einige Schattenplätze [**144:** N 37° 5' 17.1" E 21° 34' 53.1"].
300 m darauf leitet uns der nächste Schotterweg zur Bucht und führt an ihrem Rande entlang nach Norden. Auch hier gibt es nur wenig Platz für Sie und ihr WOMO.
Im Mittelteil der Bucht (300 m später) sichten wir eine einsame Dusche samt Wasserhahn bei der (geschlossenen) Bar/Café "Ammos". Hier führt ein asphaltierter, schmaler Weg (mit herabhängenden Ästen) zurück zur Straße.

(145) WOMO-Badeplatz: Proti-Beach
GPS: N 37° 5' 32.5" E 21° 34' 57.3" **Max. WOMOs:** je 1-2.
Ausstattung/Lage: Sandstrand, Dusche, Wasserhahn, Schattenbäume/außerorts.
Zufahrt: 2700 m und 3000 m nördlich Marathopoli links.

AG. KIRIAKI hat ein "süßes", rundes Hafenbecken mit Mole und brandungsgeschütztem Sandstrand. Links der Mole warten viele ebene, leider schattenlose Stellplätze. Kaum haben wir uns eingerichtet, erscheint eine Anwohnerin und weiß in bestem englisch: "No Camping!"

(146) WOMO-Badeplatz: Ag. Kiriaki
GPS: N 37° 07' 06.0" E 21° 34' 31.2"
Max. WOMOs: 2-3.
Ausstattung/Lage: Sandstrand, Dusche, Wasserhahn, Taverne/Ortsrand.
Zufahrt: siehe Text.

FILIATRA hat einen riesigen Zentralplatz mit Bäumen, Springbrunnen, Denkmal und Cafés, den man im Kreisverkehr umrunden muss. Dabei entdeckt man alle wichtigen Stationen für einen Kompletteinkauf samt geldliefernder Bank, eine Tankstelle – und den Wegweiser nach KIPARISSIA. An einer Nachbildung des Eiffelturms vorbei verlassen wir den Ort nach Norden.
Nach 2 km auf brandneuer, breiter Bahn führt plötzlich eine schmale Bahn nach links (Wegweiser: AGRILI).
Nach 200 m überqueren wir ein Flüsschen, unmittelbar dahinter, unter schattigen Platanen, steht eine Kapelle, zu ihren Füßen ein abgebauter Brunnen. 100 m später kommen wir an eine Kreuzung: Rechts geht es nach KIPARISSIA, geradeaus nach AGRILI und links in einen Schotterweg zum "**Stomio-Beach**". Die schmale (?) Schotterpiste führt uns entlang des

ausgetrockneten Flussbettes durch eine Urwaldlandschaft nach Westen. Leider ist (zu) lange kein Buschmann mit der Machete vorbeigekommen, Schilf und hängende Äste streifen quietschend und kratzend unser "heiligs Blechle".
Der Lohn der Urwaldfahrt ist nach 900 m ein großer Parkbereich mit einigen Schattentamarisken, der Grobsandstrand mit einer Taverne mitten drauf ist gut besucht, rechts und links der Bucht steigen äußerst bizarre Felsen mit Grotten aus den Fluten, dort kann man herumklettern oder schnorcheln.
Die Zufahrt durch den Flussbettdschungel kann man sich allerdings sparen! Fährt man nämlich an der Kreuzung geradeaus Richtung AGRILI und nach 400 m links (Wegweiser (?): Stomio), so kommt man auf frischer Asphaltbahn zum gleichen Strand – allerdings steht man nach 1200 m auf einem völlig schattenlosen Felsplateau, und man muss ein paar Stufen zum Strand hinabsteigen.

(147) WOMO-Badeplatz: Stomio-Beach

GPS: N 37° 11' 06.1" E 21° 34' 31.8" **Max. WOMOs:** je 2-3.
Ausstattung/Lage: Feinkies-/Sandstrand, Mülleimer, Taverne 200 m/außerorts.
Zufahrt: Von Filiatra 2 km nach Norden, dann links (Agrili), nach 300 m geradeaus und weiteren 400 m links noch 1200 m.

Am Ortsbeginn von AGRILI glauben wir zu träumen, hatte Walt Disney hier seinen Altersruhesitz eingerichtet?

Links der Straße liegt nahe des Meeres eine grellbunte Zauberburg. Das unübersehbare Gebilde nennt sich "**The Castle of Fairytales**", also Märchenschloss.

Dieses verrückte Schloss (lassen Sie das aber nicht ihre Kinder hören) wurde von einem Dr. Harry Fournier erbaut, um die Menschen zur Besinnung zu bringen, um ihren Blick wieder auf das Wesentliche, auf die (vielleicht längst vergessenen) Lebensträume zu lenken. Ob Sie dort ins Träumen kommen, ist jedoch nicht so wichtig, Ihren Kindern müssen Sie diesen Spaß gönnen. Im Inneren bestaunen wir Gemälde von Laienhand, die Ritterspiele und Burgenerstürmungen darstellen; Ritterrüstungen, Ritterpferde aus Pappmaché, eine Verrücktheit nach der anderen. Leider ist das Schloss baufällig und z. Zt. geschlossen.

Im Zentrum des Dörfchens AGRILI umrunden wir einen Kreisverkehr, der eine kleine, blaukuppelige Kirche einschließt (dort auch rechts der Straße eine schöne **Brunnenwand** mit Trompetensträuchern und Platanen), dahinter liegt links das zum Schwimmbad umfunktionierte Hafenbecken: Es gibt Treppchen, auf denen man hineinklettern kann – und Stellplätze. Am besten haben uns die nördlichen unter den Schattentamarisken bei der Windmühlentaverne gefallen.

(148) WOMO-Badeplatz: Agrili/Hafen

GPS: N 37° 12' 48.3" E 21° 35' 42.4" (Mittwoch Markt) **Max. WOMOs:** 2-3.

Ausstg./Lage: Badegelegenheit, Wasserhahn, Dusche, Schattenbäume, Taverne/im Ort.

Wenige Meter später (hinter der Brücke übers trockene Flüsschen) verlässt die Straße den Küstenrand, kurvt durch

Olivenhaine und Melonenfelder ins Landesinnere, erreicht die Hauptstraße, in die wir Richtung KIPARISSIA einschwenken. Es erfordert nicht viel Spürsinn, das schachbrettartig angelegte KIPARISSIA im Zickzack zu durchqueren; die Straße wird breiter, kurvenärmer, wir brettern fern der Küste dahin.
Knapp 6 km weiter nördlich überqueren wir vor KALO NERO den **Peristeri-Fluss**, 200 m später münden wir in die >E 55< (die nach MEGALOPOLI ins Landesinnere zieht – und den Beginn unserer Inlandstour Nr. 9 markiert) und wiederum 200 m später biegen wir links zum Meer – KALO NERO heißt ja schließlich "Gutes Wasser"!
Wir überqueren die Bahnlinie, wenden uns am Sandstrand (mit einigen Felsplatten) zunächst nach rechts; neben der Teerstraße kann man zwischen Büschen direkt am Strand einparken [**149a:** N37° 18' 17.8" E21° 41' 44.4"].
Die Straße verlässt nach 1000 m die Küste, unterquert mit einem "Sparbrückchen" (Höhe etwa 2,30 m) die Bahnlinie und kehrt zur >E 55< zurück. Wendet man sich am Strand nach links, so kann man ebenfalls 600 m fahren mit Stellplätzen rechts der Straße und Duschen im Bereich der Strandtavernen, dann beendet der **Peristeri** unseren Vorwärtsdrang (am hinteren Friedhofstor **Wasseranschluss**).

(149) WOMO-Badeplatz: Kalo Nero
GPS: N37° 17' 52.1" E21° 41' 42.3" **Max. WOMOs:** >5.
Ausstattung/Lage: Sandstrand, Wasser, Duschen, Tavernen im Ort/Ortsrand.

Genau 5,5 km nördlich der Abzweigung KALO NERO liegt, einsam am linken Straßenrand (bei »km 48,5«) das Buswartehäuschen "**Vlassada**". Hier zweigt ein Weg nach links ab, überquert (unbeschrankt) die Bahnlinie, verzweigt sich dahinter. Wendet man sich nach rechts, so erreicht man nach 500 m einen wahrhaft endlosen Sandstrand (zumindest das Auge sieht weder rechts noch links einen Felsen, einen Menschen oder gar ein Gebäude). Hier können Sie wirklich Robinson sein – falls Ihnen das liegt! Allein sind Sie allerdings nicht, denn unter Ihnen erwacht vielleicht gerade in diesem Augenblick neues (Schildkröten-)Leben!

(150) WOMO-Badeplatz: Vlassada

GPS: N 37° 20' 41.7" E 21° 41' 40.5"
Max. WOMOs: 2.
Ausstattung/Lage: Sandstrand, Mülleimer an der Bahnlinie/außerorts, einsam.
Zufahrt: siehe Text.

Wendet man sich hinter der Bahnlinie nach links (Zufahrt nur bis VW-Bus-Größe), weil man rechts den Baumschatten vermisst hat, so findet man diesen nach 900 m reichlich, denn man landet in einem Pinienstrandwald, den Sie ebenfalls ganz allein für sich haben; außer Ihnen und der Pineta gibt es dort nur noch Sandstrand, blaues Meer – und endlose Melonenfelder.
500 m nördlich des Buswartehäuschens geht es nach links zur Bahnstation AGIANAKIS (Agaliani). Man überquert beschrankt die Bahnlinie und ist nach 500 m an einem großen Parkplatz direkt hinter dem endlosen Sandstrandmeer.

(151) WOMO-Badeplatz: Agianakis

GPS: N 37° 20' 57.4" E 21° 41' 36.6" **Max. WOMOs:** 2-3.
Ausstg./Lage: Sandstrand, Vogelturm, Dusche, Taverne/außerorts. **Zufahrt:** s. Text.

Und dann entdecken wir die absolute Sensation in diesem gigantischen **Kolpos Kiparissiakos** – den Beginn der **Pineta** von **Elea**!
Noch vor dem Parkplatz führt ein völlig harmlos aussehendes Schotterwegle nach Norden in den Pinienwald – und endet nicht mehr; nein, es verzweigt sich labyrinthartig, hat befestigte Abstecher zum Strand, umrundet Waldviertel, kehrt wieder zum "Haupt"weg zurück, zieht immer weiter hinter dem Sandstrand nach Norden.
Und an den schönsten Stellen, zwischen Pinien, Oleander und Mastixbüschen, haben sich die Urlauber ein Paradies geschaffen: Zelte, Wohnwagen, Wohnmobile; nicht wenige, aber bei der riesigen Ausdehnung des Areals tritt auch keine Häufung auf.
Wir rollen immer weiter, freuen uns über diese Entdeckung und wünschen Ihnen dort herrliche Urlaubstage – wenn nicht gerade die Polizei kommt ....

(152) WOMO-Badeplätze: Elea

GPS: N37° 21' 59.0" E 21° 41' 17.6" / N37° 22' 7.7" E21° 41' 12.2" **Max. WOMOs:** >5.
Ausstattung/Lage: Sandstrand, Baumschatten, Wasserhähne, Mülleimer, Tavernen. Nach 2300 m und 2500 m Wasserhahn, nach 2800 m Querstraße/außerorts.

Eines der "unzähligen" Elea-Plätzchen

Nach 3 km endet der Pineta-Traum an dem (eigentlichen) Badeplatz von ELEA mit Sportplatz, Duschen, Strandtaverne, zwei Tavernen rechts Richtung ELEA – und einem Camping-Verbotsschild. Zeitweise war das freie Campen in ELEA ausdrücklich erlaubt, in letzter Zeit (vermutlich wegen der häufigen Waldbrände), finden immer wieder polizeiliche "Räumungsaktionen" statt!

2 km nördlich von ELEA schwenken wir zum Strand von GIANNITSOHORI ab. Nach 3,6 km stehen wir am Sandstrand mit Taverne, Dusche, **WC** und herrlichen Pinienschattenplätzen [**153:** N 37° 23' 28.9" E 21° 40' 33.1"] (600 m nördlich liegt der Camping "Apollo" [N37° 23' 48.8" E21° 40' 38.5"]). Nochmals 2 km weiter nördlich liegt THOLO mit seinem **Campingplatz** [**154:** N 37° 24' 40.5" E 21° 40' 04.9"].

Fährt man an ihm vorbei zum Strand, so findet man dort Schattenbäume, Wasserhahn, Duschen, **WC** und zwei Strandbars, ein schöner Platz [N 37° 24' 38.0" E 21° 39' 57.2"] für einen Badestopp!

Der nächste Badeort an der

>E 55< ist NEOHORI. Durch den Ort führt eine Stichstraße direkt bis auf den Sandstrand und endet an einer riesigen Wendeplatte, auf der reichlich Parkgelegenheit besteht.

(155) WOMO-Badeplatz: Neohori

GPS: N 37° 25' 57.7" E 21° 39' 13.1" **Max. WOMOs:** 3-4.
Ausstattung/Lage: Sandstrand, Toiletten und Duschen, Umkleidekabinen, Entsorgung an der WC-Rückseite/außerorts. **Zufahrt:** s. Text.

Toiletten sind vorhanden, zwei Duschen liefern erfrischendes Nass – das Sie auch brauchen werden, denn Schatten finden Sie hier nur in Ihrem WOMO. In der Hauptsaison kommt täglich der Gemeindediener und kassiert pro WOMO und Tag rund 5 € für diesen Komfort. Wer ihn nicht benötigt, findet 200 m nördlich weitere Stellplätze am Strand ohne Komfort (und ohne Gebühr).
Fährt man 400 m hinter der Küstenlinie (oder auf der Hauptstraße) 2 km nach Norden, so kommt man nach KAKOVATOS. Dort entdeckt – wer eifrig sucht, sage und schreibe vier WOMO-Plätzchen:

(156) WOMO-Badeplätze: Kakovatos

GPS: N 37° 27' 17.7" E 21° 38' 22.8"; **156a:** N 37° 27' 24.0" E 21° 38' 19.7"; **156b:** N 37° 27' 40.2" E 21° 38' 08.2"; **156c:** N 37° 27' 50.8" E 21° 38' 01.6".
Max. WOMOs: je 2-3.
Ausstattung/Lage: Sandstrand, z.T. Duschen, Umkleidekabinen, Taverne/außerorts.

Biegt man nicht links zum vierten Platz ab, sondern an dieser Stelle rechts, so erreicht man nach 100 m das kleine Paradies von Brigitta und Kathy. Im gepflegten Garten des Gästehau-

ses "Panorama" sind WOMOs willkommen, für alle WOMO-Bedürfnisse ist bestens gesorgt – und der Preis ist wirklich günstig [**156d:** N 37° 27' 55.9" E 21° 38' 25.2"].
1800 m weiter im Norden, unmittelbar vor dem Ortsschild von ZAHARO geht's rechts nach SHINI – und links zum Strand. Über die Bahnlinie und durch Oliven-/Orangenhaine genau nach Westen erreichen wir nach 2000 m den Sandstrand mit einigen Schattentamarisken.

(157) WOMO-Badeplätze: Zaharo

GPS: N 37° 28' 05.1" E 21° 37' 50.4" **Max. WOMOs:** >5.
Ausstattung/Lage: Sandstrand, Baumschatten, Duschen, Taverne/außerorts.
Weitere Plätze nördlich: 157a: N 37° 28' 18.5" E 21° 37' 42.0"; **157b:** N 37° 28' 28.2" E 21° 37' 33.2".

Eigentlich reicht das für diese Ecke der Peloponnes, beschließen wir gerade bei der Weiterfahrt, da blinkt nach 3 km völlig unerwartet ein See durchs rechte Seitenfenster, das **Heilbad Kaiáfa** liegt nach 4 km auf einer Landzunge in diesem See (dort nur geringe Stellmöglichkeiten [N 37° 30' 49.4"; E 21° 35' 56.1"].
Wesentlich Interessanteres bietet die Rückseite des Sees! Deshalb biegen wir beim zweiten Hinweisschild, 1700 m nach dem ersten, nach rechts ab zu den "Thermalsprings of Kaiafa". Die Straße führt im Uhrzelgersinn zur Ostseite des Sees; zwischen Schilf (rechts) und einer steilen Felswand (links) rollen wir wieder nach Süden. Nach 1300 m entdeckt man links das kleine Badehaus mit dem neuen, plastiküberdachten Schwimmbad, in dem man sich bei 38°C im schwefelhaltigen Heilwasser gesundbaden kann [N 37° 31' 8.2"; E 21° 36' 10.8"]. Die heimelig-unheimliche Felsbadegrotte links davon wurde (leider!!!) gesperrt.

Passende Übernachtungsplätze findet man, wenn man gegenüber (rechts des alten Bootsanlegesteges) beginnt, auf Schotter den See zu umrunden.

(158) WOMO-Badeplatz: Kaiafa-See

GPS: N 37° 31' 07.6" E 21° 36' 01.8" **Max. WOMOs:** 3-4.

Ausstattung/Lage: Heilbad, Bademöglichkeit/außerorts.

Die Hauptstraße verlässt den Küstenbereich Richtung KRESTENA. Nach 2 km, bei KATO SAMIKO, führt eine letzte Stichstraße links zum "Beach". Nach 2,4 km stehen wir auf dem riesigen Strandareal mit zwei großen Parkplätzen:

(159) WOMO-Badeplatz: Kato Samiko

GPS: N 37° 31' 54.8" E 21° 34' 33.4". **Max. WOMOs:** 3-4.

Ausstattung/Lage: Sandstrand, Dusche, WC, Strandbar/außerorts.

KRESTENA ist ein Landstädtchen, dessen engen Altstadtkern man bequem links umfährt. An der nächsten Straßengabelung folgt man nach rechts dem Wegweiser "Olympia".

Jetzt rollen wir durch die fruchtbare Ebene des **Alfios** (den wir bereits seit MEGALOPOLI kennen) mit endlosen Maisfeldern, hinter Riesenschilfwänden und Buschwald zieht der breite Fluss milchig-türkis zur Küste bei PIRGOS. Breit musste der Brückenbau sein, der nicht nur den Sommerfluss überspannt, sondern auch die Schotterflächen, die er im Frühjahr mit breitem Strom füllt.

Nun begleitet uns ein tiefer Bewässerungskanal, den wir ebenfalls überqueren. 2500 m nach der Brücke links eine kleine Kapelle mit **Brunnenwand** und Wasserhahn unmittelbar vor dem Örtchen FLÓKAS, an dem wir rechts vorbeifahren.

Das **antike Olympia** (Wegweiser: Archeological site; 8-20 Uhr, So 8-15 Uhr) liegt ein paar hundert Meter östlich (rechts) des neuen Ortes dort, wo sich der **Kladéos** mit dem **Alfios** vereinigt. Parkplätze findet man am Ende der (offiziellen) Straße [N37° 38' 29.3" E21° 37' 29.2"], dieser ist meist überfüllt. Zweigt man schon am Beginn des gepflasterten Straßenbereiches (bei der Kirche) links, so findet man einen schöneren zweiten Parkplatz [N37° 38' 38.7" E21° 37' 38.2"].
Die WOMOs werden zum Übernachten zu den drei Campingplätzen ("Diana", "Alphios" und, natürlich, "Olympia") geschickt. Natürlich kann man diese beehren – oder in ZACHARO oder KATO SAMIKO übernachten und früh morgens in **Olympia** anrollen!

Herakles selbst soll das Gelände für den Wettstreit der Götter geebnet haben, das sich nahe des Ufers des **Alfios**, der jetzt schon eine beachtliche Breite hat, dahinzieht.
Man marschiert, vom 2. Parkplatz [N 37° 38' 38.7" E 21° 37' 38.2"] kommend, nur 1 min. über eine Brücke zum Archaelogical Museum und von dort weitere 5-6 min. zu den Ausgrabungen.
Wir sind zunächst wie vor den Kopf geschlagen von dem lärmenden Trubel, der uns umgibt. Aber auch als die hellenischen Jünglinge noch um den Kranz des wilden Ölbaumes kämpften, war keine friedvolle, heilige Stille rings umher.

Herolde luden in allen Teilen Griechenlands die Kämpfer ein, wenn alle vier Jahre die Festspiele zu Ehren des Zeus ausgerichtet wurden und verkündeten den "Heiligen Waffenstillstand".
Jedoch schon damals wurde der heilige Friede gebrochen, und auch schon damals blieben viele Sportler und Besucher der Olympiade fern, als 396 v. Chr. Sparta von den Spielen ausgeschlossen wurde, weil es gegen dieses Gebot verstoßen hatte. Seit 776 v. Chr. sind die Spiele urkundlich erwähnt. Nach über tausend Jahren, 393 n. Chr., erklärte der römische Kaiser die katholische Lehre zur Staatsreligion, verbot alle heidnischen Kulte und somit auch die Olympischen Spiele.

Die Trümmer des antiken Olympia sind nicht das Vernichtungswerk wandalisierender Eroberer, sondern die Hinterlassenschaft des großen Erdbebens, das im 6. Jahrhundert keine Säule stehen ließ. Erst seit 1875 haben deutsche Archäologen freigelegt, was der Alfios unter den Schlammfluten seiner Frühjahrshochwasser begraben hatte.
Drei Stunden sind vergangen, bis wir einen fast nur oberflächlichen Rundgang durch das Ruinenfeld gemacht haben mit der Palästra (Übungsstätte der Ringkämpfer), dem Leonidaion (dem riesigen Gästehaus), dem gewaltigen Zeustempel, dessen Säulentrommeln noch so liegen, wie das Erdbeben sie hinwarf, der Echohalle, die jedes gesprochene Wort siebenmal reflektierte, dem Stadion, in dem die Sprinter statt 100 m noch 600 antike Fuß (192,27 m) wetzen mussten, dem eindrucksvollen Heratempel, von dem vier

Säulen wieder aufgerichtet wurden und von dem man liest, dass er der älteste erhaltene griechische Tempel sei.
Aber auch das Museum lassen wir nicht aus, denn welche Dame möchte auf den Anblick des Hermes des Bildhauers Praxiteles verzichten ...

Wir sind erschlagen von der Fülle der Eindrücke. Besonders deutlich wurde uns der innige Zusammenhang von Sport und Götterverehrung, von Körper und Geist.
18 km später ist auf einer herrlichen Schnellstraße PIRGOS erreicht (seit langem zeigte die Tachonadel mal wieder auf die 100 km/h-Marke).

TOUR 9 (230 km / 3-6 Tage)

Kalo Nero – Messini – Diavolitsi – Ag. Theodora – Likeo – Likeo-Gebirge – Megalopoli – Karitena – Gortis – Andritsena – Bassai – Neda-Fälle – Tholo

Freie Übernachtung:	Messini, Ag. Theodora, Likeo-Gebirge, Gortis, Bassai.
Trinkwasserstellen:	u. a. Ag. Theodora, Likeo-Gebirge, Perivolia, Lepreo.
Besichtigungen:	Messini, Ag. Theodora, Aschealtar im Likeo-Gebirge, Megalopoli, Karitena, Gortis, Prodromou-Kloster, Bassai.
Wandern:	Berg Ithomi (bei Messini), Ag. Theodora, Likeo-Gebirge, Karitena, Lousios-Schlucht.
Baden:	Neda-Wasserfälle, Tholo.

KARTE TOUR 9

Auf der Höhe von KALO NERO, nördlich des **Peristeri**-Flusses, knickt die >E 55< ins Landesinnere ab. Hier versammeln sich alle Kultur-, Natur- und Abenteuerfans, um mit uns eine Inlandstour der besonderen Art zu starten!

Die breite, gepflegte Straße gewinnt langsam an Höhe ins **Tetrazi-Gebirge**. Nach 26 km auf flotter Bahn biegen wir beim Dörfchen ZEFGOLATIO rechts ab zum antiken **Messini**, auch als **Ithomi** (schlecht) ausgeschildert.

In MELIGALAS knicken wir nochmals rechts ab, die Beschilderung ist jetzt einwandfrei, die Ortsstraße sehr schmal. Nach 6 km kurven wir durch NEOCHORI (Ortsmitte **Brunnen** links), den Geburtsort einer gewissen Maria Kalogeropoulou, Ihnen allen unter dem Namen **Maria Callas** bekannt.

Das schmale, kurvige Sträßchen zieht weiter ins Gebirge. Nach 12,5 km stehen wir plötzlich vor einem gewaltigen Befestigungswerk, dem **Arkadischen Tor** (Foto), das Einlass gewährt in das befestigte **Messini**. Etwa 9 km lang ist die Wehrmauer, die rings um den **Berg Ithomi** die antike Stadt und weite Felder umgürtet. Nur so konnten die Messenier, in Dauerfehde mit Sparta liegend, Hungersnöte während der Belagerung verhindern.
Hinter dem Stadttor wenden wir uns links, zweigen 700 m weiter <u>vor</u> dem **Museum** rechts hinab zu den Ausgrabungen. Dort finden wir einen schönen, ebenen Parkplatz.

(160) WOMO-Stellplatz: Messini

GPS: N 37° 10' 42.7" E 21° 55' 06.5" **Max. WOMOs:** 2-3.
Ausstattung/Lage: keine; Besichtigung der antiken Stadt/außerorts. **Zufahrt:** s. Text.
Ausweichplätze: 700 m und 1000 m nach dem Arkadischen Tor rechts [**160a:** N 37° 11' 0.6" E 21° 54' 23.4"] in Eukalyptushain oder bei der (sehenswerten!) Stadtmauer.

Der Besichtigungsrundgang ist lohnenswert. Vollständig ausgegraben das **Asclepeion** südlich der **Agora**, vierseitig von Säulenhallen umstanden; südöstlich davon das bestens erhaltene **Ekklesiasterion** – eine elegante,

Messini, Stadion mit Gymnasium

anmutige Ruine, oft als "kleines Theater" bezeichnet. Den Fußboden der Orchestra bedeckt verschiedenfarbiger Marmor.
Sehr sehenswert, weil inzwischen ebenfalls restauriert, das Stadion im Südwesten mit dem Gymnasium (Foto).

Zurück am **Museum** (geringe Gebühr) wenden wir uns rechts zum Dorf MAVROMATI. Nach 600 m passieren wir linkerhand die bereits aus antiker Zeit bekannte **Quelle** unter schattigen Platanen mit wasserfallähnlichem Brunnenschacht.
100 m später kommt man zum Dorfplatz und neben ihm geht's links steil und schmal (?) hoch zur **Akropolis** auf dem Tafelberg **Ithómi** (800 m). Dessen Gipfel war in den langen, tragischen Kriegen, die die Messenier gegen die Spartaner führten, stets der letzte Zufluchtsort. Von hier aus, wo nach Ansicht der Messenier Zeus geboren wurde, hat man einen unüberbietbaren Fernblick über die weite Ebene, die die Griechen "Makária", "die Gesegnete" nennen.
Wir zwängen uns links zwischen den Häusern hinauf; nach dem Ort wird die Bahn wieder breiter. Nach 1500 m erreichen wir das **Lakonische Stadttor**, nicht so gewaltig wie das arkadische – aber mit einer Parkmöglichkeit [**160b:** N 37° 10' 38.8" E 21° 56' 12.7"] links davor (und einer Picknickbank gegenüber). Hinter dem Tor führt die Straße hinab zum **Kloster Voulkanos** mit schattigen Rastplätzen [**160c:** N 37° 10' 22.1" E 21° 56' 31 7"]

50 Schritte vor dem Tordurchbruch beginnt links der Wanderpfad auf den Itomi, ein rot markierter Eselssteig, der nach 10 min. auf eine Schotterpiste stößt. Dieser folgen wir; in Schleifen gewinnt sie die Höhe. Nach 50 min., während derer die Aussicht immer schöner wird, haben wir die Wehrmauer der kaum mehr erkennbaren **Akropolis** erreicht. Wie ein Spalier von Rittern stehen mannshohe Disteln am Wegrand.

Kloster Panaghias auf dem Ithomi

Dann verschnaufen wir vor dem verschlossenen **Kloster Panaghias** im Baumschatten. Links führt ein gepflasterter Weg zur berühmten **Gipfelquelle**, neben der Zeus geboren und von den beiden Nymphen Ithomi und Neda (die ihre Namen dem Berg und dem Fluss gaben) aufgezogen wurde. Leider hat man die Quelle wenig publikumsfreundlich mit einem Zisternendeckel verschlossen.

Das WOMO trägt uns – mit Zwischenstation bei dem sehenswerten Museum, auf gleicher Bahn wieder zurück zur >E 55<. Vom heißen, schattenlosen Ithomi möchten wir Sie zu einer kühlen, schattigen Schlucht führen!
Wir unterqueren die Europastraße; kerzengerade nach Norden zieht die Straße, als wolle sie sich in die Berge hineinbohren. In DIAVOLITSI macht sie jedoch zwischen einem **Brunnen** und der Kirche einen Knick nach rechts, erst in DESILAS beginnt sie den Gebirgsanstieg in dem typischen Gemisch aus schmalen (?) Ortsdurchfahrten und neuen, breiten, weil EU-subventionierten Asphaltbahnen. 2 km hinter KARNASI (zwei **Brunnen**) haben wir den Sattel erreicht. Die Bahn sinkt ab, steigt nochmals an nach DASOCHORI. Ein dichtes Laubdach aus Eichen, Platanen und Walnussbäumen schließt sich über uns, während wir steil hinab in eine der Quellschluchten des **Pamisos** tauchen, den wir schon von seiner Mündung bei MESSINI kennen.
In der schattigen Einsamkeit taucht plötzlich links des Weges ein sauberes WC-Häuschen (mit vier Waschbecken) auf, 200 m später parken wir (17,8 km seit der >E 55<) links neben einem kleinen Weltwunder – der **Kapelle der Hl. Theodora**!

(161) WOMO-Wanderparkplatz: Hl. Theodora von den Eichen

Pos.: N 37° 21' 13.3" E 21° 58' 45.5" **Max. WOMOs:** > 5.
Ausstattung/Lage: Trinkwasser, WC, Baumschatten, Mülleimer, Taverne/außerorts.

Eigentlich wäre von der winzigen Kapelle, dessen Typ zu tausenden in allen Regionen Griechenlands zu finden ist, nichts besonderes zu berichten. Zugegeben, die Lage im schattigen Schluchtgrund ist idyllisch. Gewiss, direkt unter ihr entspringt ein Quell, ja ein Bächlein mit besonderem Wasser. Ganze Busladungen, zumeist mit Frauen, kommen deshalb regelmäßig aus dem fernen Athen herbei ...

Dass aber aus dem uralten Gemäuer ein kleiner Wald aus Kermeseichen herauswächst, das Mauerwerk durchwuchernd, das Dach beschattend und trotzdem seine Stämme weder von außen noch von innen zeigend, ist schon ein kleines Wunder.

Der kleine, zweigeteilte Innenraum ist vom vielhundertjährigem Kerzenrauch völlig verrußt, einige Ikonen und Weihegaben stehen auf Simsen oder baumeln von der Decke.

Ein altes Mütterchen verkauft fingerdünne Kerzen, weitere Andenkenbuden mit billigen Ikonenkopien machen ihr Konkurrenz, vor der Taverne mit Biergarten steigt der Rauch des Souvlaki-Grills durch das Platanendach darüber. Vor der Brücke über das Bächlein führt ein Wanderweg hinab zur Taverne "Nero Milos", die wir Ihnen empfehlen möchten. Je nach Witterung sitzt man hübsch schattig neben dem Bach oder im gemütlichen Innenraum und speist dort gut und preiswert. Für die ruhige Nachtruhe empfehlen wir den großen Parkplatz mit mächtigen Schattenplatanen hinter den letzten Verkaufsbuden links, wo Sie von Nachtigallen in den Schlaf gesungen werden ....

Hinweis: Der Streckenabschnitt Diavolitsi - Karnasi - Dasochori ist speziell in den Ortsdurchfahrten sehr schmal. Wer auf die Hl. Theodora nicht verzichten möchte, findet auf der Karte die rot-gelb markierte, problemlose Zufahrt auch für sehr große WOMOs.

Am nächsten Morgen geht's auf der anderen Seite der Schlucht wieder hinauf (das Bächlein markiert die Grenze zwischen Messenien und Arkadien).

Nach 5 km haben wir durch Eichenwälder die Höhe gewonnen, lassen VASTAS links liegen, zwängen uns durch ISARIS hindurch (große WOMOs sollten die bequeme, linke Umfahrung des Ortes benutzen).

Unter uns glänzt im Frühnebel die große Senke von MEGALOPOLI, aus den Nebelschwaden ragen die Schlote seiner Braunkohlekraftwerke. Wir schwingen durch eine Talsohle, ein Felsklotz verdeckt das Kraftwerk, nur die wabernden Dampfschwaden erfüllen den Vordergrund; links zweigen wir

nach LIKEO/LIKOSOURA ab, halten aufs **Likeo-Gebirge** zu. Wir lassen die Abzweigung zum **antiken Likosoura** links liegen, halten rechts auf das "Sanctuary of Zeuss Lykaion" zu. Am Ortsende des kleinen Dörfchens LIKOSOURA rollen wir nach rechts über die Brücke, ein letzter Blick auf die Kraftwerksschwaden, dann konzentrieren wir uns auf die immer steiler werdende Gebirgsstraße. In 1000 m Höhe passieren wir das letzte Dörfchen, LIKEO (nicht links nach NEDA abzweigen). Eine letzte Straßengabelung, die wir uns gut merken wollen, denn rechts geht es wieder hinab nach KASTANOCHORI/MEGALOPOLI, wir halten uns links.
Die Fahrbahn bricht durch ein Felsentor mit einem großen Nussbaum und einer kleinen Kapelle (eine Steinbank läuft halb um sie herum). Dahinter zweigt nach rechts die Sackgasse zum letzten Dörfchen ANO KARIES; wir halten uns links (Lykaion), übersteigen die Baumgrenze.
Rechts des Weges ein schöner **Picknickplatz** mit Ziegeldach, Tisch und Bänken, links eine gewaltige Brunnenwand.
1300 m weiter der nächste **Picknickplatz** mit der Lykaia-Pigi (Lykaia-Quelle) neben einem Kiefernhain, außerdem Picknicktische und -bänke. Dieses Plätzchen mit traumhaftem Ausblick halten wir für die Rückkehr fest und parken nochmals 1300 m später auf einem großen Schotterplatz, dem ehemaligen **Hippodrom** des **antiken Lykaion**.

(162) WOMO-Wanderparkplatz: Likeo/Hippodrom
GPS: N 37° 26' 59.0" E 21° 59' 44.4";1165 m. **Max. WOMOs:** >5.
Ausstg./Lage: Brunnen, Baumschatten, Mülleimer, Wanderweg/außerorts, einsam.
Zufahrt: siehe Text.

Kapelle des Hl. Elias, im Hintergrund links der Diaphorti-Gipfel

Vor dem Schotterplatz links beginnt unser Wanderweg zum Aschealtar des lykischen Zeus, eine befahrbare Piste (gleich an ihrem Beginn links die große **Hagno-Quelle** mit Brunnenwand, der Gipfel darüber mit der Stange ist unser Ziel).
Nach 20 min. erreichen wir eine Weggabelung, halten uns links und erreichen nach insgesamt 35 min. in 1351 m Höhe ein großes Plateau. Südlich des Plateaus die **Kapelle** des Hl. Elias, vor ihr die Reste von zwei Säulen, die einzigen Überreste (in der Antike trugen die Säulen vergoldete Adler) des heiligen Bezirkes des **Zeus Lykaios**.
Noch 2 min. sind es hoch bis auf die eingeebnete Kuppe des **Eliasgipfels** (Diaphorti, 1379 m). Auf dieser tennenartigen Hochfläche erhob sich einst der Erdaltar des lykischen Zeus.

Pausanias schrieb im 2. Jahrh. n. Chr.: *„Er war nachweislich eine der größten Menschenopferstätten aus der Frühzeit der Menschheit, denn sieben Meter hoch getürmte Asche und mythische Überlieferungen formen dieses phantastische Bild der arkadischen Zeusverehrung!"*

Wir haben von hier oben eine phantastische Aussicht. Genau im Westen erkennt man mit bloßem Auge das weiße Zelt, mit dem der **Tempel von Bassai** seit Jahren überspannt ist – eines unserer nächsten Ziele.
"Directement" kehren wir in 20 min. zu unserem WOMO zurück, d. h. von der Elias-Kapelle hinab, rechts an dem unter uns liegenden Felssporn vorbei über terrassierte Wiesen, schließlich durch eine Rinne bis zur **Hagno-Quelle** oberhalb des Fahrweges.

1300 m rollen wir hinab zum **Picknickplatz** mit der Lykaia-Quelle, unserem Übernachtungstipp im Likeo-Gebirge.

(163) WOMO-Picknickplatz: Lykaia-Quelle

GPS: N 37° 26' 23.1" E 21° 59' 57.0";1120 m. **Max. WOMOs:** 2-3.
Ausstg./Lage: Brunnen, Tisch & Bank, Baumschatten/außerorts. **Zufahrt:** s. Text.

Über die Talfahrt nach MEGALOPOLI gibt es nicht viel zu berichten. Knapp 5 km rollen wir auf eigenen Spuren zurück, dann schwenken wir links, passieren KASTANOCHORI. Wie in einem Zoom-Objektiv wächst von Serpentine zu Serpentine das Kohlekraftwerk mit der Braunkohle-Tagebauregion ringsum auf Originalgröße heran. Zwischen Kohlebergen und Gestank, unter einem Gewirr aus Förderbändern kurven wir nach MEGALOPOLI. Dort knicken wir bereits am Ortsbeginn scharf nach links. Falls Sie einen Wegweiser entdecken, sollte KARITENA/ANDRITSENA draufstehen.
Auch MEGALOPOLIS, einst die Hauptstadt Arkadiens, hatte unter der Angriffslust der Spartaner zu leiden. Die Reste eines doppelten Mauerringes mit einem Umfang von 9 km zeugen noch jetzt davon. Nördlich der modernen Stadt, rechts und links, vor und hinter der Brücke über den **Elisson** dehnte sich die antike Stadt aus:
Vor der Brücke links liegen die Reste des gewaltigen **Theaters** (Foto) mit einst über 20.000 Sitzplätzen, nur die erste Sitzreihe

Megalopolis, Theater

ist noch erhalten, von den nächsten sechs sind Bruchteile erkennbar, das ursprünglich hölzerne **Proskenion** (Bühnenhaus) wurde erst in römischer Zeit in Stein erneuert. Jenseits des Proskenions liegen einige Sockel der zahlreichen Säulen des **Thersileions**, einer riesigen Versammlungshalle mit 6.000 Sitz- und 10.000 Stehplätzen, hier tagte die arkadische Bundesversammlung. Überquert man den Fluss, so entdeckt man 400 m dahinter links die spärlichen Reste eines **Zeustempels**.

Unser Weg senkt sich neben den tiefen Scharten des Braunkohletagebaues, in Schleifen gelegt, zum Lauf des **Alfios** (Alpheios) hinab und nach 15 km erhebt sich vor uns eine Burg aus der Frankenzeit, wuchtig auf einen steilen Fels gepackt: Keine Spur von Eleganz wie bei den venezianischen Kastellen, aber so beeindruckend und gebieterisch, dass man jederzeit mit dem Heraussprengen einer Reiterschar rechnet, Wegzoll erpressend: **Karitena!**

Zu Füßen des gleichnamigen Bergdorfes, noch vor der Brücke über den **Alfios**, liegt eine Straßenkreuzung. Hier sollten Sie sich anhand der Karte zunächst mit unseren weiteren Aktivitätsvorschlägen vertraut machen:

Links geht's, wie gesagt, über den **Alfios**, dort entlang setzen wir viel später unsere Tour fort. Jetzt könnten Sie schon einmal, falls gerade später Nachmittag sein sollte, 600 m bis zur **Alfios-Brücke** fahren, direkt dahinter parken (bei schönem **Brunnen**), links 5 min. hinabmarschieren und sich **unter** der neuen Brücke ihre mittelalterliche Vorgängerin anschauen. Vier Bögen sind noch erhalten, in einen der Brückenpfeiler ist eine kleine Kapelle eingebaut (sehr fotogen).

Geradeaus führt die Straße in Serpentinen hinauf nach KARITENA, durchquert den Ort bei einem Bergsattel, steigt wieder hinab zum **Lousios**, einem Nebenfluss des **Alfios**, führt weiter Richtung KOKKORAS.

Die Abzweigung nach rechts trägt die Wegweiser ELLINIKO/ DIMITSANA.

Ihrer Karte können Sie auch entnehmen, dass Sie sowohl über KARITENA als auch über ELLINIKO zum antiken "Badeort" **Gortis** gelangen können. Dort, in der **Lousios-Schlucht**, wollen wir unser Lager aufschlagen, besichtigen, wandern und in romantisch-einsamer Umgebung faulenzen. Wenn Sie unsere Zufahrtserlebnisse lesen, werden Sie für die genaue "Lagebeschreibung" sicher dankbar sein!

Zunächst aber ist die Ritterburg dran! Wir dröhnen die Serpentinen nach KARITENA hinauf, parken nach 2500 m auf der Platia, dem Kostópoulos-Platz. Nach links zeigen Wegweiser zur kleinen byzantinischen Kirche **Agios Nikolaos** und zum **Kastro** (gegenüber **Brunnenwand** mit Wasserhahn). Das kreuzförmige Kirchlein mit den vier kleinen Kuppeln auf den Kreuzarmen und der großen auf dem behäbigen Tambour sollten Sie schon deshalb nicht auslassen, weil man das hübsche Bauwerk von oben fotografieren kann.

Wir folgen dem Wegweiser "Frourio(n)", wie das Kastro bei den Einheimischen heißt, in einen schön gepflasterten Stufenweg, passieren das Denkmal mit der Büste des Generals und Freiheitshelden Kolokotrónis (1770-1843). Der Herr mit dem martialischen Schnurrbart nutzte 1821 die fränkische Feste, die, obwohl sie damals schon 600 Jahre auf dem (stabilen) Buckel hatte, als Ausgangsbasis und (offensichtlich immer noch uneinnehmbare) Rückzugsbastion für seine Scharmützel mit den Truppen des gefürchteten, pockennarbigen Ibrahim Pascha.

Woher er die Vorzüge der Festung kannte?

Er hatte schon als Kind zwischen ihren Mauern gespielt, er wurde in Karitena geboren.

Etwas oberhalb der Kolokotrónis-Büste gabelt sich der steile Pfad. Wer geradeaus weiterstapft, kommt zur kleinen **Panhagia-Kirche**; sie ist bekannt wegen ihrer einzigartigen, byzantinischen Flechtkapitelle mit Blumen und Spiralen.

Der Weg zum **Kastro** zweigt nach rechts ab. Durch einen (holzverschalten) Gewölbegang betreten wir den Burghof der Festung auf einem elliptischen Plateau. Links steht der einstöckige Palas mit vier Rundbogenfenstern, in dem die Burgherren (nicht besonders komfortabel) residierten. In der

Mitte Reste eines quadratischen Turmes, ganz im Norden die Bastion, von der aus Richtung KARITENA angreifende Truppen beschossen werden konnten. Uns bietet dieser schöne Aussichtspunkt auch einen ersten Blick hinab zum **Lousios-Fluss**, der westlich unseres Aussichtspunktes in den **Alfios** mündet.

Nach einem Bummel durch KARITENA verlassen wir es "durch die Hintertür", turnen in Schleifen hinab zum **Lousios**; das Sträßchen ist nur noch schmal, zwar geteert, hat aber Schlaglöcher bis zu LKW-Reifen-Größe.

Ein "modernes" Brückchen leitet uns über den Fluss (nebenan können Sie noch das "antike", natursteingemauerte Vorgängermodell begucken), dann beginnen wir nach der Schotterwegabzweigung Richtung **Gortis** Ausschau zu halten, aber sie kommt und kommt nicht. Schließlich stehen wir als unentschlossenes Verkehrshindernis auf der Straße rum – und wie bestellt naht die Auskunft in Form eines PKW mit deutschsprechendem Griechen: „Bitte nehmen Sie nach Gortis die Straße über Elliniko!“ ist sein dringender Rat, den er im Laufe des Gesprächs mehrmals wiederholt; ich aber interessiere mich nur für die Zufahrt, die wir die ganze Zeit schon suchen. „Der Klügere gibt nach!“ sagt sich unser Grieche, steigt ins Auto und winkt uns hinter sich her. Weiter und weiter entfernt sich die Straße in aufsteigenden Schleifen vom Fluss. Nach genau 4500 m (seit der Brücke) setzt das Auto vor uns den rechten Blinker, eine Hand deutet auf ein kleines, verrostetes Schild: Gortis!
Was soll's, sagen wir uns, probieren geht über studieren und rollen auf der Schotterpiste bergab.
Knapp 3500 m turnen wir abwärts; das Schotterpistchen wird nicht besser, hat an manchen Stellen sandige, rutschige Passagen, ist an anderer Stelle durch einen Quell versumpft, zweimal quälen wir uns an abgerutschen Engstellen vorbei – und geloben jedesmal, für den Rückweg die bessere Strecke über ELLINIKO zu nehmen!
Freudig begrüßen wir das Flüsschen im Tal, eine Kapelle (Foto) verheißt uns höheren Beistand, dann stehen wir erschüttert vor einem winzigen Maultierbrückchen – da kommen wir doch nie im Leben hinüber!?

Aussteigen, statische Berechnungen – sieht sehr massiv aus!
Wo ist das Maßband? Breitenmessung: 2,17 m an der engsten Stelle zwischen dem kniehohen Natursteingemäuer – unser WOMO hat 2,10 m; aber der Platz zum Ausholen und Parallelstellen ist sehr knapp.
Schließlich werfe ich einen letzten Blick auf die Kapelle, Waltraud steht auf der Brücke, als müsse sie per Handzeichen den allerletzten Versuch leiten, die Versorgungskapsel an die Raumstation anzudocken, los geht's.
Millimeter für Millimeter taste ich mich vorwärts, achte nur auf Waltrauds Fingerspitzen, halte ab und zu an, um einen Blick durchs Fenster zu werfen – puhhh!
Jetzt kommt der Mittelknick des Mulibrückchens – und der Ducato hat einen langen Radstand! Ich sehe mich schon wie eine hilflose Schildkröte auf der Blechdose, aber nichts schleift, mir läuft der Schweiß in die Augenwinkel.
Jetzt, am Ende der Brücke, ein abgerutschtes Wegstück. Ich kann mich nicht mehr beherrschen, gebe Gas, Waltraud springt entsetzt zur Seite – geschafft!

Hinweis: Inzwischen ist das Brückchen durch Barrieren für den Autoverkehr gesperrt.

Hinter der Poligenis-Brücke liegt, wie eine paradiesische Empore, ein ebener Parkplatz, der Blick von der Hecksitzgruppe fällt direkt hinein in die **Lousios-Schlucht**, steigt hinauf zu einer kleinen, rotgedeckten Kapelle auf dem Kamm. Ich kann schon wieder an andere Dinge denken ....

Diese Schilderung wird Sie sicher in Ihrem Vorhaben bestärken, **Gortis** über ELLINIKO anzufahren. Sie biegen folglich an der Straßenkreuzung rechts, dann kommen 8 km Schleifen bergan bis zum Dorfplatz von ELLINIKO (hier und am Ortsschild **Brunnen** rechts). Auf ihm folgen Sie nach links dem Wegweiser "River Lousio" und rollen, vorbei an renovierten **Ziehbrunnen**, sich an einer Gabelung links haltend, 6 km hinab zum Parkplatz über dem Fluss.

(164) WOMO-Wanderparkplatz: Gortis/Lousios-Schlucht
GPS: N 37° 32' 22.2" E 22° 02' 46.9" **Max. WOMOs:** 2.
Ausstattung/Lage: Wanderweg, Schattenplätze am Fluss/außerorts.
Zufahrt: s. Text.
Hinweis: 500 m hinter der Brücke flussauf große Tafel mit Karte und Wanderhinweisen.

Wann Sie am **Lousios** angekommen sind, spielt keine Rolle, denn hier gibt es viel zu tun; unsere Schluchtenwanderung zum alten Kloster **Agios Johannis Prodromou** (Kloster des Heiligen Johannes des Täufers) sollten Sie aber unbedingt am frühen Morgen beginnen. Folglich könnten Sie zunächst Ihre Campingmöbel vor der Brücke links zum **Lousios** hinabschleppen, denn dort wartet unter Platanen ein paradiesischer Sommerfrische-Platz auf Sie, ein herrliches Fleckchen zum Lagern, Träumen, Lesen, ..., ...
Der Fluss ist allerdings eiskalt, selbst beim Ausspülen der salzigen Badetücher bekommt man blaue Finger.

Aufwärmen kann man sich beim Bummel durch das antike Kurbad! Wir spazieren wieder über die Brücke zurück, steigen halblinks eine Böschung empor und erblicken **Gortis, das Götterbad!**

Gortis, hier wurde Zeus nach seiner Geburt gebadet

Richtig, Zeus wurde bereits kurz nach seiner Geburt im **Lousios** gebadet, folglich heißt Badefluss auf griechisch auch Lousios Potamos – und was Zeus gut tat, kann ja den Menschen nicht schaden ....

Seit dem 2. Jahrh. v. Chr. existierte hier ein Heilbad mit Tempeln, einer Säulenwandelhalle (Stoa) und natürlich den Badeanlagen, deren Reste auch heute noch sehenswert sind. Besondere Rätsel gibt mir das halbrunde Sitzbad mit den einzelnen Badekammern auf – aber heute haben wir eben völlig andere Badesitten!

Vergessen Sie auch nicht einen Blick auf die "Brückenkapelle" zu werfen, die **Agios-Andreas-Kirche** aus byzantinischer Zeit; neben einfachen Ikonenbildchen entdecken Sie sicher einige Säulenreste aus Gortis.

Nach einer rauschenden Nacht (ich meine das Rauschen des **Lousios**) und einem gemütlichen Frühstück stapfen wir gegen 8 Uhr wieder über das Brückchen (griffige Turnschuhe und Feldflaschen sind ausreichend als Wanderausstattung) und folgen einer roten Wandermarkierung flussaufwärts. In der ersten Linkskurve (bei der Wandertafel) verlassen wir die Fahrstraße, stapfen auf einem Ziegensteig weiter in die Schlucht hinein. Die Wände werden immer steiler und höher, rücken näher zusammen. Unser Pfad führt trotzdem bequem am Schluchtrand entlang, steigt fast zum Schluchtgrund ab, unter uns tost der **Lousios** über Felsen, zwängt sich durch manche enge Klamm.

Nach 1/2 Stunde überqueren wir auf einem schmalen, aber stabilen Bretterbrücken den Fluss und ersteigen die andere Hangseite, Serpentine für

Serpentine, schattige Steineichen helfen, die Schweißausbrüche in Grenzen zu halten.
Nach 20 Minuten Aufstieg haben wir des **Prodromou-Kloster** erreicht, es klebt wie das **Mega-Spileo-Kloster** bei KALAVRITA an den rußschwarzen Felsen des Berghanges. Seit dem 16. Jahrhundert leben hier Mönche in der Einsamkeit; jetzt ist an die alten Gemäuer ein Gästehaus angebaut worden – aber mit dem Auto vorfahren kann man immer noch nicht. Wir betreten durch ein braunes Metallgittertor mit weißen Kreuzen den schattigen Klosterhof (mit **Brunnenwand**), werden ins Innere gebeten, bekommen die winzige Kirche (2,25 x 5 m) in einer Felsenhöhle gezeigt (datiert 1167); vom Balkon des Gästehauses hat man einen weiten Blick in die Schlucht und hinüber zu den **Philosophenklöstern** an der anderen Hangseite.

Kleine Tässchen mit Kaffee werden vor uns hingestellt, eine Bezahlung lehnt man ab. Wir wenden uns wieder den Fresken an den Außenwänden der winzigen Klosterkirche zu, sie sind besonders gut erhalten; die Klosterschätze schleppten 1834 (nach der Klosterreform) die bayerischen Soldaten König Ottos weg. Das Beinhaus mit den (durchnummerierten) Köpfen der "Ehemaligen" liegt in der Etage über dem Kirchlein.

Wir kehren nicht zu dem markierten Wanderweg zurück, sondern marschieren direkt unterhalb des Klostergebäudes nach links (flussabwärts). Am Fuße einer Steilwand entlang und dann in Serpentinen nach oben (immer noch im Schatten des Berghanges) erreichen wir nach 10 Minuten ein Parkrund am Ende der Fahrstraße, benachbart liegt das weiß/rote Kirchlein, das wir schon von unserem Brückenparkplatz aus erspäht hatten. Kühn thront es auf der Kante, integriert in den Baukörper ist ein Schutzraum, auf der Talseite zieht sich eine Aussichtskanzel hin, die den gigantischsten Blick über unseren ganzen Wanderweg freigibt: Vom **Kloster Prodromou** über den gewundenen Schluchtverlauf bis zum antiken **Gortis**, dem Brückchen und unserem winzigen, weißen WOMO.

Unser Tipp: Dieser Platz ist ein guter Ausweichübernachtungsplatz, falls am Lousios alles voll sein sollte!
Die Fahrstraße führt uns ein paar Schritte aufwärts, dann gabelt sie sich. Links geht's zum Bergdorf STEMNITSA; wir halten uns rechts (abwärts) Richtung ELLINIKO.
Herrlich bequem ist es, die Fahrstraße hinabzuschlendern; nach jeder Serpentine bietet sich uns ein neuer Blickwinkel, während wir uns langsam dem Talgrund nähern.
Unten angekommen wenden wir uns an der Gabelung scharf rechts und 10 min. später sind wir an unserem WOMO; der ganze Schluchten-Kloster-Wanderspaß hat also nur drei Stunden gedauert.
Trotzdem haben Sie unser vollstes Verständnis, wenn Sie den restlichen Tag (wie wir) faulenzend am frischen **Lousios** verbringen ....

Über ELLINIKO kehren wir – mit Blick auf die dampfenden Kühltürme des Braunkohlekraftwerkes in der Ebene von Megalopolis – zur Hauptstraße zurück, ziehen unterhalb von KARITENA weiter nach Westen, überqueren den **Alfios** (Brunnen!), unser nächstes Ziel ist ANDRITSENA.
Auf und ab geht es mal wieder in unaufhörlichem Wechsel seit wir das Tal des **Alfios** verlassen haben. Die Straße ist frisch geteert, aber kräftige Ginsterbüsche wachsen schon in die Straße hinein – und durch den Teer hindurch. Wieviel "Unterbau" wird die Teerdecke wohl haben?
Plötzlich, ich trete wie wild in die Bremse, die Reifen qualmen auf dem Asphalt – die Straße fehlt!
Quietschend kommt das Fahrzeug zum Stehen, zwei Meter vor uns geht es senkrecht in den Abgrund. Ein Erdrutsch, ausgelöst durch die Wasserfluten eines der seltenen Sommergewitter, hat die Straße unterspült. Die schwache Asphaltdecke, oder was von ihr übriggeblieben ist, hängt wie ein Lappen nach unten. Sicher, man hat "aufwendige" Maßnahmen ergriffen, um den Autofahrer zu warnen! Rings um das fehlende Straßenstück liegen Felsbrocken verteilt – Verkehrszeichen auf griechisch!
Vorsichtig umrunde ich den Abgrund: Auch der verbliebene Straßenteil ist unterspült, der Asphalt in Falten gelegt wie ein zerknautschtes Handtuch. Wesentlich langsamer, mein Puls geht nur zögernd auf normale Frequenz zurück, tuckern wir die restlichen Kilometer bis ANDRITSENA (in Thisoa rechts und knapp 8 km später, bei »km 39,4« kräftiger **Brunnen** links neben einer Schattenplatane mit Sitzbank).
Das malerisch-gemütliche ANDRITSENA wird auf sehr schmaler Bahn durchquert. Tavernen laden zur Rast ein, einen **Parkplatz** findet man in der Ortsmitte rechts steil unterhalb der Straße [N 37° 29' 3.1" E 21° 54' 20.5"]. 50 m später links eine Platane, aus deren Stamm ein Wasserrohr ragt.
Ein riesiges Hinweisschild zeigt am Ortsende nach links: APOLLON EPIKUROS, der **Apollontempel von Bassai**.

Noch 13 km geht es auf einer allerdings gut ausgebauten Straße hinauf in ein völlig einsames Bergland. Plötzlich, wie selbstverständlich, erhebt sich der langgestreckte Bau des Tempels in der steingrauen Landschaft, denn das Baumaterial wurde der Umgebung entnommen.

Bassai, Apollontempel

420 v. Chr. wurde er von den Bewohnern des **antiken Phigalis** errichtet, zum Dank für die Errettung von der Pest, deshalb auch seine Weihung an »Epikoúrios«, den Hilfebringenden.
In christlicher Zeit hatte man seine Existenz fast vergessen, da er einsam in der wilden Berglandschaft Westarkadiens stand. Natürlich hatte auch ihn ein Erdbeben zum Einsturz gebracht, aber niemand hatte die Steinmassen gebrauchen können.
Einer der ersten Besucher der Neuzeit war der estländische Freiherr von Stackelberg, der seine diplomatische Laufbahn den Kunsten geopfert hatte. Die Dorfältesten von Andritsena versuchten ihn zwar vom Besuch des Tempels abzuhalten, die "Säulen" würden von Barulli, einem schrecklichen Räuberhäuptling, heimgesucht, aber er ließ sich nicht abschrecken (auf der Heimreise wurde von Stackelberg wirklich von Banditen ausgeplündert, monatelang verschleppt und erst gegen ein Lösegeld von 10000 Piaster freigelassen). In seinem Tagebuch lesen wir über seinen Besuch beim Tempel von Bassai:

"Am Rande tiefer Bergschluchten, in denen die Neda entspringt, steht auf dem Berge Kotylios in Arkadien der verfallene Tempel des Apollo Epicurius. Die jähe Tiefe, die er überragt, ist in den Windungen der Schluchten an Quellen mit Platanen, an Berghängen mit Eichwäldern bedeckt. Aus den dunklen, schattigen Abgründen erheben sich nackte, graue Felsrücken, über welche häufig Adler kreisen. Regenströme haben in der Zeiten Dauer tiefe Furchen diesen uralten Gebirgen eingegraben, ihre durch Verwitterung zerschellten Gipfel Steingerölle in die Furchen gehäuft. Die Pfade verlieren sich in der Wildnis der Gebirgsgegend; vor Alter niedergestürzte Stämme und Gießbäche sperren den Zugang; überall stellen sich Schwierigkeiten und Beschwerden der Annäherung zu dem Tempel entgegen.
Hier in der wilden Umgebung von Felsgruppen und hohen Eichen über-

raschen noch jetzt die Gebilde vollendeter Kunst, die geregelten, zierlich gearbeiteten Säulen des Tempels; deren glänzende Weiße, durch das dunkle Laub der Bäume gehoben, einen sanften Schimmer verbreiten, wie die edle Reinheit ihrer Formen ein stilles Behagen erweckt."

Wir parken unterhalb des Tempels, der während der schon lange andauernden Rekonstruktionsphase in ein Schutzzelt gepackt wurde (nicht unähnlich dem verhüllten Berliner Reichstag).

(165) WOMO-Stellplatz: Bassai

GPS: N 37° 25' 46.6" E 21° 54' 03.2"; 1114 m. **Max. WOMOs:** >5.
Ausstattung/Lage: Mülleimer/außerorts. **Zufahrt:** s. Text.

Wir steigen zum Tempel hinauf, dessen gewaltige Ausmaße unter dem Schutzdach kaum zu ermessen sind. Seine Basis ist durch die vielen Erdbeben verschoben und wird in mühevoller Arbeit (und mit viel Beton) stabilisiert. Haben Sie Geduld mit den Restauratoren.
Einst wird er wieder frei in seiner Landschaft stehen in der unglaublichen Harmonie, mit der sich Natur und Kunstwerk vereinen – nach Bassai gibt es auf der westlichen Peloponnes keine Steigerung mehr.

Bassai, 1985

Die Asphaltstraße, die uns zum **Apollon-Tempel** geführt hat, setzt sich als 45-km-Direktverbindung zur Küste bei THOLO fort. Die Bahn ist bequem zu befahren, aber sehr kurvenreich, weil sie jede Schlucht umrundet. Häufig ist mit Steinen auf der Straße zu rechnen!
Ihre Stationen zunächst in aller Kürze:
Bassai bei »km 0«. Bei »km 6,0« passieren wir DRAGOGI (links unterhalb der Straße), bei »km 10,5«, in PERIVOLIA, großer **Brunnen** links unterhalb der Straße.
Wander- und Süßwasserbadefreunde aufgepasst! Links unterhalb von uns fließt die **Neda** in einer traumhaften Schlucht mit Wasserfällen und Badegumpen. Wie man da hinkommt, erklärt Ihnen unser Leser Gianni:

Da wir letztes Jahr diese Wasserfälle auf unserer Womotour erwandert haben, kann ich euch einige Tipps geben: Im Ort **Perivolia** links abbiegen nach **Figalia**.
Wir sind dort abends angekommen und haben direkt vor der Kirche (die Straße ist gepflastert und relativ breit) übernachtet. Von hier aus geht ihr die Straße weiter bergab. Bei einem Brunnen (nach 50 m) ist eine Übersichtskarte mit den Nedawasserfällen angebracht. Es gibt die Aspro Nero- und die Stomio-Wasserfälle. Direkt von diesem Standort gingen wir der Weg M2 hinab zu den Aspro Nero-Wasserfällen (1,5 km/45 Minuten). Auf der Übersichtskarte sahen wir, dass man dann flussabwärts (2,5 km) zu den Stomiofällen kommen kann. Das gaben wir aber nach 500 m auf, weil man ständig von einen Ufer zum anderen springen musste und es auch immer enger und verwachsener wurde. Also wieder zurück bis Figalia, und mit dem Womo zurückgefahren bis an den Ortsanfang (Ausgrabungsstätte) zu dem Wanderwegsbeginn M1.

Von hier Richtung Süden laufen, dann sieht man schon die Schilder Stomio Waterfalls. Nach einer Stunde (ca. 3 km) sind wir in einem Paradies angekommen. Badesachen und genügend Getränke für den anstrengenden Rückweg mitnehmen!
Der Aspro-Wasserfall ist zwar einiges höher, dafür gibt es an den Stomio-Fällen zwei riesige, zum Baden hervorragend geeignete Becken (Wassertemperatur 17 Grad!), sehenswert sind beide Wasserfälle.

Bei »km 20« durchqueren wir PETRALONA.
Bei »km 29« in NEA FIGALIA (100 m nach dem Ortsschild rechts bester **Brunnen** [N 37° 26' 43.7" E 21° 46' 41.9"] der Strecke!).
Bei »km 36« durchqueren wir LEPREO (Ortsmitte guter **Brunnen** rechts), bei »km 43« passieren wir ein "Schrottmuseum" (mit Olivenölverkauf) und bei »km 43,8« stoßen wir auf die >E 55< bei THOLO – und sind somit zurück auf unserer Tour 8.

KARTE TOUR 10 + 11

TOUR 10 (160 km / 2-4 Tage)

Pirgos – Skafidia – Kourouta – Roviata – Savalia – Pinios-Stausee – Vartholomio – Kastro

Freie Übernachtung:	P. Skafidia, P. Marathea, P. Roviata, P. Savalia, P. Paleohori, Pinios-Stausee, P. Vartholomio, Loutra Killinis, P. Kastro.
Trinkwasserstellen:	u. a. P. Skafidia, P. Paleohori, Keramidia, P. Vartholomio.
Campingplätze:	Palouki, Kourouta, Glifa, vor Kastro.
Baden:	P. Skafidia, P. Marathea, P. Roviata, P. Savalia, P. Paleohori, Pinios-Stausee, P. Vartholomio, Loutra Killinis, P. Kastro.
Besichtigungen:	Pinios-Stausee, Aulis.

Das Küstengebiet zwischen PIRGOS und PATRAS ist topfebenes Schwemmland, fruchtbar und kulturell weitestgehend uninteressant. Zu allem Überfluss führt die "Küstenstraße" >E 55< auch noch im 5-km-Abstand vom Meer durch die endlosen Tomatenfelder. Wie sollen wir jetzt noch ein schönes Plätzchen finden? Man erzählt doch wahre Wunderdinge von den weiten Dünenstränden der nordwestlichen Peloponnes!

Suchen Sie keinesfalls im Einzugsbereich von PIRGOS!

Nicht, weil diese gesichtslose Provinzstadt besonders berüchtigt ist wegen ihrer häufigen Erdbeben und einer leicht rabiaten Leidenschaftlichkeit ihrer Bewohner – im Sandstrandbogen zwischen **Alfios**-Mündung und **Kap Katakolo** haben wir bereits alles abgefahren: Beginnend neben einer Müllkippe 1 km nördlich der **Alfios**-Mündung, wo auch flüssige Abfälle direkt in einen zum Meer ziehenden Entwässerungsgraben eingeleitet werden, ziehen sich endlose Ferienhauskolonien am Strand entlang – und zwar in dichtgepackten Dreier- bis Zehnerreihen hintereinander!

Wir bleiben auf der >E 55< und verlassen sie erst 4 km nordwestlich von PIRGOS bei der ampelgeregelten Abzweigung KATAKOLO/SKOUROHORI bei »Straßen-km 91«.

Nach 300 m überqueren wir die Bahnlinie, nach 1000 m biegen wir rechts ab nach SKOUROHORI, das wir nach 3,6 km erreichen.

Am Ortsende von SKOUROHORI schwenken wir rechts nach SKAFIDIA, an dem wir nach 6,7 km rechts vorbeifahren. Dann passieren wir noch die Abzweigung zum **Kloster Skafidias** (rechts) und rollen nach genau 8 km auf einem großen Parkplatzrund aus. Im Rücken haben wir die Gaststätte "Scafidia Beach" mit Dusche und einem kleinen Kinderspielplatz und links geht es hinab zu einem (wirklich) süßen, kleinen Sandstrand, flankiert von bizarren Felsen.

(166) WOMO-Badeplatz: "Skafidia Beach"

GPS: N 37° 42' 00.0" E 21° 19' 02.5" **Max. WOMOs:** 3-4.
Ausstg./Lage: Sandstrand, netter Tavernen-P, Dusche, Wasserhahn/bei Gaststätte.
Hinweis: Gelegentlicher Gaststättenbesuch sollte selbstverständlich sein!
Zufahrt: siehe Text.

Das Stellplatzangebot auf dem Parkplatzrund ist nicht berauschend – aber es gibt ja Kostas Papadopoulos, den Besitzer der Gaststätte! Nach kurzer Erläuterung der WOMO-Bedürfnisse stellt er allen unseren Lesern seine große Parkplatzwiese mit Schattenbäumen und allen Einrichtungen kostenlos zur Verfügung.

Gaststätte "Skafidia Beach"

Übrigens: Seine Küche kann sich sehen bzw. kosten lassen!! Die nächste Sandbadestrandabzweigung von der >E 55< kommt ca. 10 km weiter im Norden, bei »km 80,0« (Wegweiser: PALOUKI.

Dort kommen mal wieder die Campingplatzfreunde auf ihre Kosten, denn die Stichstraße endet nach 2,2 km direkt zwischen Camping "Paradise" und Camping "Palouki".

(167) WOMO-Campingplatz-Tipp: "Palouki"

GPS: N 37° 45' 14.4" E 21° 18' 22.5" **Öffnungszeiten:** 1.4.-30.10.
Ausstattung/Lage: schön schattig, Sandstrand; Laden, Gaststätte/im Ort.

(167a) WOMO-Campingplatz-Tipps: "Paradise"

GPS: N 37° 45' 27.2" E 21° 18' 16.8" **Öffnungszeiten:** ganzjährig
Ausstattung/Lage: schön schattig, Sandstrand, Laden, Gaststätte/Ortsrand.

Auf einer Prachtavenue können wir 500 m hinter dem Strand direkt nach KOUROUTA weiterrollen, dort stoßen wir auf einen Kreisverkehr, links geht's zum Camping "Kourouta".
Wir halten geradeaus weiter, passieren die Zufahrt zum Camping "Municipal". Jetzt stoßen wir auf eine Querstraße, die von MARATHEA her kommt. Wir folgen ihr nach links und landen an einem Sandstrand mit Taverne und Dusche, die von einer Zisternenpumpe betrieben wird, nachdem wir die Küstenpineta durchquert haben:

(168) WOMO-Badeplatz: Paralia Marathea

GPS: N 37° 46' 47.1" E 21° 16' 57.3" **Max. WOMOs:** 3-4.
Ausstattung/Lage: Sandstrand, Schatten (in der Pineta), Taverne, Zisternenpumpe, Dusche/außerorts.
Zufahrt: siehe Text.

Von den vorderen Stellplätzen haben wir einen wunderschönen Blick auf das freie Meer, in dem, wie auf Bestellung, hinter einer schmalen Dunstschicht die Sonne violett verglühend versinkt (weiterer Platz 600 m weiter links [N37° 46' 34.8" E21° 17' 12.5"]).
1500 m weiter auf der >E 55< kommt bei »km75,0« die nächste Kreuzung, nach ROVIATA geht's rechts, nach links zeigt ein Pfeil mit der Aufschrift "Paralia/Beach".
Wir fahren direkt neben einem schilfbestandenen Flussbett Richtung Strand auf bequemer Teerbahn. Nach 4 km stehen wir neben der Mündung des Flüsschens, das durch den Sandstrand zum Meer sickert.

(169) WOMO-Badeplatz: Paralia Roviata

GPS: N 37° 47' 18.7" E 21° 16' 14.9" **Max. WOMOs:** 3-4.
Ausstattung/Lage: Sandstrand, Dusche mit Wasserhahn, "Freiluft"klo, Taverne/außerorts.
Zufahrt: siehe Text.

Diesmal sind es nur 1200 m bis »km 73,8« auf der >E 55<! Rechts liegt SAVALIA – und links geht es (hätten Sie's vermutet?) zum "Beach". Nach 200 m knickt die Teerstraße nach links (Süden) ab und schwenkt nach weiteren 700 m wieder nach rechts (Westen). Nach 4500 m, in der Pineta, biegen verschwiegene Schotterpisten nach rechts und links ab, geradeaus endet die Teerstraße nach weiteren 500 m an einem großen Parkrund mit feinem Sandstrand (ohne jegliche Einrichtungen):

(170) WOMO-Badeplatz: Paralia Savalia

GPS: N 37° 47' 49.6" E 21° 15' 19.7" **Max. WOMOs:** 3-4.

Ausstattung/Lage: Sandstrand, etwas Baumschatten, Mülleimer/außerorts.

Wie werden Sie den Platz antreffen?

2012

2016

Hier sind ein paar Worte zu den ständigen Strandveränderungen angebracht. Wer einmal einen Herbst- oder Wintersturm an der Peloponnesischen Küste erlebt hat, der wundert sich nicht mehr, wenn er beim nächsten Besuch einen Strandabschnitt nicht wieder erkennt. Gerade die langen Sandstrände im weiten, flachen Schwemmland des Pinios sind den Winden schutzlos ausgeliefert. Während sich ein Strandbesucher über den "Zuwachs" an seinem Sandstrand freut, ist vielleicht ein Kafenionbesitzer nur wenige Kilometer entfernt darüber entsetzt, dass sein gerade frisch asphaltiertes Sträßchen, von den Brechern abgenagt, im Meer versinkt.

Wir haben auch die Seitenwege ausprobiert. Der linke endet, gut befestigt, nach 600 m an einem völlig einsamen Seitenstrand [**170a:** N 37° 47' 37.1" E 21° 15' 46.0"]. Hier sind Sie der einzige ....

Der rechte passiert ebenfalls nach 600 m die Abzweigung zu einen einsamen Sandstrand [**170b:** N 37° 47' 56.8" E 21° 15' 06.0"] mit Taverne ?, um dann im Zickzack direkt zum Badeplatz Paleohori zu führen.

700 m weiter auf der >E 55< geht es bei »km 73,1« links nach PALEOHORI. Nach 2000 m durchquert man den Ort, nach 4500 m passieren wir ein Militärgelände und nach genau 5 km haben wir den Sandstrand erreicht mit kleiner Kirche (dort Wasserhahn), Kinderspielplatz, Taverne ...

Wendet man sich am Strand rechts und überquert die alte, aber stabile Metallgitterbrücke, so gelangt man zu weiteren Stellplätzen mit Taverne und Duschen.

(171) WOMO-Badeplatz: Paralia Paleohori

GPS: N 37° 48' 23.4" E 21° 14' 08.5" **Max. WOMOs:** 3-4.
Ausstattung/Lage: Sandstrand, Duschen, Wasserhahn, Mülleimer, Tavernen/außerorts.
Zufahrt: siehe Text.

Es könnte nun sein, dass der eine oder andere Leser denkt: Jetzt könnten sie (damit meint er Waltraud und mich) mal wieder etwas anderes als diese dauernden Sandbadeplätzchen beschreiben – und schon machen wir das!
Nach SAVALIA hinein überqueren wir die >E 55<. In der Ortsmitte, an der Kirche vorbei, fahren wir weiter Richtung AMALIADA. Dieses gemütliche Landstädtchen bietet reichlich Gelegenheit, das WOMO zu parken und Vorräte aufzufrischen. Dann wenden wir uns im Zentrum links (Wegweiser: HAVARI), verlassen den Ort vierspurig nach Norden.

Geradewegs eilt die Hauptstraße durch CHAVARI. 1500 m später liegt rechts, etwas abseits der Straße, ein Picknickplatz [N37° 51' 30.0" E21° 24' 9.2"] mit überdachter Sitzgelegenheit, **Brunnen** und Grillstelle unter einigen Platanen und Palmen.

1500 m hinter Chavari liegt der Picknickplatz "Parco Havaro Frisis"

Rings um DAFNI sind wir plötzlich in der "Toskana": Zypressen, Gruppen dieser "Zeigefingerbäume", ja ganze Haine von ihnen verleihen der Landschaft diesen für uns so typischen Charakter; aber auch große Schirmpinien und Palmen gehören zum Landschaftsbild.

Am Ortsbeginn von KERAMIDIA sichten wir zum ersten Mal links voraus unser Ausflugsziel ins Binnenland, den riesigen, weitverzweigten **Pinios-Stausee**. Bei einer Tankstelle und einer Luxus-Brunnenwand mit zwei Marmorbecken (der Wasserhahn ist auf der Rückseite) zeigt ein Wegweiser nach links zum "Techniti Limni Piniou".

Vor AGIOS ILIAS helfen wir einer unentschlossenen Schildkröte über die Straße, halten uns im "Zentrum" bei einer weißen Betonwandecke links und haben kurz darauf die monströsen Betonflutmauern des Stausees erreicht.

Hier kann man rechts zu einem Parkplatz und von dort aus nochmals weiter (Schild: Dead End) hoch zu einem distelüberwucherten Aussichtsplateau fahren, sich einen Überblick verschaffen. Nun haben wir (durch entsprechend traurige Erfahrungen) nicht in der Hoffnung gelebt, am **Pinios-Stausee** ein lauschiges Süßwasser-Badeplätzchen zu finden. Schließlich regnet es in Griechenland sommers kaum, das gestaute Wasser wird für Bewässerungszwecke verbraucht, der abgesunkene Wasserspiegel gibt zusammengebackene, unansehnliche

Blick auf den Piniosstausee vom Aussichtsplateau aus

Schotterränder frei, die kaum zum Bade laden.
Der erste Rundblick bietet auch genau diesen Eindruck, obwohl das Gesamtpanorama durchaus sehenswert ist. Da rollt ein LKW auf der Dammkrone zu uns heran – da kann man hinüber?! Wir turnen zur Fahrstraße zurück, überqueren nach rechts den Ausfluss des Stausees, umrunden die paar Häuser von KENTRO, lassen uns von der elegant geschwungenen Zufahrt auf die Dammkrone leiten, sausen auf ihr genau 2000 m bis zu ihrem Nordende.

Fahrt über den Staudamm (es kann auch regnen in Griechenland)

200 m später rechts endet die Straße bei einer Eukalyptusbaumgruppe weit oberhalb des Wasserspiegels. Hier kann man bei schönster Panoramasicht eben parken und übernachten und

zum Wasser hinabsteigen – denn die steile Fahrt hinab zum See wird uns durch einen Dreckwall auf der Straße verwehrt (sehr unfreundlich!).

(172) WOMO-Badeplatz: Pinios-Stausee

GPS: N37° 54' 45.2" E21° 26' 36.0" **Max. WOMOs:** 2-3.

Ausstattung/Lage: Kiesstrand, Bademöglichkeit, Baumschatten/außerorts.

Eine lange Kieszunge führt links ins (saubere) Wasser, und wir haben die Qual der Wahl, ob wir steil (linker Zungenrand), flach (rechter Zungenrand) oder ganz flach (Zungenspitze) ins etwas milchig-türkisfarbene 27-Grad-Wasser hineingleiten wollen. Die gute Qualität des Wassers bekommen wir auch praktisch vorgeführt! Gegen Abend haben wir uns nach reichlichem Badespaß wieder auf das aussichtsreiche Eukalyptusbaumplateau zurückgezogen, faulenzen auf unseren Campingliegen und schauen per Fernglas den weidenden Schafherden auf den Halbinseln am Seeufer zu. Da, als hätten sie sich verabredet, brummen nacheinander drei PKWs vorbei, rollen hinab zum Seeufer. Ein Zelt wird aufgebaut, Anglerutensilien werden ausgeräumt, ein Grill wird zusammengesetzt (haben die einen Optimismus) – und dann staunen wir, wie nach und nach die Grillzutaten aus dem See gezogen werden.

König Augias, der König von Aulis, blickte voll Verwunderung auf den herrlichen Helden, der, angetan mit der Löwenhaut, vor ihn trat und sich anbot, seinen Viehhof auszumisten. Wie kann ein so edler Krieger sich zu solch gemeinem Dienst erniedrigen?
Dass aber der Held die Arbeit an einem Tag schaffen werde, konnte sich der König nicht vorstellen. Er versprach ihm den zehnten Teil seines ganzen Viehbestandes als Lohn, wenn er seine Aufgabe erfüllen werde.
Herakles hatte aber nicht in Sinne, sich durch die Knechtsarbeit zu demü-

tigen und den Mist herauszukarren. Mit mächtigen Griffen riss er die zwei Seiten des Viehhofes auf, leitete den nahen Fluss Pinios, der mit mächtigem Schwunge von den Bergen strömte, in einem Kanal herzu und ließ die ungeheuren Mistberge durch die Fluten fortspülen. Überrascht blickte Augias auf dieses Tun.

Wir waren über den Staudamm wieder zur Fahrstraße zurückgekehrt, rollen nun neben den breit und schnell strömenden Fluten in einem Bewässerungskanal wieder nach Westen, auf die Küste zu. Wir durchqueren AG. DIMITRIOS, kurz darauf wechselt der breite Bewässerungskanal von rechts nach links (ob er wohl noch von Herakles stammt?).
3 km später haben wir das antike **Aulis** (ILIS) erreicht oder besser gesagt, was von ihm erhalten ist. Die Funde aus dem weitläufigen Grabungsgebiet wurden in dem neuen **Museum** zusammengetragen, zu dem man noch vor den Ausgrabungsstätten links hinauf fährt [N37° 53' 8.8" E21° 22' 59.4"].
Wir bestaunen zwei sehr schöne, kreisförmige Mosaikbilder, Statuen, Säulenreste, Münzen, bewacht von grimmigen Wächterinnen, die schon beim Anblick meiner Photoausrüstung die Stirn in Zornesfalten legten: „No foto!“
Erläuterungen in griechisch und englisch, offen: Di-So 8-15 Uhr, der Parkplatz erscheint uns übernachtungsgeeignet.
Zurück auf der Hauptstraße sichten wir nach 500 m rechts das alte Museum, dahinter geht man ein paar Schritte zum antiken

Aulis, Theater

Theater, von dem allerdings nur der innerste Teil erhalten ist. Dann führt uns die Straße mitten durchs Ausgrabungsgelände hindurch, bevor wir das neuzeitliche ILIS erreichen.

Die Tomatenernte ist auch in der **Pinios-Ebene** im vollen Gange; dabei bedient man sich folgender Technik: Zwei junge Burschen gehen voran, reißen die Pflanzen samt der Wurzeln heraus, schütteln die reifen Früchte ab und werfen das Laub auf einen Anhänger. Hinter ihnen schleppen die Alten (meist Frauen) orangefarbene Plastikkisten herbei und füllen sie mit der roten Pracht. Je nach Verwendungszweck werden die Kisten auf Anhängern gestapelt oder in riesige Sattelschlepper entleert, die die rote Fracht direkt zu den Ketchup- und Tomato-al-gusto-Fabriken transportieren – noch nie habe ich solche endlosen Mengen von Tomaten gesehen!

Genau nach 21 km seit unserem Aufbruch am Stausee überqueren wir die >E 55< und fahren geradeaus weiter Richtung GASTOUNI/VARTHOLOMIO.

4800 m jenseits der Schnellstraße überqueren wir letztmals den **Pinios**, haben 200 m später VARTHOLOMIO erreicht, biegen links. 100 m später liegt links der Friedhof; die Hauptstraße schwenkt an ihm vorbei nach rechts!

Rollt man geradeaus weiter nach Süden (über KALIVIA), so gelangt man zu total einsamen Stränden westlich der Pinios-Mündung.

(173) WOMO-Badeplatz: Paralia Kalivia

GPS: N 37° 48' 44.8" E 21° 13' 15.3" **Max. WOMOs:** 3-4.

Ausstattung/Lage: Sandstrand/außerorts. **Zufahrt:** 5 km durch Kalivia nach Süden auf Asphalt, dann vor Gedenkkirchlein rechts 700 m durch die Pineta.

Biegt man am Friedhof (der Hauptstraße folgend) rechts und erst nach 300 m (den Wegweisern folgend) links nach Süden, so landet nach genau 5500 m an einem "gut vermarkteten Strandabschnitt". Kinderspielparadies, zwei Strandrestaurants, umgeben von Bananenstauden und Tamarisken, Tretbootchen und Surfbretter kann man mieten – und auf betonierten Parkplätzen das WOMO abstellen (uns ist der Trubel etwas zu üppig).

(174) WOMO-Badeplatz: Thinon Beach

GPS: N 37° 49' 14.1" E 21° 11' 57.4" **Max. WOMOs:** 3-4.
Ausstattung/Lage: Sandstrand, Duschen, Wasserhahn, Strandtavernen/außerorts.
Zufahrt: siehe Text.

Wir kehren nach Norden bis VARTHOLOMIO zurück, schwenken dort nach Westen ein – die westlichste Spitze der Peloponnes mit dem **Heilbad Loutra Killinis** ist unser nächstes Ziel. 5 km weiter nehmen wir nach links die Abzweigung nach GLIFA. Im Ort schwenken wir beim **Brunnen** rechts, erreichen nach 1000 m die Abzweigung zum Camping "Aginara Beach":

(175) WOMO-Campingplatz-Tipp: "Aginara Beach"

GPS: N 37° 50' 18.0" E 21° 07' 47.4". **Öffnungszeiten:** ganzjährig.
Ausstattung: schön schattig, Sandstrand; Laden, Gaststätte, ortsfern.

Ignoriert man die Zufahrt zum Campingplatz und rollt hinter den Dünen 2 km nach Westen, so kommt man zum Örtchen ARKOUDI, dessen enge Gässchen man nicht auf WOMO-Tauglichkeit testen sollte. Aber am Ortsende kann man den riesigen Parkplatz [N 37° 50' 53.6" E 21° 6' 41.5"] beehren und vor ihm links in 2 min. zum schönen Sandstrand spazieren.
Frisch gebadet, landen wir bald zwischen den Betonburgen von **Loutra Killinis**.
Aber was ist hier passiert? Hat auch das griechische Gesundheitswesen eine Finanzkrise?

Nur ein einziges Hotel hat die Krise bisher überstanden. Einziges Anzeichen des Kurbetriebes ist ein altes Mütterchen, das uns mit total schlammverschmierten Beinen an der Straße entgegenkommt. Bei der Weiterfahrt entdecken wir links der Straße einen (geschlossenen) Rundbau, das ehemalige Kaltbad (dahinter die Reste der römischen Badeanlagen) [N37° 51' 31.2" E21° 7' 0.7"].

Loutra Killinis, Selbstbedienung vor dem Kaltbad

Dort stochern die "Heilschlammprofis" in einem schwarzschmierigen Quell, streichen sich die maladen Gliedmaßen mit dem nach H_2S stinkenden Brei ein.
Nach angemessener Wartezeit, in der die altölglänzende Schmiere zu einer mattgraphitgrauen Kruste getrocknet ist, steigt man in ein improvisiertes Becken hinab, in das mit kräftigem Strahl die Hauptmenge des Quells mündet (ein Hauch von fauligen Eiern steigt auch hier auf), um die Schlammpackung wieder abzuwaschen.

Am Meer macht die Straße einen Rechtsknick, führt noch 400 m hinter dem Sandstrand entlang nach Norden. Hier gibt es schattige Parkbuchten, nur wenige Schritte muss man durch die Dünen zum Wasser spazieren. Auch am Ende der Straße kann man am Wendekreis parken.

(176) WOMO-Badeplatz: Loutra Killinis

GPS: N 37° 51' 55.2" E 21° 6' 33.0" **Max. WOMOs:** 2-3.
Ausstattung/Lage: Sandstrand/außerorts, Camping verboten. **Zufahrt:** siehe Text.

Wir wenden dem wieder erwachenden Heilbad unseren Rücken, passieren Richtung Landesinneres die Abzweigung nach rechts Richtung ARKOUDI, nehmen die nächste nach links Richtung KASTRO/ Hlemoútsi; bald ragt wachsam das **Kastro Tornése** über die Olivenbäume.

"Clair-mont", also "Heller Berg" nannte der fränkische Fürst Geoffroi II. Villehardouin sein Kastro auf dem stumpfen Hügel, seit 1223 ein weithin sichtbares Zeichen seiner Herrschaft. Dass die Griechen aus "Clair-mont" Hlemoútsi machten, zeigt, dass er ihnen kein Französisch beigebracht hat. Geoffrois Bruder Guillaume, den wir bereits von MISTRA her kennen, richtete auf der Burg eine Münze ein und prägte dort "Tournois", also Münzen, die ursprünglich in TOURS gefertigt wurden. Die Venezianer, die sowieso nur aufs Geld guckten, gaben deshalb der Burg den Namen **Tornése**, nachdem sie sie in ihren Besitz gebracht hatten.
3,3 km seit der Abzweigung haben wir die ersten Kurven hinauf zum Kastro hinter uns und einen erneuten Abstecher zum Meer vor uns. Nach 1200 m stehen wir am Tor des "Kyllini Beach Resort" vor einer weiteren Gabelung; gucken wir erst mal links! Die Entscheidung war nicht schlecht: Nach 900 m rollen wir hinter dem Dünenstrand auf einen großen Schotterplatz, umgeben von Büschen. Dahinter steigt steil eine große, goldgelbe Sanddüne an.

(177) WOMO-Badeplatz: südlich Robinson's Club Kyllini Beach
GPS: N 37° 52' 27.9" E 21° 06' 27.3" **Max. WOMOs:** >10.
Ausstattung/Lage: Sandstrand, Strandbar (dort Dusche & Wasserhahn), Mülleimer/außerorts. **Zufahrt:** siehe Text.
Hinweise: Morgens & abends Brötchen, Obst usw., in der Hauptsaison übervoll.

Wendet man sich am "Robinson's Kyllini Beach" rechts, so passiert man nach 800 m den **Camping "Melissa"** [N37° 53' 8.4" E21° 6' 47.4"] im Eukalyptuswald (direkt hinter dem Sandstrand) und erreicht nach 1200 m einen weiteren freien Strandplatz auf einem großen Plateau, 3 m über dem schönen Strand.

(178) WOMO-Badeplatz: nördlich Robinson's Club Kyllini Beach
GPS: N 37° 53' 20.9" E 21° 06' 40.6" **Max. WOMOs:** >10.
Ausstg./Lage: Sandstrand, Wasserhahn, Dusche, Toilette, Taverne/außerorts.
Zufahrt: siehe Text. **Hinweis:** In der Hauptsaison übervoll.

Fährt man auch an diesem Platz vorbei, so erreicht man am Ende der Straße, nach weiteren 1400 m, den empfehlenswerten **Campingplatz "Fournia"**.

(179) WOMO-Campingplatz-Tipp: "Fournia"
GPS: N 37° 53' 57.4" E 21° 06' 59.7" **Öffnungszeiten:** 1.4.-30.10.
Ausstattung/Lage: kaum Baumschatten, Schattendächer, Sandstrand: 200 m; Laden, Gaststätte/nächster Ort: 6 km.

So, jetzt haben Sie die Qual der Wahl für Ihr romantisches Sonnenuntergangsplätzchen!

TOUR 11 (200 km / 2-4 Tage)

Kastro – Killini – Mirsini – Lehena – Areti – Varda – Loutra Kounopelli – Kalogria (Karte siehe Tour 10)

Freie Übernachtung:	Ionian Sunset Beach, P. Mirsini, Saltwork, Lagune Kotihi, P. Manolas, 3x südl. Loutra Kounopelli, 3x Kalogria.
Trinkwasserstellen:	u. a. P. Mirsini, Varda, P. Manolas.
Baden:	Killini, Ionian Sunset Beach, P. Mirsini, Saltwork, Lagune Kotihi, P. Manolas, 3x südl. Loutra Kounopelli, 3x Kalogria.
Besichtigungen:	Kastro Tornése, Lagune Kotihi, Pinienwald und Riesendüne von Kalogria.
Wandern:	Strandwanderungen, im Pinienwald von Kalogria.

Einige Kurven bergwärts liegt KASTRO, das Dörfchen am Fuße der **Burg Tornése**. Wir parken neben den Palmen am Dorfplatz, spazieren an seinem Ende auf einem schmalen Fahrsträßchen (auf dem man auch das WOMO emporzwängen könnte) in fünf Minuten bis zum Haupttor, dort würden die WOMO-Zwänger einen felsig-staubigen, schrägen Parkplatz vorfinden.

Zwei überkuppelte Torbögen führen durch die 17 (!) m hohe Füllmauer in den großen Burghof, erst jetzt sehen wir den trutzigen Kern der Festung vor uns, ein unregelmäßiges Sechseck. Tonnengewölbte Säle öffnen sich mit Rundbogenfenstern zum inneren Hof. Wir steigen eine offene Steintreppe hinauf auf den Mauerring, blicken wie einst seine fränkischen Besitzer in die weite Runde: Im Norden, etwa 6 km entfernt, liegt das alte Glaréntza, einst der wichtigste Hafen der nördlichen Peloponnes.

Erst nach dem Befreiungskrieg erhielt es wieder seinen antiken Namen KILLINI (nicht zu verwechseln mit dem Heilbad Loutra Killinis).
Im Westen und Nordwesten, am Meereshorizont, ragen Inselschatten auf: Zakinthos und Kefallonia.
Beide Inseln werden mit Fährschiffen von Killini aus bedient.

Wir kehren zum WOMO zurück, wenden und fahren über den Dorfplatz ein paar Meter zurück nach Westen bis zum Beginn des Ortes, dort zweigen wir nach rechts zum **"Port of Killini"** ab. Im Fährhafen ist ein wildes Getümmel, uns tut der Verkehrspolizist leid, der mit schrillem Gepfeife und wedelnden Armen das Chaos besiegen möchte.

Falls Sie auf die Fähre warten, dem Hafentrubel zuschauen oder einen schnellen Badestopp einlegen möchten, dann fahren Sie an den wartenden Fährgästen vorbei nach links. Dort finden Sie nach 400 m genug Parkraum hinter dem feinen Sandstrand auf großen Wiesenflächen.

(180) WOMO-Badeplatz: Port of Killini

GPS: N 37° 56' 17.1" E 21° 08' 39.8"
Max. WOMOs: 2-3.
Ausstattung/Lage: Sandstrand, Duschen, Strandbar/im Ort.
Zufahrt: siehe Text.

Suchen Sie jedoch ein einsames Plätzchen, dann biegen Sie bei der Einmündung in die Küstenstraße gleich rechts und verlassen den Ort nach Südosten.
Zunächst werden Sie enttäuscht sein, denn von dem schönen Sandstrand werden Sie durch eine (stillgelegte) Bahnlinie getrennt.
Das Sandbadeplätzchen nach 2200 m links (Wegweiser: Mimoza nur von Osten sichtbar) neben einer militärisch eingezäunten Feriensiedlung gefällt uns gut. Lediglich der erste Baum bei der holperigen Zufahrt könnte einen Rückschnitt vertragen.

(181) WOMO-Badeplatz: Mimoza

GPS: N 37° 55' 37.6" E 21° 10' 3.7" **Max. WOMOs:** 2-3.
Ausstattung/Lage: Sandstrand, Schattendächer, Strandbar in der Saison/außerorts.
Zufahrt: 2000 m östlich von Killini links.

Dann brausen wir auf neuer Bahn 4,5 km weiter nach Osten, schwenken links nach MIRSINI hinein. Dort lassen wir uns am Ortsbeginn nach links zum **Mirsini-Beach** schicken (an der Abzweigung ein Platz mit Denkmal, Kinderspielplatz und Wasserturm).
Die Teerstraße führt kerzengeradeaus nach West-Nord-West, um nach 3300 m genauso zu enden, wie sie an der Westküste der Peloponnes bereits mehrfach geendet hat: Ein schöner, breiter, flacher Sandstrand, eine einzige Taverne rechts der Straße – und ein einziges Wohnmobil – unseres!
Vorn am Strand ist zwar kaum Schatten, aber dafür um so mehr an der Eukalyptusbaumallee ein paar Schritte landwärts.

(182) WOMO-Badeplatz: Mirsini-Beach

GPS: N 37° 56' 25.9" E 21° 12' 29.3" **Max. WOMOs:** >5.
Ausstattung/Lage: Sandstrand, Dusche, Wasserhahn/außerorts. **Zufahrt:** s.Text.

200 m vor dem Strand führt nach rechts ein Sandweg in die Unendlichkeit; nach 800 m z. B. kann man wieder links zum Strand abzweigen [**183:** N 37° 56' 44.4" E 21° 12' 51.4"]. Dort hausen zwei fest installierte Dauercamper, aber dazwischen ist auch noch Platz für Sie!

Bei den Dauercampern von Mirsini

Wir fahren zurück zum Wasserturm von MIRSINI; links geht es in den Ort hinein, hindurch und weiter nach Nordosten.
In LEHENA scheinen Pragmatiker zu wohnen! Begrüßt uns doch der Ort mit einer Kapelle auf dem Krankenhausdach – wenn das nicht hilft!
900 m später, in der Ortsmitte, biegen wir halblinks ab (vor einem Platz mit Springbrunnen und einer Bronzebüste, links an der Metzgerei vorbei, dann gerdeaus über eine Vorfahrtsstraße, am Stadion vorbei!).
Nach 2600 m macht die Teerstraße eine deutliche Rechtskurve, wir fahren bei einer Hinweistafel geradeaus weiter auf Schotter zwischen Schilfwänden in Richtung Nordwesten. Nach 1 km führt nach rechts ein Eisentor zu einem **Salzwerk** [N37° 58' 5.5" E21° 15' 12.1"].

Wer allerdings jetzt einen Förderturm erwartet, hat nicht nachgedacht! Direkt aus dem Meer wird das Salzwasser auf fußballplatzgroße Lehmflächen gepumpt, vorkonzentriert, dann über Kanäle mit Holzschiebern zum nächsten Feld weitergeleitet, um schließlich im letzten zu Meersalz auszukristallisieren. Loren stehen bereit, die Salzfracht zur Verladerampe beim Haupttor zu fahren. Sie bevorzugen salzarme Kost? Dann haben Sie sich mitschuldig gemacht am Konkurs dieses Unternehmens, denn alles liegt und steht einsam und vergammelt herum – eine Seevogelkolonie hat Besitz ergriffen ...
Wir fahren vor dem Salzwerk weiter nach links, halten uns bei einigen Bauernhöfen rechts und landen mal wieder in der totalen Einsamkeit – neben einem versiegenden Flüsschen, bei einigen Tamariskenbüschen und Schilfsträuchern am ruhig sich wiegenden Sandstrandmeer. Robinson hatte wenigstens seinen Freitag – aber ob Sie hier von jemandem besucht werden ....

(184) WOMO-Badeplatz: Saltwork

GPS: N 37° 57' 58.2" E 21° 14' 35.0" **Max. WOMOs:** >5.
Ausstattung/Lage: Sandstrand, kein Schatten/außerorts.
Zufahrt: siehe Text, in LEHENA kompliziert! Fährt man beim Springbrunnen zu weit links, landet man an einer Dauercampersiedlung ohne WOMO-Stellplätze.

Nicht nur Flamingos kann man hier beobachten!

Wir kehren bis zur Teerstraße zurück, biegen nun links ein; riesige Malvenfelder ziehen sich beidseits hin.
Wer braucht so viele Malven?
Ich steige neugierig aus, untersuche die Blütenpracht und entdecke große, grüne, eiförmige Kapseln zwischen den Blättern. Bricht man sie auf, so quellen weiße, noch feuchte Fäden heraus – Baumwolle!
1700 m seit der Gabelung führt ein Abstecher nach links zu einem ehemaligen Campingplatz, jetzt logiert dort ein Kinderferienlager namens "Green Camp". Außerhalb der Ferienzeit steht es leer. Links vorbei – und man steht völlig allein am Strand:

(185) WOMO-Badeplatz: Green Camp

GPS: N 37° 58' 37.7" E 21° 15' 34.6" **Max. WOMOs:** 2-3.
Ausstattung/Lage: Sandstrand, Tamariskenschatten/außerorts. **Zufahrt:** siehe Text.

Wir rollen an der Abzweigung zum Ferienlager vorbei. Nach weiteren 1000 m schwenken wir an der Querstraße nach links, aufs Meer zu. 800 m später sind wir am herrlichen Sandstrand. **Stellplätze** [186: N 37° 59' 17.8" E 21° 16' 10.1"] findet man, wenn man scharf links auf das Wiesenstück einbiegt.

Badeplätzchen 500 m vor dem Lagunenbeginn

Wir rollen immer weiter hinter dem Sandstrand entlang, bis wir am Beginn der **Riesenlagune Kotihi** auf eine Abzweigung stoßen, die rechts nach ARETI führt. Geradeaus bringt uns eine Schotterpiste (rechts die Lagune, links das Sandstrandmeer) immer weiter nach Nordosten, an manchen Stellen ist die Landzunge gerade mal 10 m breit.

Unsere Karte hat es uns schon verraten: Nach 2000 m kommen wir an eine (offene) Schranke, kurz darauf endet die Straße (und das Land) mit einer Fischzuchtfarm; nach rechts kann man zu einem **Vogelbeobachtungsturm** stapfen.

Vogelbeobachtung an der Lagune Kotihi

Ja, an dieser 2000-m-Stichstrecke kommen nicht nur Badefreunde und Einsamkeitsfanatiker, sondern auch Ornithologen auf ihre Kosten, denen die reichhaltige Avifauna der Lagune spannende Beobachtungsmoglichkeiten bietet.

Über das hübsche, frischgrüne Dörfchen ARETI und die Bahnlinie kehren wir (nach langer Zeit) mal wieder zur >E 55< zurück, biegen links Richtung PATRA ein.

Sehen Sie die mit orangeroten Trichterblüten blühende Riesenpinie. Sie ist kein gelungenes Genexperiment, sondern eine besonders farbenfrohe Kombination aus frisch-grünen Piniennadeln und an ihr emporklimmendem Trompetenstrauch. Immerhin bleiben wir 7 km auf der Schnellstraße, bis wir bei »km 47« links nach VARDA einschwenken. In der Ortsmitte, bei einem Kinderspielplatz, folgen wir nach links dem Wegweiser MANOLADA, überqueren die Bahnlinie (dahinter sofort rechts ein Supermarkt). Spätestens hier sollten sich mit frischen Lebensmitteln eindecken, denn an den nächsten Sandstrandplätzchen werden Sie eine Weile bleiben ....

Wir fahren, mit allem reichlich versorgt (inklusive einer großen Portion frischer Gavros, sardellenkleiner Fischchen, die man auf Alu-Folie oder in der Pfanne brät und mit Haut und Haaren (pardon, Schuppen) zu Weißbrot isst), durch MANOLADA, werfen einen Blick auf die schöne, alte Kirche mitten im Friedhof (Paläopanhagia aus dem 12. Jahrhundert).

Manolada, Kirche Paläopanhagia

800 m hinter dem Ort kommen wir an eine Weggabelung und schauen erst mal links zum "Paralia Brinia".

Nach 600 m gabelt sich die Straße erneut: Hält man sich links und nach 2000 m wieder rechts (Wegweiser: Ionion Blue), so findet man Stellplätze (ohne Einrichtungen) direkt hinter dem Sandstrand [**187:** N 38° 2' 43.4" E 21° 19' 4.5"]. Die wohn-

Im Garten der Gaststätte "Ionion Blue"

mobilfreundliche Gaststätte "Ionion Blue" stellt ihre schattige Parkplatzwiese samt Wasser und Strom kostenlos zur Verfügung (und erwartet Sie dafür zum Essen). Zum Strand spaziert man 100 Schritte.

(187a) WOMO-Badeplatz: "Ionion Blue"

GPS: N38° 2' 44.1" E21° 19' 8.6" **Max. WOMOs:** >5.
Ausstattung/Lage: Sandstrand 100 m, Schatten, Liegewiese, Wasserhahn, Strom/außerorts bei Gaststätte.
Zufahrt: 800 m hinter Manolada links und nach weiteren 600 m nochmals links.

Fährt man an der letzten Gabelung geradeaus, so landet man nach weiteren 1000 m am Sandstrand mit einer Strandtaverne und wenig Parkraum.

(188) WOMO-Badeplatz: Paralia Brinia/Falari

GPS: N 38° 03' 39.8" E 21° 19' 41.0" **Max. WOMOs:** 1-2.
Ausstattung/Lage: Sandstrand, Pinienschatten rechts und links der Zufahrtsstraße, Duschen, Wasserhahn/außerorts.
Zufahrt: 800 m hinter Manolada links und nach weiteren 600 m rechts.

Dann folgen wir hinter MANOLADA nach rechts den Wegweisern "Thermal springs"/Loutra Kounoupelli – und 2 km später beginnt die botanische Pracht: Ein herrlicher Wald aus einmaligen Schirmpinien. Sandige Wege führen hinein zu schattigen Picknickplätzen. Hier sollten Sie Ihre Liege aufklappen und einfach nach oben schauen ....
Aber das ist nur die (optische) Vorspeise! 3000 m, 3500 m und 4200 m nach der letzten Gabelung führen Schotterwege links

in Richtung Meer. Eigentlich sind alle drei Zufahrten und auch die Dünenstrandplätze identisch: Nach 900 m breiter, fester Schotterbahn kommt man an ein Parkplatzrund in den Dünen inmitten von Sandwogen und Piniengrün hinter dem himmelblauen Meer. Ob Sie nun den ersten [**189:** N 38° 04' 56.7" E 21° 20' 15.1"], den zweiten [**190:** N 38° 05' 14.5" E 21° 20' 19.2"] oder den dritten Platz auswählen – es wird Ihnen gefallen!
Der dritte bietet optischen Spitzengenuss, weil vor dem Sandstrand ein kleines, felsiges Kletterinselchen liegt, mit dem Festland durch einen angeschwemmten Sandbogen verbunden. Je nach Strömung und Windrichtung finden die Badegäste entweder rechts oder links dieses Schwemmlandbogens besonders ruhiges Kleinkindermeer. Nur hier bietet eine Strandbar Erfrischungen, lockt aber auch viel Publikum an.
Durch die Dünenpineta kann man fein streifen, Robinson- und Piraten-Abenteuerspiele erleben; der Höhepunkt wäre für Ihre Kinder eine Nacht im Zelt unter der schrägen Sturmwindpinie!

(191) WOMO-Badeplatz: Paralia »4200 m«

GPS: N 38° 05' 37.2" E 21° 20' 23.8" **Max. WOMOs:** 2-3.
Ausstattung/Lage: Sandstrand, kein Schatten, Strandbar/außerorts, bei Sonnenuntergang Mücken. **Zufahrt:** 800 m hinter Manolada rechts.

Nach weiteren 1500 m endet die Teerstraße VARDA - MANOLADA - **Loutra Kounoupelli** direkt am Strand neben einer Gaststätte (vorher nochmals zwei jedoch sehr sandige Abfahrten zum Strand). Das Gebäude des Heilbades im Anschluss an die Taverne ist eine verlotterte Ruine; im oberen Stockwerk scheinen noch "Pensionsgäste" zu logieren, die Badekabinen im Erdgeschoss stehen jedoch leer.

Aber nicht verzweifeln! Das gute Wasser kommt immerhin aus einer Dusche am Strand, bei der man den Duschkopf abschraubt, wenn man einen Wasserhahn braucht.
Ein weißlicher Schotterweg bildet nach rechts die Fortsetzung der Teerstraße. Wer sich zu den Zelten und Wohnwagen am rechten Buchtende gesellen möchte, muss sich gleich auf sandige Wege wagen ....

Wir folgen dem geschotterten, holprigen Weg, stellenweise mit schleifenden Ästen (?) (km 0) – und erleben die Fortsetzung unseres Pinienwaldtraumes! Es ist wahrhaft unglaublich, welche Baummajestäten hier versammelt sind! Bevor wir ausflippen, dürfen wir uns bei der Durchquerung einer Steppenlandschaft erholen; wo führt die Piste (??) eigentlich hin? Küstenkontakt (wie erhofft) bekommen wir nicht; Kartenstudium! Die Piste wird doch nicht etwa ....?

Wir rollen weiter, werden wieder von Schirmpinien beschattet, es **ist** ein Traum! Der Wald hört nun überhaupt nicht mehr auf; wir fahren durch eine Halle mit tausenden von Säulen, gedeckt von grünen Baldachinen, die stellenweise miese Piste (??) ist nach Norden geschwenkt, scheint durch die schönsten Waldbereiche zu führen.
Unmerklich wandelt sich das Bild; nun umgeben uns knorrige Eichen (km 5,4). Dann gabelt sich die Straße in einem Gebiet, wo es nach unserer Karte gar keine Straßen gibt; wir halten links (km 5,6) Richtung Nordwesten. Wieder eine Gabelung (km 6,1), diesmal bleiben wir geradeaus (nicht links), behalten die Nordwestrichtung bei, sind wieder im Pinienwald (links, etwa 300 m entfernt, sehen Sie einen dunkelgrün gestrichenen, großen Wassertank). Eine dritte Gabelung (km 7,3), wir biegen wieder links und ein letztes Mal (km 8,4), bei einer dreieckigen "Verkehrsinsel" mit einigen Pinien darauf, nochmals links – und wir haben richtig vermutet (km 8,8):

Wir stehen auf dem Strand von KALOGRIA!

Diese Bucht, seit Jahren einer unserer Lieblingsplätze auf der Peloponnes, wäre ohnehin unser nächstes Ziel gewesen. Allerdings kannten wir den Schleichweg von Süden durch den Pinienwald noch nicht, sondern waren bisher immer bei LAPAS

Kalogria Süd

von der >E 55< abgebogen. Auch weiterhin wird der Abzweig von LAPAS aus für die Kalogria-Freunde von Interesse sein, die direkt von PATRA kommend diesen Traumstrand ansteuern, denn auf einen Besuch **Kalogrias** dürfen Sie keinesfalls verzichten:
In LAPAS, 9 km nördlich VARDA und 35 km südwestlich PATRA, biegen wir (ausgeschildert) von der Schnellstraße ab. Wir durchqueren vertrocknetes Weideland und den schönsten ***Pinienwald**, den wir je in unserem Leben gesehen haben. An einem verschilften See vorbei halten wir auf eine Felswand zu, mit einer Riesenaxt in zwei Hälften gespalten. Vor dem Felsrücken biegt die Straße nach links ab, hält auf den Strand zu. Eine letzte Gabelung der Teerstraße führt rechts zum Hotel "Calogria Beach", links geht es direkt zu einem großen Parkplatz am Strand [N 38° 09' 21.0" E 21° 22' 04.3"].
Aber vorher zweigen noch mehrfach Sandpisten ab! Wir haben eine 500 m nach der Hotel-Gabelung ausprobiert, kamen nach 400 m an der dreieckigen "Verkehrsinsel" vorbei und standen weitere 400 m später an dem (soeben bei unserer Anfahrt von Süden beschriebenen) riesigen, flachen, feinsandigen Strand. Ein kleiner Ausflug wäre der zur Riesendüne am Nordende der **Kalogria-Bucht**; den völlig vegetationslosen Hang kann man fein hinabrollen. Man fährt am Hotel "Verde al mare" vorbei, passiert gegenüber einen offiziellen, kostenpflichtigen **WOMO-Stellplatz** [**192:** N38° 9' 35.7" E21° 22' 19.4"] mit Schattendächern, VE, Duschen, Wasser und Strom (10 €, Strom 3 €, WIFI gratis) und landet am Ende der Sackgasse direkt am Sandstrand unterhalb der Riesendüne [N 38° 09' 34.7" E 21° 22' 02.4"].

6 km Luftlinie nach Norden liegt das **Kap Araxos**, dort müssen wir auch noch hin! 100 m vor dem Kalogria-Hotel zweigt eine Straße ab, führt – vorbei an einer Taverne [N38° 9' 33.1" E21°

22' 45.1"] – zwischen der **Prokopos-Lagune** (mit einem heilkräftigen Wasserbecken [N38° 9' 23.1" E21° 24' 2.5"]) und dem steilen Felsrücken zunächst nach Osten, dann nach Norden, erreicht nach 3 km ARAXOS. Wir biegen an der Vorfahrtsstraße links. Die nächste Kreuzung (bei einem Steinbruch) merken wir uns gut, fahren geradeaus weiter, am linken Ufer der **Araxos-Lagune** entlang, bis uns kurz hinter dem Weiler CAP ARAXOS (**Wasserhahn** an der Kirche) der Schlagbaum eines Militärgeländes stoppt.

ABER! 300 m vorher zweigt nach links die Naturstraße zum **Ghianiskari-Strand** ab. Ist Ihnen der herrliche Sandstrand **[193:** N 38° 10' 29.8" E 21° 22' 03.1"] 3 km sehr steile (?) miese (?) Schotterpiste wert?

Auch rechts der Araxos-Lagune gibt es zwei schöne Badeplätzchen!

Zurück an der Kreuzung mit dem Steinbruch halten wir 2 km nach Osten, schwenken dort scharf links, nach 200 m nochmals links und nach weiteren 1100 m ein drittes Mal links in eine sehr (??) holperige Schotterbahn, die rechts der Lagune nach 2,6 km zu einem Badeplätzchen **[194:** N 38° 11' 28.9" E 21° 24' 35.9"] führt mit dem ultimativen Blick auf die Einfahrt in den Golf von Korinth (fern im Osten sieht man schemenhaft die neue Brücke Rio-Andirio).

Falls Ihnen die Piste zu schlaglöcherig ist, dann fahren Sie einfach geradeaus weiter auf Asphalt, passieren eine öde Militäreinrichtung und landen am Kiesstrand **[195:** N38° 11' 27.5" E21° 25' 21.8"] bei einigen ehemaligen Militärgebäuden, die zu Ferienhäuschen umfunktioniert wurden. Leider wird dieser Strandbereich besonders von Fluglärm belästigt.

KARTE TOUR 12
10 km
PATRA
EGIO
KALAVRITA
Diakofto
Temeni
Valimitika
Pirgaki
Fteri
Korfes
Goumenissa
Manesi
Kobigadi
Mihas
Kalanos
Kalanistra
Katarraktis
Halandritsa
Vasiliko
Kato Achaia
Alikes
Karnari
Limanaki
Araxos
C. Araxos
Kalogria
Lapas
Manolas
Varda
Kap Araxos
Loutra Kounoupeli
Pinienwald
Industrial Zone of Patras
Gasflaschenfüllung
Weingut Achaia Clauss
Bypass of Patra
Glafkos
Schlucht
Vouraikos-Schlucht
Vouraikos
Kloster Mega Spileo
Ag. Lavra
Iroon
Ano Lousi
Kato Lousi
Lousi: Artemistempel
Lefki
Kastri
Planitero
Kato Klitora
Ski-Center
Helmos 2341 m
nach Peristera (s. Karte Tour 1)
1926 m
2224 m
PANAHAIKO
ERIMANTHOS
A H A I A
01
02
192
193
194
195
196
197
198
199
200
201
202
203
204
205
206
207

TOUR 12 (ca. 110 km / 3-4 Tage)

Kalogria – Patra – Clauss – Mihas – Ag. Lavra – Kalavrita – Helmos – Ski-Center – Artemistempel – Seenhöhle Kastria – Planitero – Egio – Valimitika

Freie Übernachtung:	Kato Achaia, Mihas, Kloster Ag. Lavra, Ski-Center, Helmos, Artemistempel, Kastri, Planitero, Pirgaki.
Trinkwasserstellen:	u. a. Katarraktis, Kalanos, Mihas, Kato Lousi, Korfes.
Baden:	Kato Achaia, Temeni, Valimitika.
Besichtigungen:	Weingut Achaia Clauss, Irooi, Kloster Ag. Lavra, Mahnmal Kalavrita, Artemistempel, Seenhöhle Kastria, Planitero.
Wandern:	Erimanthos (Olonos), Helmos (Nerodorrachi).

Wir haben natürlich auch den Küstenbogen zwischen **Kap Araxos** und PATRA abgefahren, er hält jedoch keinen Vergleich mit den vielen ruhigen 1-A-Sandstrandplätzen aus, die wir bereits kennen. Lediglich der Badestrand von Kato Achaia ist wert, erwähnt zu werden! Man fährt von ARAXOS über LIMANAKI nach Osten und zweigt am Ortsbeginn von KATO ACHAIA links ab, parkt zunächst am idyllischen Hafen vom ALIKES, wo man von der Fischgaststätte "Alikes" aus gemütlich den Fischern beim Netzeflicken zuschauen kann.

In der (empfehlenswerten) Fischgaststätte "Alikes"

Östlich schließt sich die lange Strandpromenade an mit vielen Gaststätten, Duschen und Kinderspielplatz. An machen Stellen kann man auf den festgefahrenen Strand rollen.

(196) WOMO-Badeplatz: Kato Achaia

GPS: N38° 9' 11.9" E21° 33' 28.9" **Max. WOMOs:** >5.

Ausstattung/Lage: Sandstrand, Dusche, WC, Gaststätten/außerorts. **Zufahrt:** s.Text.

Wir kehren zur >E 55< zurück, düsen bequem 35 km bis nach PATRA. Eigentlich hat sich dort ein herrlicher Urlaubskreis geschlossen und unsere eiligen Leser werden sich sicher von uns verabschieden müssen.

Sie haben noch ein paar Tage Zeit?

Dann wollen wir mit Ihnen der Herkunft der zwei wichtigsten griechischen Flüssigkeiten auf den Grund gehen!

Nein, Bier haben erst die Bayern nach Hellas gebracht – aber bereits die Götter tranken Wein (wenn ihnen Nektar und Ambrosia zum Halse heraus hing), der Gott des Weines war Dionysos (auch Bacchus genannt):

Es war um die Zeit, da die thrakischen Frauen des weinliebenden Bacchus' Fest in wilder Begeisterung feierten. Rebenkränze im aufgelösten Haar, den efeugeschmückten Thyrsosstab schwingend, so stürzten sie in bacchantischer Verzückung durch die Wälder.

Nimmt man die alte Nationalstraße zum Hafen von PATRAS (bei der Ampel-Abfahrt zum Industriegebiet von der E55 = N 9 abzweigen), so kommt man 1000 m nach dem LIDL an den sommertrockenen **Glafkos-Fluss**.

Direkt vor ihm schwenken wir rechts, überqueren nach 1,8 km die >N 33<, schwenken nach weiteren 2,3 km (angesichts der Autobahnabfahrt Nr. 3 "Glafkos") nochmals rechts, dann machen Wegweiser mit der Aufschrift **"Achaia Clauss"** die genaue Zufahrtsbeschreibung der letzten 1700 m zur Weinkellerei des Bayern Gustav Clauss in der Landschaft Achaia (die Gegend um Patra) überflüssig.

Durch eine herrliche Zypressenallee kurven wir hinauf zum Parkplatz [N38° 11' 45.6" E21° 46' 13.4"] vor den historischen Kellereianlagen, einer ehemaligen kleinen Festung, die bis heute unverändert erhalten wurde.

Durch einen Torbogen mit dem Gründerwappen kommen wir in den Innenhof mit der Büste des Gründers Gustav Clauss und der Jahreszahl 1861. Rechts vorbei spazieren wir zur Weinprobe (geöffnet täglich 10.00 - 18.00 Uhr, geschlossen nur Neujahr und Ostern!).

Nach einer kurzen Begrüßung in der stimmungsvollen Weinprobierstube führt uns Antonia durch die ältesten Teile der Kellerei Achaia Clauss. Der "Gründerwein", Mavrodaphne, wurde nach einer Geliebten mit schwarzen Augen benannt; noch lagern Jahrgänge aus den Jahren ab 1906 in den prachtvoll geschnitzten Holzfässern.

Die ältesten Fässer jedoch stammen aus dem Jahre 1873, ehrenhalber tragen sie die Aufschriften "Bismarck" und "Moltke"! Ja, Bismarck ist ein weit geehrter Mann, auch die Hauptstadt von North Dakota heißt nach ihm – was ist dagegen schon ein Weinfass!

Im modernen Teil der Weinkellerei werden jährlich etwa 30 Millionen Flaschen Wein abgefüllt, genau 51% für den Export; 2/3 des Exports rinnen durch deutsche Kehlen.

Einige davon probieren wir anschließend unter Antonias fachkundiger Anleitung; vor allem der süffige Mavrodaphne hat es Waltraud angetan (den restlichen Tag verbrachte sie singend auf dem Beifahrersitz). Wir sind erstaunt über die Fülle des Sortiments, das auch alle Preislagen umfasst (bisher kannten wir nur den preiswerten Demestica). Dürfen wir Ihnen den "Chateau Clauss" empfehlen, einen trockenen "französischen" Rotwein?

Nun, wir hatten Ihnen **zwei** Flüssigkeiten versprochen!
Bier fiel weg, Wasser ist international, Wein ist erledigt – fehlt nur noch der Rohstoff für das griechischste aller griechischen Lebensmittel: Schafsmilch für den "feta", den Schafskäse.
Natürlich werden wir Sie nicht in den nächsten Supermarkt schleppen (dort gibt's ohnehin keine Schafsmilch), sondern zum Produzenten auf der allerletzten Mandra (Hochalm) des **Aroánia-Gebirges** (Helmos).
Wir kehren zur >N 33< zurück, wenden uns links, unser nächstes Ziel ist KALAVRITA.
An der Ausfallstraße passieren wir einige recht preiswerte Tankstellen, unterqueren nochmals die neue >E 55<-Patra-Umgehungsstraße (die Bezeichnung "Bypass" schildert die Verkehrssituation in PATRA recht treffend), schrauben uns auf schön breiter Straße ins Gebirge hoch. Auf einer ersten Höhe, 15 km südlich PATRA, verlassen wir die >N 33<.
Das Gebirgssträßchen Richtung KALAVRITA ist stellenweise wesentlich schmaler, und damit Sie Ihre Blicke nicht so unbändig in der abwechslungsreichen Gebirgslandschaft herumschweifen lassen, sind da und dort Schlaglöcher auf dem Asphalt verteilt (inzwischen weitestgehend ausgebaut).
Ein weites Hochtal ernährt die Einwohner von HALANDRITSA (Ortsende rechts **Picknick-Brunnenwand**), dann steigen wir weiter zum Dörfchen KATARRAKTIS hinauf. Wirklich sehen wir schon von weitem (Nomen est omen) eine Schlucht mit einem Wasserfall rechts unterhalb der Häuser. Dazu passt in der Ortsmitte (vor dem kleinen Platz mit der Platane und dem Adler-Denkmal eine **Brunnenwand** mit 8 (!) Wasserrohren.
KATARRAKTIS ist ein hübsches Dörfchen! Überall sprudeln Brunnen über, das Quellwasser fließt in offenen Kanälen neben den Wegen weiter – Studenten fühlen sich an Freiburg erinnert. Folgen Sie mir jedoch bitte nicht auf meiner Suche nach dem Namensgeber des Dörfchens, immer dem Ausfluss des 8-Röhren-Brunnens entlang zum Katarakt. Bequemerweise entledigen sich die Dorfbewohner nämlich ihrer Müllast über den Hang der Schlucht – die Frühjahrsüberschwemmung erledigt den Rest!
Von den drei nächsten Bergdörfchen sei jeweils nur der Name genannt: KALANISTRA (**Brunnen** links), KALANOS (**Brunnen** links, tief in der Schlucht das **Kloster Ag. Nikolaos**) und KOBIGADI (**Brunnen** rechts).
Haben wir bisher nur den Blick auf die vor uns anstehenden wuchtigen Berge genossen, tauchen wir nun in ihre Schluchten hinein. Hier, in den Abgründen des **Erimanthosgebirges**, pirschte Herakles dem erymantischen Eber durch Schneewehen nach, bis er das schreckliche Tier (es klaute nicht nur die

Rüben von den Feldern, sondern spießte auch die Bauern mit seinen schröcklichen Hauern auf) in einem Netz einfing und auf seinen Schultern zum Auftraggeber Eurystheus trug. Für die antiken Vasenmaler war dies ein beliebtes Motiv, kroch doch Eurystheus vor Schreck in einen erzenen Krug, als er sein "Geschenk" erblickte.
Wollen Sie mit uns auf Eberjagd gehen?
Dann schwenken Sie 1,9 km hinter KOBIGADI rechts nach MIHAS. Durch dichten Tann kurven wir noch 1600 m empor bis zu einer Taverne (dahinter rechts eine Felswand mit Brunnen). Gegenüber, also am rechten Straßenrand kann man fein parken.

(197) WOMO-Wanderparkplatz: Mihas/Erimanthos

GPS: N 38° 01' 11.3" E 21° 53' 26.0"; 943 m. **Max. WOMOs:** 2.
Ausstattung/Lage: Brunnen, Gaststätte, Sitzbank, Mülleimer, Wanderweg/Ortsrand.

Am nächsten (frühen) Morgen stapfen wir auf der Fortsetzung der Straße hinauf. 150 m später geht es rechts hinab zu einem Hotel, 100 m weiter links hinauf in einen Pfad mit roten Wanderwegsmarkierungen.
Beide Wege sollten Sie nicht benutzen, sondern geradeaus auf der Fahrstraße weiter marschieren. Zwischen den obersten Häusern von MIHAS zieht der befahrbare Weg in Schleifen steil nach oben durch den Wald. Nach 1/2 Stunde haben wir erstmals die höchsten Gipfel des Erimanthos-Gebirges vor uns: Von links nach rechts: Links die spitze **Neraida** (2000 m), in der Mitte die **Moungila** (2100 m), rechts der **Olonos** (2224 m):

Nach 40 min. verlassen wir den Forstweg, der eine Biegung nach rechts macht; die Wandermarkierungen (rote Punkte oder Plastikfahnen) zeigen gerade-aus in einen uralten Flechtenbartwald hinein. Nach 1 h erste Rast auf einem kleinen Wiesenplateau mitten im Wald.
Nach 1 1/4 h treten wir aus dem Wald heraus und haben auf dem Sattel die Berggiganten wieder vor uns. Hier sollte der Genießer innehalten, picknicken – und nach genussvollem Schauen den Rückweg antreten!
Sie wollen mehr?

Dann marschieren Sie mit uns vom Sattel hinab zum Fuße der **Neraida**, wo direkt neben dem Wanderpfad, mitten in der Einöde, ein – Wasserhahn steht (1 1/2 h)!

Nun nach Westen die Hangflanke hinauf, über einen zweiten Sattel hinüber zur **Neraida-Quelle**. Aber was heißt schon Quelle: Ein Bach, später ein Wasserfall (gefasst als Trinkwasserlieferant für MIHAS).

Weiter hinauf in einem gewundenen Geröllbett, sommers trocken – und hinüber zur Almhütte **Stani tou Micha** auf einer Felsterrasse.

Nun erreichen wir recht bequem an der Hangflanke nach Südwesten eine große Fläche wilden Fenchels, dahinter ist der Hang abgerutscht. Wir umgehen die gefährlich aussehende Halde oberhalb; nach 3 h auf dem nächsten Sattel, der übernächste nach 3 1/4 h, wir blicken in das **Hochtal Apanokambos**, darin u. a. eine kleine Steinhütte mit verblichenem

Eternitdach; erreichen sie nach 4 h (Foto).
Weiter an der Hütte vorbei nach Südwesten noch 300 m zum Verbindungsgrat zwischen Moungila und Olonos, dort rechts steil hinauf, ohne Weg und Steg, zum Gipfel des Olonos (2224 m) mit Betonsäule.
Das war die Theorie, liebe Leser!
In der Praxis klebten wir am Hang, nur noch 200 m unter dem Gipfel, als grauschwarze Wolken die Sicht versperrten, Regen, ja Hagel ankündigten. Wir kehrten schweren Herzens um, eine Regel zu beherzigen, die wir uns vor Jahren selbst gestellt hatten: Bei Wetterumschwung sofort umkehren! Für den Rückmarsch (mit einigen Schauereinlagen) brauchen wir 3 1/2 h, erreichen völlig durchnässt unser WOMO. Wir wünschen Ihnen mehr Glück bei der Tour.

Weiter geht es auf KALAVRITA ZU. Mal klebt die Straße am Hang – links steil hoch, rechts genauso steil und tief hinab, dann wechseln wir den Hang, um schließlich in einer Senke Schwung zu holen für den nächsten Aufstieg. Die Farbe der Felsen wechselt ständig: Weiß wird von gelb abgelöst, gelb von rostrot, in der Ferne des Horizonts warten altehrwürdiggraue, kahle Gipfel.

Die häufigsten Gebäude am Wegrand sind die farbigen, kubischen Bienenkästen und die Gebetshäuschen, deren "Stil" je nach Wunsch des Stifters oder der künstlerischen Fähigkeit seines Erbauers variiert. Auf und ab führt nun das Sträßchen durch das wellige Hochland, überrascht uns nach jeder Kurve mit neuen Perspektiven dieser bizarr romantischen Landschaft: Eine kahle Hügelkuppe, dann wieder ein fruchtbares Tal mit einem Walnussbaumwald, eine rotbraune Schlucht, aus der von links die Straße aus EGIO heraufklettert (merken Sie sich

bitte diese Stelle für die Rückfahrt); 2900 m nach der EGIO-Einmündung rechts oberhalb der Straße **Brunnen**.
Kurz vor KALAVRITA kommen wir in eine weite Weizenfelderebene. An ihrem Ende biegen wir rechts nach **Agia Lávra**, jedem Griechen wohlbekannt als "Freiheitskloster".

Heldendenkmal (Irooi)

Dort hängt die Freiheitsfahne, die der Metropolit (Erzbischof) Germanos von Patra am 25. März 1821 als Zeichen der Erhebung gegen das Türkenjoch neben der großen Platane vor der Hauptkirche entrollte. Fünf Jahre später wurde das Kloster von Ibrahim Pascha eingeäschert, man baute es wieder auf. 1943 zündeten es die Deutschen an, man baute es wieder auf. Nur die etwas unterhalb rechts des Haupteinganges gelegene

Theodoros Vryzakis (1814-1878): Weihung der Freiheitsfahne

Koimesis-Kirche (17. Jh.)

Koimesis-Kirche aus dem 17. Jahrhundert entging jedesmal der Verwüstung.

Hinweis: An dieser Stelle sollten Sie die Reihenfolge Ihrer weiteren "Taten" im Helmos-Gebiet sowie Ihre Rückfahrt zur Küste mit unseren Karten Tour 1/Tour 12 genau planen, denn es gibt drei Rückkehrmöglichkeiten:
1. Westlich von Kalavrita über Korfes und Fteri nach Egio.
2. Von Kalavrita über das Kloster Mega Spileo zum Golf von Korinth.
3. Vom Ski-Center über Peristera (Schotterpiste; Möglichkeit der nachträglichen Styx-Wanderung) zum Golf von Korinth bei Akrata.

Am Anstieg zum Kloster, 4 km nach der Abzweigung, muss man vorher zum **Heldendenkmal** (Irooi) hinaufkurven. Dort findet man nicht nur ein gewaltiges Marmormonument mit drei Bronzefiguren – den Krieger, den Mönch und die befreite Griechin, sondern auch (auf der Talseite) eine Reliefdarstellung der Freiheitsfahne. Wir kreisen um den Heldenhügel und kommen wieder zur Klosterstraße. 600 m später geht es links zum Kloster und rechts zu einem kleinen **Wiesenplateau**, das uns besonders als gemütlicher Vesper- und Übernachtungsplatz geeignet erscheint.

(198) WOMO-Stellplatz: Ag. Lavra/Wiesenplateau
GPS: N 38° 00' 44.7" E 22° 04' 34.1" **Max. WOMOs:** 3-4.
Ausstg./Lage: Schattenbäume, Spazierweg zum Kloster/außerorts. **Zufahrt:** s. Text.

Hier können Sie links zum Kloster spazieren oder fahren (dort wenig Parkraum neben den Haupttor) oder noch 800 m weiter um das Klosterareal herumkurven (dort Zufahrt zum großen Parkplatz unterhalb des Klosters).

(199) WOMO-Stellplatz: Ag. Lavra/Unterer Parkplatz
GPS: N 38° 00' 43.3" E 22° 04' 52.5" **Max. WOMOs:** 3-4.
Ausstg./Lage: Toiletten, Wasserhähne, Mülleimer/beim Kloster. **Zufahrt:** s. Text.

Nach Betreten des Klosterinnenhofes (die Damen haben inzwischen (Pardon!) Haremshosen überziehen müssen), wendet man sich sofort nach rechts (oder links) und steigt die Stufen zum Museum hinauf. Dort ist nicht nur die Freiheitsfahne ausgestellt, sondern auch mancherlei martialisches aus den Befreiungskriegen sowie Literatur und Gewänder aus alten Klostertagen. Die Beschriftung der Exponate (eine Rarität in Griechenland) auch in deutsch!

Dann rollen wir mit verzagtem Herzen hinab nach KALAVRITA; wir wissen, was uns dort erwartet! Eine der Uhren am Turm der Agia-Triada-Kirche zeigt immer noch auf 14.34 Uhr. In diesem Moment metzelten deutsche Soldaten mit Maschinengewehrfeuer die gesamte männliche Bevölkerung nieder, über 1300, Alte, Junge, Kinder. Anschließend wurde der Ort niedergebrannt, man schrieb den 13. Dezember 1943, es lag Schnee, und es war bitter kalt.
Griechische Partisanen hatten deutsche Soldaten ermordet, man rächte sich, wie das üblich war, an den Unschuldigen ....
Wir rollen durch KALAVRITA hinauf zu dem weiß schimmernden Kreuz (Wegweiser: Ski-Center/Xionodromiko Kentro, später auch: Cave lakes/Site of the Execution).

Kalavrita; Exekutionsstätte und Mahnmal

1200 m geht's steil bergauf in Serpentinen, dort liegt rechts der Fahrstraße die Mordstätte, die Gedächtnisstätte; 1993 wurde sie, zum fünfzigjährigen Gedenken, weiter ausgebaut.
Wir fahren weiter den steilen Hang hinauf, Serpentinen, dann eine fast ebene Passage mit hunderten von Bienenkästen neben der Straße. Ziemlich genau 8 km seit KALAVRITA gabelt sich die Straße, geradeaus: Cave Lakes, links: Skicenter; wir biegen nach links.

Die Straße ist für den Ansturm der Skihaserl gerüstet: Rechts und links gelb-schwarze Stangen (nicht fürs Slalom, sondern für die Schneefräse), ein Schild warnt vor Glatteis; unser Außenthermometer zeigt +27 °C.
Durch einen dichten Wald aus griechischer Tanne erreicht die Straße die weite Hochfläche "Xerókambos" und endet mit einem riesigen Parkplatz neben dem Skilift. Auf dem Parkplatz parkt ein einziges Fahrzeug – unser WOMO!

(200) WOMO-Stellplatz: Ski-Center Kalavrita

GPS: N 38° 00' 20.8" E 22° 11' 55.1"; 1695 m. **Max. WOMOs:** >10.
Ausstattung/Lage: Brunnen, Wanderwege/außerorts, nachts einsam.

Wir vermissen jedoch weder den Schnee noch die Schneehaserl, gucken uns für die Rückkehr einen Faulenzer-Vesper-Übernachtungsplatz zwischen Busch und Baum auf der weiten Fläche des "Trockenen Feldes = Xerókambos" aus – und setzen an zum Gipfelsturm:

Unmittelbar vor Beginn des großen Parkplatzes steht rechts eine Garage mit Antenne. Davor biegen wir rechts in einen (schwach) zerfurchten Schotterweg, nur mäßig bergan (km 0).

Hinweis: Diese Piste wird einmal jährlich eingeebnet, meist Ende Mai. Vorher ist sie wegen Schneeverwehungen ohnehin nicht befahrbar. Info im Ski-Center!

4 km begleitet uns noch der herrliche Tannenwald, dann haben wir in 2000 m Höhe die Baumgrenze erreicht. 700 m später liegt rechts, etwas unterhalb der Schotterpiste, die Vogeltränke (Poulioú Vrísi) und links oberhalb die **Schutzhütte** des S.O.X. (Bergsteigerverein Kalavrita). Hier kann man neben der Piste parken, nächtigen – und wandern. Wir werden am nächsten Morgen an diese Stelle zurückkommen und Sie abholen.
Jetzt wird die Piste deutlich steiler (ein kleines Stückchen ist betoniert).

Bei km 6 eine Gabelung, wir halten uns auf der besseren Spur links, bei km 8,3 haben wir das Ende der Welt erreicht [**201:** N 37° 59' 10.8" E 22° 11' 52.6"; 2320 m].

Wir stehen zu Füßen eines eigentümlich geformten "Astrophysikalischem Observatoriums" links und der neuen Bergstation des höchsten Skilifts, um uns herum nur noch steile, rauhe Wände zu den höchsten Gipfeln des **Helmós**. Vor wenigen Metern waren wir bei der letzten Mandra vorbeigekommen, hatten uns mit Christo und Anatoli bekanntgemacht. Diese beiden harten Männer hausen hier den ganzen Sommer unter Bedingungen, die bei uns kein Sozialamt zulassen würde und hüten ihre Schafe, melken, machen Käse – und werden dabei nicht reicher.

An unserem WOMO rüttelt ein steifer Wind, pfeift durch die Dachluke, das Außenthermometer ist von 27 °C auf 13 °C abgesunken, zeigt am nächsten Morgen noch 9 °C – wie halten das nur unsere zwei Hirten aus, in einer mörtellos aufgeschichteten Hütte aus Felsbrocken mit einem zugigen Wellblechdach?

Aber nach dem Frühstück herrschen schon wieder Bergsteigertemperaturen. Rechts vorbei an der Liftstation marschieren wir – mit Bergstiefeln (!) und Windjacke – in gerade mal 10 Minuten bis zur Gipfelsäule des **Nerodórrachi** (2347 m).

Gewiss, ab der Vogeltränke ist die Piste nichts für zarte Gemüter!

Blick vom Nerodorrachi (2347 m) nach Norden

Aber dort kann man bequem neben der Fahrbahn parken [**202:** N 37° 59' 25.4" E 22° 11' 16.3"; 2055 m] und ebenfalls zum Gipfel wandern (natürlich müssen Sie, was Sie dem WOMO ersparen, Ihren Waden zumuten!).
Aber man hat für Sie den Weg geebnet (ob Ihnen das gefällt oder nicht!).
Nach fünf Minuten ist auf dem ersten Kamm die Schutzhütte erreicht.
An ihr vorbei steigen wir ein paar Schritte hinab und dann in der ausgefrästen Abfahrtsspur des Skilifts rechts bergan (es gibt keine Möglichkeit, sich zu verlaufen).
30 - 40 min. braucht man bis zum Kamm beim Ende des Skiliftes; nun wenden wir uns nach links und marschieren auf dem Grat entlang wie bereits beschrieben, haben bald die Gipfelsäule des Nerodórrachi (2347 m) erreicht; noch wenige Meter weiter, und der Kamm bricht ab, steil hinab blicken wir direkt auf unseren Wanderweg zur Styx, wir erkennen Peristera, Mesorrougi und den Styxbach und haben nun auch zu Fuß unseren "Urlaubskreis" geschlossen.

Wir rollen zurück zum **Xerókambos**. Vor dem riesigen Skiparkplatz (mit seinem praktischen **Brunnen** mit Wasserhahn) und an seinem Ende führen zwei Asphaltsträßchen um den Parkplatz herum, um sich in der Mitte zu treffen. Dort zweigt nach Osten eine Schotterpiste nach PERISTERA im **Krathis-Tal** ab; bei unserem letzten Besuch schien sie zum Asphaltieren vorbereitet zu werden.

Im Hintergrund: Piste hinab nach Peristera

Ganz kurz die Beschreibung dieser Piste: Zunächst eben durch traumhafte Gebirgslandschaft. Nach 3,0 km Gabelung, man muss sich rechts (bergan) halten. Nach 4,0 km Sattel, ab hier geht es bergab, steil bis sehr steil in Serpentinen. Nach 11,5 km ist man in PERISTERA am Wanderparkplatz zur Styx.

Wir rollen die Ski-Center-Straße wieder hinab, biegen an der Hauptstraße links (Wegweiser: ANO LOUSI).

Die neue, schwarze Teerstraße führt an ANO LOUSI vorbei in Serpentinen in ein wärmeres Tal – das **Epánokambos**! Und zu besichtigen gibt's auch noch was!
Hinter der Taverne "Helmos" in KATO LOUSI biegen wir rechts in eine Seitenstraße (Wegweiser: "LEFKI" und "Ancient Lousoi"); gegenüber der Taverne **Brunnenwand**.
In der Antike gab es am Rande des **Epánokambos** eine große Stadt mit Tempeln, Rathaus und einer wehrhaften Stadtmauer – das **antike Lousi**! Der Reiseschriftsteller Pausanias fand sie jedoch bei seiner Reise durch die Peloponnes im 2. Jahrh. n. Chr. nicht mehr vor – ob wir mehr Glück haben?
Rechts der Straße liegt nach 3,2 km ein antikes, halbkreisförmig gebogenes Brückchen, zum Südwestrand der Ebene werfen wir suchende Blicke in die Hangpassagen. Nach 4,2 km zweigt nach links eine Straße ab, der Wegweiser besagt: Ancient Lousoi/Tempel of Artemis.
Wir schnaufen bergauf, sichten nach 1200 m die ersten (bescheidenen) Ausgrabungen der antiken Stadt.
Nach 1500 m kommt eine Rechtsserpentine (mit schönen, ebenen Parkplätzen auf der Wiese).

(203) WOMO-Stellplatz: Lousi/Artemistempel
GPS: N 37° 58' 17.4" E 22° 06' 36.7"
Max. WOMOs: 1-2.
Ausstattung/Lage:
keine, Spazierweg zum Tempel/außerorts, nachts einsam.

Jetzt kann man steil den Hang hinauf abkürzen (zu Fuß!), wo man schon einen Maschendrahtzaun erspäht hat. Dort gibt's mehr zu sehen: Die Ruinen des **Artemistempels** aus dem 4. Jh. v. Chr., sein Baumaterial benutzte man, um auf den verbliebenen Grundmauern eine byzantinische Kirche zu errichten. Nach Osten zu erkennt man die halbkreisförmige Apsis (so etwas hatten Tempel nicht!).
Besonders schön ist auch der Blick über die Ebene bis hinüber zu unseren **Helmos**-Gipfeln.

Können Sie sich noch an Proitos erinnern? Richtig, das war der Tiryns-Herrscher (Tour 3), der so viel Glück mit seinem Bautrupp, den kräftigen Kyklopen aus Lykien hatte. Dieser Proitos hatte drei Töchter – Lysippe, Iphinoe und Iphianassa. Wie das bei unterbeschäftigten Königstöchtern so ist (siehe "Goldenes Blatt"), guckten sie zu oft in den Spiegel und kamen sich irgendwann schöner vor als Hera, des Zeus' Gemahlin.
Ob diese schon in die Jahre gekommen war?
Jedenfalls fand sie die Anmaßung gar nicht lustig und verwandelte die Damen in vom Wahnsinn gerittene Kühe. In ihrer Not flüchteten die Kühe (Pardon: Damen) sich in eine Höhle im Helmos-Gebirge, die Seenhöhle Kastria –

und trafen dort, wie praktisch, auf den Seher Melampous, der sie heilte. Wir interessieren uns für die Höhle eigentlich mehr aus geologischer Sicht, ähnelt ihre Entstehung doch den Problemen, die die Minyer (nahe Theben) mit ihrer Kopais-Ebene hatten. Sie ließ sich nach heftigen Regenfällen nur durch sog. Katavothren entwässern – bei Stau gab's Hochwasser.
Nun, unsere Epánokambos-Ebene hat diese Probleme nicht, ihre Katavothren, unterirdische Abflussröhren, mündeten in einen ebenfalls unterirdischen Fluss – und dieser schuf die **Seenhöhle von Kastria**.

Wir düsen bis KATO LOUSI zurück, biegen rechts, rollen an einer bizarr ausgewaschenen Schlucht entlang und stehen nach 4 km auf dem Parkplatz der Seenhöhle (offen: 9 - 19 Uhr).

(204) WOMO-Stellplatz: Seenhöhle Kastria

GPS: N 37° 57' 42.0" E 22° 08' 29.6" **Max. WOMOs:** 1-2.
Ausstattung/Lage: Tropfsteinhöhle, Gaststätte/außerorts. **Zufahrt:** s. Text.

Uns hat die Höhle sehr gut gefallen, aber wir mögen Höhlen! Kritiker fänden es gar nicht lustig, dass die Sinterterrassen, durchaus fotogen in Stufen angeordnet, nur nach dem Frühjahrsregen wassergefüllt sind – und dass weite Bereiche der Höhle zwar schon erforscht, aber noch nicht für Besucher zugänglich sind. Die Führung wird in flüssigem Griechisch vorgetragen, aber man bekommt für 9 € (6-16 J. 4,50 €) nicht nur eine Eintrittskarte, sondern auch ein informatives Faltblatt mit deutschem Text. Nach dem Zwischenaufenthalt im sonnigen Epánokambos kommt einem die Höhle recht frisch vor – Jeans könnte man vertragen (und in einer Strickjacke würde man nicht schwitzen)!

Wanderungen machen hungrig – auch unterirdische! Wie der Zufall es will, haben wir für Sie etwas ganz besonderes auf Lager, nur wenige Kilometer entfernt: In der rotbraunen Schlucht rollen wir weiter nach Süden, passieren nach 2 km KASTRI (nach 3 km prächtige **Brunnenwand** rechts) und nach 4,5 km zweigen wir nach links Richtung PLANITERO ab.
Die Natur steigert sich in Windeseile zu einer Orgie: Ein schmales, schattiges Tal mit steilen Wänden verschlingt uns, darin ein über Steine schießender, glasklarer Gebirgsbach – und daneben und darüber idyllisch gelegene Gaststätten, die als Spezialität die Forellen dieses Baches anbieten.
Nach 1200 m seit der Abzweigung beginnt das Restaurant-Angebot, bei »km 3,0« rollen wir nach rechts über eine Furt in einen Platanenwald mit Picknicktischen und -bänken.
Im Umkreis von wenigen Metern haben wir die Wahl zwischen mehreren Gaststätten!

(205) WOMO-Picknickplatz: Planitero

GPS: N 37° 55' 58.8" E 22° 10' 06.6"; 630 m. **Max. WOMOs:** 3-4.
Ausstattung/Lage: Baumschatten, Tische & Bänke, Fischrestaurants/außerorts.
Zufahrt: s. Text.

Forellengaststätten in Planitero

Wohlgesättigt kehren wir nach KALAVRITA zurück (eine gute, von uns ausprobierte Variante ist die Fahrt über KLITORIA).
Wir haben nur noch einen Urlaubsendwunsch: Ein ruhiges Badeplätzchen!
Knapp 12 km rollen wir von KALAVRITA nach Westen (Richtung PATRA), bis wir auf die Abzweigung nach EGIO stoßen (Tageskilometer auf "0" stellen). Auch die 38 km dieser Bergstraße nach Norden, auf den **Golf von Korinth** zu, haben ihren ganz besonderen Reiz: Die Straße ist mal alt und schmal, dann wieder neu und breit (in den Dörfchen ganz schmal); die Aussicht über gelb verbrannte Hügel hinauf zu spitzen Zinnen und hinab in wilde Schluchten ist immer wieder ein Erlebnis.
Brunnen finden Sie am Ortsbeginn von GOUMENISSA (rechts, mit schattigen Sitzplätzen; ebenso vor KORFES) und am Ortsende von FTERI (links, unter Schattenbäumen).
1500 m später, bei »km 18,2«, kommen wir an der Kapelle des **Heiligen Vlasios** (rechts unterhalb der Straße) vorbei. Schnell stoßen wir rückwärts in die Stichstraße hinein und haben einen aussichtsreichen und ruhigen Übernachtungsplatz gefunden [**206:** N 38° 09' 28.1" E 22° 04' 50.6"].
Wer's noch bequemer haben möchte, findet 5400 m später (noch hinter PIRGAKI, bei »km 14,5«9 rechts der Straße) ein (leider halb verbranntes) Pinienwäldchen [**207:** N 38° 10' 28.0" E 22° 04' 59.2"] mit Picknickplätzen, Tischen und Bänken.

Wir aber **w**ollen **w**ieder **W**asser!
Nichts ist einfacher, denn steil geht's nun bergab und im Nu rollen wir neben dem gewaltigen, völlig trockenen Schotterbett des **Selinous** unter der Autobahn hindurch. Jetzt kommt's darauf an, wie gut Sie sich an Ihren ersten Urlaubstag mit uns erinnern können:
Wir biegen in der Ortsmitte von EGIO rechts, tuckern durch TEMENI hindurch, passieren Sportplatz und Parkanlage von Valimitika und rollen an "unserem" Strand [N38° 13' 46.1" E22° 8' 46.3"] 1100 m östlich von VALIMITIKA aus.

Jetzt lassen wir Sie in RUHE,
jetzt können Sie endlich allein URLAUB machen!

TIPPS und TRICKS – alphabetisch geordnet

ABSCHLEPPSTANGE / ABSCHLEPPSEIL

Unsere Autos sind immer zuverlässiger geworden. Um so weniger Gedanken macht man sich über eine Panne. In entlegenen Gebieten kann ein liegengebliebenes Fahrzeug aber schon zu einem mittleren Problem werden. Staub setzt Luftfilter und Vergaser zu, spitze Steine können gegen Bremsleitungen oder die Gummimanschetten der Gelenkwellen fliegen, von Schlimmerem wollen wir lieber schweigen.
Die Hilfe nahezu jedes Verkehrsteilnehmers kann man voraussetzen! Hier ist jeder auf die Partnerschaft des anderen angewiesen und verhält sich auch entsprechend. Aber haben Sie sich schon einmal Gedanken darüber gemacht, wie man 2 bis 3 Tonnen Abschleppgewicht mit ausgefallenem Bremskraftverstärker ein vorher kaum beachtetes Gefälle hinabbewegt? (Bremskraftverstärker werden nur bei laufendem Motor "geladen"!)
Auch wenn das WOMO am Sand- oder Kiesstrand versackt, geben Sie bei Schiebeversuchen eine schlechte Figur ab.

Tipps:

>> *Wir haben die besten Erfahrungen mit unserer Abschlepp***stange** *gemacht.*

>> *Probieren Sie sofort nach dem Kauf die Montage aus, manche Abschlepphaken sind noch nicht genormt.*

>> *Kaufen Sie die Abschlepphilfe lieber eine Nummer zu kräftig. Denken Sie daran, was Sie alles zusätzlich zum zulässigen Gesamtgewicht dabeihaben!*

ADRESSEN

Kurz vor der Grenze holen wir Pässe und Grüne Karte aus dem Geheimfach.
Was tun, wenn der Pass noch beim letzten Campingplatz auf dem Tisch der Rezeption liegt?
Was tun, wenn nach einem Verkehrsunfall die Polizei den Pass einzieht und man sich ungerecht behandelt fühlt?
Was tun, wenn das ganze Geld oder sogar das Auto geklaut wurde?

Tipps:

>> *Die deutschen Vertretungen tun in solchen Fällen* **wirklich** *alles, manchmal sogar mehr und vor allen Dingen erfolgreicheres, als man sich vorstellen kann.*
Deutsche Botschaft, Odos Karaoli kai Dimitriou 3, GR-10675 Athen
(Man geht vom Parlamentsgebäude ca. 600 m nach Osten und biegt von der V. Sofias nach links in die Karaoli-Dimitriou-Str. ein).
*Tel. 21 07 28 51 11, boathens@compulink.gr * www.germanembassy.gr*
Deutsches Generalkonsulat, Thessaloniki, Odos Karolou Dil 4 a.
(Man geht vom Weißen Turm aus ca. 800 m die Hafenstraße V. Konstantinou entlang und biegt dann rechts ein. Etwas näher ist es vom Eleftherias-Platz in entgegengesetzter Richtung).
Weitere Konsulate in:
Ioannina, Tsavela 5
Patra, Trion Navarchon 65 Antonopoulou 172
Volos, Leofaros Vasileos, Konstantinou 65

>> *Bei Problemen in Zusammenhang mit dem Fahrzeug können vielleicht die Stationen des Automobil- und Touring-Clubs von Griechenland (ELPA) helfen. Sie verfügen auch über eine Liste von Rechtsanwälten in verschiedenen Städten, die kostenlos Rechtsauskünfte geben (siehe "Autohilfsdienste").*

>> *Die Chefin unseres Fährbüros in Igoumenitsa ist Rechtsanwältin und Honorarkonsulin (siehe Buchende)!*

ANTIKE STÄTTEN / MUSEEN

Griechenland ohne seine antiken Säulen – unvorstellbar. Leider hat das auch schon das zuständige Ministerium gemerkt – und man sahnt bei den kulturbewussten Touristen saftig ab. Dabei muss man nur ein paar Kleinigkeiten beachten, und schon lacht der Geldbeutel.

Tipps:

>> *An den höchsten Feiertagen (und sonntags von November - März) ist der Eintritt zu allen staatlichen Museen und klassischen Stätten kostenlos.*

>> *Fotografieren mit Blitzlicht ist oft verboten – aber bei guten Digitalkameras kann man die Filmempfindlichkeit bis zu ISO 1600 einstellen. Da geht's meist auch ohne Blitz.*

>> *Für Videokameras musste man eine separate Eintrittskarte lösen – diese Regelung ist offensichtlich abgeschafft worden.*

>> *Alles, was nicht "klassisch" im griechischen Sinne ist, wie z. B. römische, fränkische oder gar türkische antike Stätten sind oft kostenlos zu besichtigen, natürlich auch abgelegenere und weniger bedeutende griechische Kulturstätten.*

>> *Die Öffnungszeiten: Mo geschlossen, Di-Fr 8-15 (19) Uhr, Sa/So 8-15 Uhr.*

>> *Hunde dürfen im allgemeinen nicht mitgenommen werden – auch wenn streunende griechische Hunde die Regel sind!!!*

>> **Senioren über 65 zahlen nur die Hälfte!**

ÄRZTLICHE HILFE

Die meisten griechischen Ärzte sprechen deutsch oder englisch. Auskunft über die Sozialhilfeabkommen, die die ärztliche Hilfe im Ausland regeln, sowie über die Mitnahme von nötigen Papieren, erteilt die AOK.
Privatpatienten sei angeraten, außer einer ausführlichen Rechnung eine Umtauschquittung einer Bank (Serbien) bei der Krankenkasse einzureichen. So kann bequem von ausländischer Währung in Euro umgerechnet werden.

AUTOHILFSDIENSTE

Der Automobil- und Touringclub Griechenlands (ELPA) hat einen Straßenhilfsdienst wie der ADAC. Gelbe Wagen mit der Aufschrift "ASSISTANCE ROUTIERE" leisten auch ausländischen Fahrern Hilfe.
Falls Ihr Fahrzeug liegenbleibt, gilt als Notsignal das Offenhalten der Motorhaube oder das Anbringen eines gelben Tuches an auffälliger Stelle. In vielen (aber nicht allen) Orten kann der Streifendienst (OVELPA) unter der Rufnummer 104 erreicht werden.
Der ADAC hat in Zusammenarbeit mit der ELPA eine deutschsprachige Notrufstationen in Athen eingerichtet:

Tel. 21 09 60 12 66
info@elpa.gr * www.elpa.gr

In Italien: Abschlepphilfe des ACI 116, Notruf ADAC: 02-661591
In Österreich betreut der ÖAMTC: 120 österreichweit ohne Vorwahl
In der Schweiz: Pannenhilfe des TCS: 140

Tipps:

>> *Die meisten Tankstellen und Werkstätten in der Provinz haben zumindest einen Mechaniker, der im Ausland gelernt hat (meist in Deutschland). Auch bei zunächst aussichtslos erscheinenden Problemen kann man auf ihre Findigkeit hoffen. Manches Ersatzteil haben sie flugs aus einem Wrack ausgebaut, statt es teuer und zeitraubend zu bestellen.*

>> *Trotzdem sollte man sich* **vor** *dem Urlaub ein Verzeichnis der Fachwerkstätten seiner Automarke anfordern. Dort ist man an Ersatzteilen gut sortiert.*

BABY

Mit einem Baby oder Kleinkind in die griechische Sonne? Wir haben nur gute Erfahrungen gemacht. Kinder liegen nicht so verrückt wie Erwachsene in der brütenden Sonne. Magen- und Darmkomplikationen bleiben meist aus, wenn man noch fertige Babykost füttert.

Tipps:

>> *Schon* **vor** *der Reise beginnen, das Baby an die Sonne zu gewöhnen; stets eincremen, hohen Schutzfaktor wählen.*

>> *Hütchen und baumwollenes T-Shirt sind Pflicht, der Rest des Körpers ist wesentlich unempfindlicher.*

>> *Bei längerem Spielen in der Sonne Sonnenschirm aufstellen.*

>> *Babykost, Windeln und spez. Medikamente (Kinderarzt fragen!) von zu Hause mitbringen. Selbstverständlich erhält man alles auch in Griechenland, aber Vertrautes erspart Ärger.*

>> *Buggy und Babyrückentrage sind für Besichtigungen unentbehrlich. Kein noch so geduldiges Kleinkind tippelt freiwillig durch Gegenden, denen es kein Interesse abgewinnen kann.*

>> *Getränkewünsche unbedingt erfüllen und zwar mit schwach gesüßtem Tee (als Pulver mitnehmen) oder selbst angerührter Limo (siehe "Getränke"). Gekaufte Getränke sind viel zu zuckerhaltig, um erfrischend zu wirken.*

>> *Wasser unbedingt mit Entkeimungsmitteln behandeln (siehe "Trinkwasser").*

>> *Der vertraute Mittagsschlaf lässt sich nicht bei allen Kindern bei griechischen Temperaturen durchsetzen. Auch die abendlichen Zubettgehzeiten sind zu früh. Passen Sie sich den griechischen Gewohnheiten an, wenn Ihre Kinder mitmachen. Lassen Sie sie länger auf, sie schlafen dafür auch (angenehmer Nebeneffekt!) länger.*

>> *Vorsicht ist bei den beliebten "pommes" geboten. Sie werden fast überall in Olivenöl bereitet (welches längst nicht so heiß werden darf wie unser Friteusenfett) und triefen vor Öl. Bleiben Sie hart – oder decken Sie sich mit Kohletabletten ein..*

>> *Wichtigste Urlaubsutensilien für Ihr Kind sind: Lieblingsschmusetier, Sandspielsachen, Badeschuhe, Schwimmflügel, Schwimmreif, Malsachen und Tonbandkassetten für die Fahrt.*

BERGWANDERN/BERGSTEIGEN

Wir trauen uns kaum, es laut zu sagen: Hier sind die Insider unter sich. Die Berge, ja nahezu das ganze Binnenland sind **noch** völlig touristenleer.
Dabei bietet Griechenland wesentlich bessere Bedingungen als zum Beispiel Österreich, vor allem was Bergklima und -temperaturen anbetrifft.
Allerdings sind die griechischen Berge z. Zt. nur etwas für Asketen oder Wohnmobilbesitzer, denn touristische Einrichtungen gibt es im Gebirge kaum. Auch Wanderwege mit Markierungen darf man nicht im mitteleuropäischen Sinne erwarten.

Wanderkarten im Maßstab 1: 50.000:

a) Z. Zt. nur noch antiquarisch gibt es eine Wanderkarte der Peloponnes von Freytag & Berndt mit vier Wandergebieten: Helmos/Killini, Menalo, Taigetos.
b) Der griechische Verlag Anavasi hat bereits acht Wanderkarten der schönsten Gebirgsregionen Griechenlands herausgebracht (im deutschen Buchhandel über GeoCenter, Stuttgart).

Deutschsprachige Literatur (z. T. nur antiquarisch):

Bruckmann, Erlebnis Wandern: Wanderungen auf dem Peloponnes
Carl A. Berndt: Richtig wandern Peloponnes, DuMont
Stüken/Kirschnik: Peloponnes per Rad, Kettler

Naturparks in Europas, Pawlak-Verlag, Herrsching.
Info-Heft "Berghütten/Skizentren" vom Griechischen Fremdenverkehrsamt (Adresse siehe "Literatur").
Als WOMO-Fahrer braucht man die angebotenen Schutzhütten im Normalfall nicht, da man sie direkt mit dem Wohnmobil anfahren kann. Von dort aus sind die meisten Gipfel in einer gemütlichen Tagestour zu erreichen.

Tipps:

>> *Glauben Sie nicht, bei griechischen Zweitausendern auf Bergschuhe, Anorak, Rucksack mit Feldflasche (pro Mann mind. 1 Liter), Proviant und Kompass/GPS-Gerät verzichten zu können!*

>> *Häufig ist von der Schutzhütte aus der Weg zum Gipfel mit roten Farbklecksen markiert, manchmal sind an strategischen Punkten Steinmännchen angehäuft.*

>> *Nehmen Sie stets den gleichen Rückweg. Wenn Sie sich verirren, findet Sie niemand.*

>> *Gehen Sie nie allein auf Tour!*

>> *Im nächsten Internet-Café können Sie sich über: www.wetter.com, www.wetterbericht.de oder www.wetteronline.de leicht den Wetterbericht von Ihrem Wandergebiet anschauen. Verschieben Sie eine Tour bei zweifelhafter Vorhersage: Regen, ja sogar Hagelschauer, aber auch dichter Nebel können zu wahrhaft ungemütlichen, mit Kindern zu unverantwortlichen Situationen führen.*

>> *Jeder Gipfel, nicht nur der höchste, belohnt Sie mit atemberaubender Sicht. Aber auch herrliche Wanderungen durch Schluchten und zu Bergseen finden Sie in unseren Touren.*

CAMPINGMÖBEL

So komfortabel auch manches WOMO eingerichtet ist, im Freien sitzt es sich doch meist ungezwungener, der Freiraum ist einfach größer. Andererseits will man auch nicht den Eindruck eines Dauerlagers erwecken und nicht stundenlang beim Aufbruch einräumen.

Unverzichtbar sind jedoch:

* Campingtisch und -stühle,
* Großes Sonnensegel,
* Sonnenschirm,
* Campingliegen
* evtl. Hängematte

Tipps:

>> *Sparen Sie nicht bei den Campingmöbeln, nehmen Sie Alu! Es ist leichter und hält (Salzluft!) viel länger.*

>> *Die Sonne scheint morgens und abends ganz flach unter das Sonnensegel (oder die Markise). Deshalb sollte der Sonnenschutz reichlich dimensioniert sein. Er sollte über die ganze Länge des Fahrzeugs reichen und eine Tiefe von 2,50 m haben. Auch hier sollten die Aufstellstäbe aus Alu sein. Teleskopstangen helfen, Platz zu sparen.*

>> *Oft ist es günstiger, sich das Sonnensegel nach den Maßen des Fahrzeugs schneidern zu lassen oder selbst zu schneidern. Wählen Sie dann Dralon-Stoff; er ist völlig unempfindlich gegen Feuchtigkeit und schimmelt nicht.*

>> *Sollten Sie Stoffreste übrig haben, so versehen Sie sie auch mit Kederband. Sie können daraus Sonnenschutz für die ausgestellten Fenster herstellen.*

>> *Unter dem Sonnenschirm versammelt sich am Strand oft die ganze Familie, wenn es am Fahrzeug zu heiß ist. Ist der Durchmesser geringer als zwei Meter, gibt es meist Streit. Das Gestell muss gegen die tiefstehende Sonne abknickbar sein.*

>> *Ein komplettes Vorzelt halten wir für überflüssig.*

DEVISEN

Mit dem Euro gibt es ja wohl keine Probleme mehr!?
Natürlich kann man aus Sicherheitsgründen nicht seine ganzen Urlaubsfinanzen in bar herumschleppen.
Deshalb vertrauen wir auf ec-Karte und Visakarte!
Mit dieser Kombination – ec-Karte fürs Geldabheben am Bankautomaten (Gebühr pauschal ca. 2,50 €), Visakarte fürs Tanken (nicht an vielen GR-Tankstellen!) und größere Einkäufe – kann überhaupt nichts schief gehen!

DUSCHE

Eine eingebaute Duschkabine im WOMO ist eine feine Sache, wenn man mal von den Kondenswasserproblemen in der kalten Jahreszeit absieht. Verzichten kann man aufs Duschen auch nicht, weil sich mit der Zeit auf der Haut vom Salzwasser eine Salzschicht bildet und sie rissig macht.

Tipps:

>> *Haben Sie eine* **eingebaute** *Dusche, so stellen Sie den Kanister mit dem Duschwasser in einen schwarzen Plastikbeutel und diese "Solareinrichtung" in die Sonne. Ihr Duschwasser wird nach kurzer Zeit eher zu heiß als zu kalt sein, und Sie sparen eine Menge Gas.*

>> *Sie beziehen Ihr Duschwasser aus dem Tank? Dann ist Ihnen im heißen Griechenland mit der Solardusche geholfen. Sie hängen den schwarzen 15-l-Plastiksack mit Duschkopf an den nächsten Baum oder das WOMO und nach zwei Stunden kann's los gehen (Camping-Fachhandel, ca. 10 Euro).*

EINREISEFORMALITÄTEN

Für den deutschen Urlauber gilt folgendes: Reisepass oder Personalausweis, Führerschein, Autopapiere, grüne Versicherungskarte nicht vergessen.
Bei Anreise über den Balkan dürfen SRB (Serbien), MK (Mazedonien) bzw. AL (Albanien) nicht durchgestrichen sein.
Zwar braucht man für das EWG-Land Griechenland keinen Pass, aber für die evtl. Anreise über den Balkan.
Kinder bis zu zwölf Jahren brauchen einen Kinderreisepass, immer mit Lichtbild, auch bei Neugeborenen.
Das Fahrzeug wird nicht mehr in den Pass des Besitzers eingetragen.
Die Einfuhr eines CB-Funkgerätes, das fest installiert ist, verbietet man zwar nicht, wohl aber dessen Gebrauch. Keine Verbote gibt's für die Handy- Benutzung.

FÄHREN

Nicht nur zwischen den griechischen Inseln und dem Festland besteht ein reger Autofährenbetrieb. Auch wer den Balkan fürchtet, den Maut-Nepp nicht mitmachen will oder wem zweimal 2000 km An- und Heimreise (bis Thessaloniki!) einfach zu lästig sind, kann Griechenland buchen.
Es bestehen Fährverbindungen zwischen Italien (Venedig, Ancona, Bari und Brindisi) und Griechenland (Igoumenitsa, Patra und Korfu). Für alle diese Fährverbindungen gilt zumindest für die Hauptsaison: RECHTZEITIG BUCHEN (siehe Buchende)!
Immer wieder brüstet sich ein ganz Schlauer, dass er direkt am Fährhafen günstiger "gefahren" sei. Wir verzichten für ein paar Euro Aufpreis gerne auf das zweifelhafte Vergnügen, eine zusätzliche Nacht im Fährhafen zu verbringen.

Tipps:

>> *Buchen Sie bei einem großen Reisebüro, das Sie gut kennen – oder noch besser bei "unserem" Fährbüro in Igoumenitsa (siehe Infoblatt auf S. 310).*

Fällt eine Fähre aus, haben Sie dort die größte Sicherheit, Ihr Geld wieder zu bekommen.

>> *Inzwischen haben alle Fährlinien auch eine Internetadresse. Manche bieten auch schon an, direkt zu buchen (siehe "Anreise").*

>> *Vergessen Sie nicht: "Camping an Bord" erspart Ihnen den Kabinenpreis, aber die Gasbenutzung ist dabei verboten, Strom bekommt man. Ein kleiner* **Tauchsieder** *sorgt für heißes Kaffee- oder Teewasser.*

>> *Falls es Sie auf eine griechische Insel zieht: Euböa und Lefkas sind kostenlos zu erreichen; Korfu, Kefallonia, Thassos usw., die direkt vor der Festlandküste liegen, werden täglich preiswert angefahren. Kreta ist eine Extrareise wert, und die Inseln vor der türkischen Küste sollte man besser für eine Flugreise ins Auge fassen.*

FAHRZEUG

Wenn das Auto nicht mehr läuft, "läuft" gar nichts mehr im Urlaub. Nur das beruhigende Gefühl, alles getan zu haben, damit Motor, Getriebe, Reifen und Fahrgestell ihre Höchstleistungen auf staubigen Schotterstraßen und an steilen Gebirgsstrecken bei Temperaturen bis 40 °C bringen können, kann stressfreie Fahrtage garantieren.

Tipps zum Abhaken:

>> *Kundendienst vor dem Urlaub gemacht; besonders wichtig:*
Ölwechsel, Bremsbeläge, Luftfilter, **2 x** *Batteriedienst.*

>> *Ersatzteile (evtl. als Paket von der Werkstätte mit Rückgaberecht bei Nichtgebrauch):*
** Reservezündkerzen * Reservebirnenset (komplett?)*

>> *Pannenausrüstung (komplett?):*
** Reservekanister * Reserverad mit Profil,* **Luftdruck o. K.**?
** Ersatzschlauch (auch bei schlauchlosen Reifen!)*
** Abschleppstange, ausprobiert? * Passender Wagenheber, ausprobiert?*
** Warndreieck * Erste-Hilfe-Koffer, komplett?*
** Werkzeugkoffer, komplett?*
** Verzeichnis der Auslandskundendienstwerkstätten meiner Automarke.*

>> *Scheibenwaschanlage gefüllt, "Scheibenkratzer" mit Gummilippe und Schaumstoffwulst (Insekten!) vorhanden?*

>> *Feuerlöscher o. K.?*

>> *Am Tag vor der Abfahrt mit allen Teilnehmern und dem fertig gepackten Fahrzeug auf eine öffentliche Waage fahren. Übergewicht, wenn möglich, vermindern. Jedes Kilo zusätzliches Gepäck erhöht nicht nur den Treibstoffverbrauch, sondern beeinflusst Fahrverhalten, Bremsweg, Lenkbarkeit und Steigfähigkeit negativ.*

FILMEN/FOTOGRAFIEREN

Zweifelsohne verstärken die mitgebrachten optischen oder sogar akustischen Urlaubserinnerungen die Vorfreude auf die nächste Reise. **Für jegliches Film- und Videomaterial gilt: Reichlich von zu Hause mitbringen!** Die Preise in den Urlaubsländern sind stets höher, von der Auswahl ganz zu schweigen.

Tipps:

>> *Ihre Digitalkamera ist neu? Dann bedenken Sie: Die mitgelieferte Speicherkarte ist ein (schlechter) Witz. Sie brauchen pro Bild etwa 1 MB!*

>> *Nicht nur die Natur und Ihre Lieben sind fotografierenswert. Für die schönen Fresken in den dunklen Kirchen und die herrlichen Tropfsteinhöhlen brauchen Sie ein Stativ, denn Blitzlicht ist meist verboten, weil es den Kunstwerken schadet!*

>> *Denken Sie an einen Vorrat der benötigten Batterien (am besten aufladbare NiMH-Akkus) für Blitzgerät und Kamera.*

>> *Ein 12-V-Ladegerät für die Batterien der Digitalkamera, Videokamera usw. sollte immer an Bord sein (oder ein Wechselrichter).*
>> *Schauen Sie öfter nach dem Objektiv. Seeseitiger Wind bläst Salzwasserspritzer auf die Linse. Vorsichtig mit einem angefeuchteten Läppchen abtupfen, dann trockenwischen.*
>> *Machen Sie Ihre Fotos möglichst vor 10 und nach 16 Uhr, andernfalls hilft nur ein UV-Filter gegen Verschleierung.*

FLORA UND FAUNA (siehe auch "Literatur")

Die mediterrane Tier- und Pflanzenwelt ist uns zum Teil völlig fremd. Es lohnt sich, ihr mehr als einen Blick zu widmen.
Vor allem beim Spiel am Strand aber auch bei den Gebirgstouren trifft man auf vieles, was einem unbekannt ist. Gut gestaltete Bestimmungsbücher machen es auch dem Laien leicht, sich zurecht zu finden.
Dabei kann man in Griechenland fünf natürliche Lebensgemeinschaften unterscheiden, in denen zum Teil völlig verschiedene Pflanzen vorkommen:

1. Fels- und Sandküsten, evtl. mit den dahinter liegenden Salzmarschen. Hier suchen wir nach dem, was das Meer angespült hat, bewundern die Pflanzen, die sich bis zum Salzwasser vorwagen wie die Pankrazlilie oder die Stranddistel sowie die Salzpflanzen Wilder Fenchel und Strandflieder, den wir in unseren Trockensträußen wiederfinden.
2. Immergrüne Wälder
   Leider hat der Holzbedarf des Menschen die riesigen Wälder, die aus dem Altertum bekannt waren, stark zusammenschrumpfen lassen. Immergrüne Eichen, wie die Steineiche und die Kermeseiche sowie Pinie und Kiefer sind am häufigsten. Zwischen ihnen gedeihen Mastixstrauch, Baumheide, Christusdorn und Erdbeersträucher.
3. Sommergrüne Wälder
   Nur dort, wo im Gebirge die Wasserversorgung gesichert ist, begrüßen uns über den immergrünen Wäldern sommergrüne Eichen und Buchen mit heimischem Anblick.
4. Macchie/Garigues
   Die Strauchformationen der Macchie sind meist nicht ursprünglich, sondern durch Rodung und nachfolgende Beweidung entstanden. Hier haben wir eigentlich einen Übergangszustand zu den von den Hirten gewünschten Grasfluren vor uns, die dann aber durch Abschwemmung weiter zu vegetationsarmen Felsfluren verarmen.
   Straucharten, die sich durch schlechten Geschmack, Giftigkeit oder Dornen dem Verbiss durch Weidetiere widersetzen, bestimmen das Bild. Besonders auffällig ist der rosarote Oleander, der hier in der heißesten Jahreszeit blüht.
5. Felsfluren
   Von hier aus ist der Rückweg zum immergrünen Wald am schwierigsten, wird aber an vielen Stellen durch Aufforstungsaktionen versucht. Oft finden sich durch überstarke Beweidung nur noch ausgedehnte Distelfluren.

FREIES CAMPING/FREIE ÜBERNACHTUNGEN

Wo ist sie, die versprochene Freiheit der WOMO-Hersteller? Sowohl in Italien als auch in Griechenland ist das freie Camping verboten, oder?

Tipps für Italien und den Balkan:

>> *An den Raststätten und Parkplätzen der Hauptdurchgangsstraßen und Autobahnen wird niemand behelligt, der in seinem Fahrzeug schläft.* **Wegen des Verkehrslärms (und der Kriminalität gerade dort) würden wir an solchen Plätze allerdings keinesfalls nächtigen.**
>> *Wir empfehlen folgendes Verhalten: Fahren Sie noch bei Tageslicht von der Autobahn ab und suchen Sie sich in 1 - 3 km Entfernung einen Wald-*

oder Wiesenweg, wo sie gegen die Straße durch ein Gebüsch oder Bäume sichtgeschützt sind. Keine Privatperson, die Sie zufällig sieht, wird Sie behelligen. Sollten Sie wider Erwarten doch einem Polizisten in die Arme laufen, wird er Sie im schlimmsten Fall an einen Campingplatz verweisen.

Tipps für Griechenland:

<u>POLIZEI TOURISTICHE DE SPARTA</u>
<u>MELDUNG</u>

WIER BEGRUSEN SIE IN DER SCHONE LACONIA. Es ist notig zu wissen das es fon die Gesetzgebung her, ist nicht erlaubt die anlege oder parken, Zeltes oder Wohnwagen in archeologig platue, kusten, walt und in .... Da rum wir bitten sie das sie zu einen organisierten ZELTEN (CAMPING) platz ferbinten. Fur die Vermeidung unzufriedenen strafen (Strafanzeige oder – tat ertappt).- **VIELLE DANK. (D).**

>> *Freies Camping ist in Griechenland offiziell verboten; einmalige Übernachtungen werden zunehmend toleriert! Lediglich in Campingplatznähe taucht die Polizei häufiger auf (ein Schelm, wer Böses dabei denkt).*
Im Normalfall werden Sie an den Plätzen, die wir in unseren Touren beschrieben haben, gar keinem Polizisten begegnen.

>> *Sollte sich einer dorthin verfahren haben und sich Ihnen nähern: Begrüßen Sie ihn freundlich, möglichst griechisch, weisen Sie auf die Schönheit der Natur hin, zeigen Sie ihm Ihren Müllbeutel, Ihren Abwassertank und bieten Sie ihm vor allem einmal ein deutsches Bier an, nachdem Sie ihn zum Setzen genötigt haben. Er wird sich freundlich mit Ihnen unterhalten und Ihnen noch viel Spaß in Hellas wünschen.*

>> *Sollte er den "faux pas" begehen, das Wort "Camping" zu verwenden, dann weisen Sie ihn freundlich aber bestimmt darauf hin, dass Sie hier nicht campieren, sondern lediglich baden und bald weiterfahren werden (auch in Griechenland unterscheidet man zwischen "Freiem Camping" und "Parken"; Unterschied: Keine Campingmöbel usw. aufstellen).*

Hilfen bei der Platzsuche

Nutzen Sie jede Gelegenheit, mit anderen WOMO-Fahrern Tipps und Plätze auszutauschen. Markieren Sie die Stellen auf Ihrer Peloponneskarte.
Suchen Sie stets genau **zwischen** den Ortschaften am Strand. Dort ist der wenigste Trubel, denn Hotel- und Pensionsurlauber bleiben in der Nähe ihrer Unterkunft.
Ist der Strand von der Straße aus nicht zu sehen, beobachten Sie genau den Straßenrand. Pisten zu den Stränden sind schwer zu erkennen. Deutlich werden sie vor allem durch die Staubspuren, die auf die Teerstraße münden und die Müllbeutel, die (leider) immer noch an der Einmündung abgestellt werden. Vermehrt werden, in erster Linie für die einheimischen Wochenendbadegäste, Hinweisschilder angebracht. Sie sind oft klein, leicht zu übersehen und nur griechisch beschriftet.
Folgende Aufschriften sind möglich:

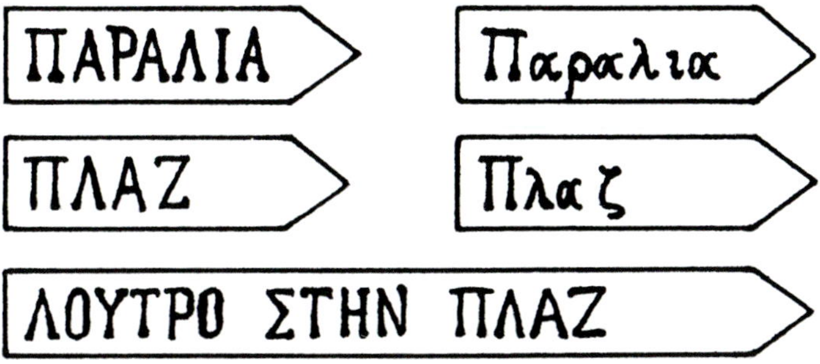

Einheimische geben gerne Auskunft! Lernen Sie den Satz.
„Pu íne o drómos pross paralía, parakaló?“ = „Wo ist der Weg zum Strand, bitte?“ (Siehe auch "Redewendungen").
Falls die Straße Kilometersteine besitzt, haben wir die Abzweigung zum Strand usw. auf 100 m genau angegeben, z. B. »km 15,3«.
Aufpassen! Nimmt entlang Ihrer Route die Kilometrierung **ab,** dann liegt z. B. »km 15,3« 300 m **vor** dem 15-km-Stein.

Campingplätze in Griechenland

Griechische Campingplätze sind über den gesamten Küstenbereich ungleichmäßig verteilt. Im Landesinneren liegen einzelne an den überlaufensten Plätzen touristischen Interesses.
Besonders dicht bepackt sind in der Region Argos/Tolo, südlich Githio, westlich Kalamata sowie am Küstenabschnitt zwischen Pirgos und Patra.
Die schönsten von ihnen haben wir im Verlauf unserer Touren beschrieben.
Die Preise für ein WOMO und zwei Personen liegen zwischen 15 Euro und knapp 25 Euro.
Im Gegensatz zum Balkan bekommt man dafür die Ausstattung geboten, die man auch von Deutschland gewöhnt ist. Die meisten Plätze liegen direkt am Wasser. Bis auf wenige Ausnahmen haben wir auch in der Hauptsaison keine überfüllten Plätze gesehen.
Wichtigstes Kriterium für die Wahl sollten deshalb sein:
Schatten, Wasserqualität (auch größere Ortschaften haben meist noch keine Kläranlage und leiten ihre Abwässer "pur" ins Meer), **Ruhe** (manche Camps werben mit einer Disco auf dem Platz) sowie der Möglichkeit, an einem **Stromanschluss** die Zweitbatterie aufladen zu können.
Trotzdem: Zwei Drittel aller Wohnmobilurlauber campen in Griechenland außerhalb von Campingplätzen.

GAS

Außer der Zweitbatterie die einzige Energiequelle beim freien Camping. Bei einer vierköpfigen Familie muss man mit einem Gasverbrauch von 3 - 4 kg pro Woche rechnen. Davon "frisst" der im Süden reichlich strapazierte Kühlschrank die Hälfte.

Tipps:

>> *Nur Propangas in 5- oder 11-kg-Flaschen kommt in Frage. Das Butangas in den bekannten blauen Flaschen ist (auch in Griechenland) viel zu teuer.*
>> *Die grauen Campinggasflaschen sind in Griechenland und auf dem Balkan nahezu unbekannt, es gibt also auch kaum Umtauschmöglichkeit!*
>> *Die in Griechenland an jeder Ecke angebotenen Propangasflaschen gibt es* **nur im Tausch! Die Anschlüsse passen nicht!! Was tun?**

1. Möglichkeit:
Sie leihen sich zu Hause bei Ihrem Flaschner eine zweite 11-kg-Flasche, meist wird eine Leihgebühr verlangt.
Mit 2 x 11 kg kommen Sie sicher über die Runden.

2. Möglichkeit:
In Griechenland gibt es überall Propangas, folglich auch Füllstationen. Diese sind in der Lage (und gerne bereit) auch deutsche Flaschen nachzufüllen.

3. Möglichkeit:
Kaufen Sie sich bei der Fa. Wynen-Gas, Freiheitsstraße 242, 41747 Viersen eine Tankflasche für ca. 300 €. Sie hat die Ausmaße einer gewöhnlichen 11-kg-Gasflasche und kann an jeder Autogas-Tankstelle preiswert gefüllt werden.
In letzter Zeit häufen sich allerdings Klagen über Verunreinigungen im Autogas, die zu Fehlfunktionen bei Heizung oder Kühlschrank führen können. Wynen bietet dafür sog. Ölfilter an, die in die Gasleitung eingebaut werden.

Auto-Gastankstellen auf der Peloponnes

Aigira Aegean LPG (Tour 1): N38° 09' 18.4" E22° 20' 41.7"
Nafplio LPG + Flaschenfüllung (Tour 3): N37° 35' 32.2" E22° 46' 58.3"
Nea Kios Avin LPG (Tour 3): N37° 35' 20.0" E22° 45' 32.6"
Pratirio LPG (Tour 4): N36° 51' 24.8" E22° 46' 59.7"
Patra Aegean LPG (Tour 1+12): N38° 12' 20.5" E21° 42' 37.2"
Autogas zum Füllen der Tankflasche gibt es inzwischen an jeder dritten Tankstelle!

Gasfüllstationen auf der Peloponnes

1. Südwestlich Patra
Auf der E 55 ca. 20 km nach Südwesten, dort bei Ampel nach links (Süden) ca. 5 km (Wegweiser: Industrial Area). Offen Mo - Fr: 7 - 15 Uhr
Petrogas: N 38° 06' 14.6"; E 21° 38' 05.5"
Westlich Kalamata Richtung Messini (Beschreibung in Tour 7).
Inzwischen geschlossen!

GESCHICHTE

Steinzeit (bis 2600 v. Chr.)
Über ganz Griechenland verteilt gibt es Belege für die steinzeitliche Besiedlung. Bekannte Beispiele sind Funde in der Alepotrypa- (Fuchsloch)-Höhle (nur 200 m von der Seenhöhle Glyfada bei Pirgos Dirou entfernt, beschrieben in Tour 6) und in der Höhle Kokkines Petres (Rote Steine) bei Petralona nahe Thessaloniki (beschrieben im Griechenland-Buch). Auch die Akropolis in Athen war bereits um 3000 v. Chr. besiedelt.

Frühhelladische Zeit (2600 - 1580 v. Chr.)
Neue Völkerstämme wandern von Osten nach Griechenland ein. Sie bringen Kenntnisse der Seefahrt und der Bronzebearbeitung mit. Sie schufen die Grundlagen der mykenischen Kultur. Ihre Toten begruben sie in Hockergräbern. Höhepunkt ist die Entwicklung der minoischen Kultur auf Kreta. Weitere Einwanderung von indogermanischen Stämmen aus dem Norden.

Späthelladische Zeit (1580 - 1100 v. Chr.)
Selbständige Königreiche mit stark befestigten Palästen entwickeln sich (Mykenä, Tiryns), auf der Akropolis von Athen entsteht ebenfalls ein Königspalast. Um 1200 v. Chr. findet der Krieg um Troja statt.

Geometrische und archaische Zeit (1100 - 480 v. Chr.)
Die indogermanischen Dorier lösen die mykenische Kultur ab. Übergang von der Bronze- zur Eisenzeit; die Polis, der griechische Stadtstaat, beginnt sich zu entwickeln. Das griechische Alphabet entsteht, eine umfangreiche Götterwelt beschäftigt die Phantasie der Menschen. 776 v. Chr. die ersten offiziellen Olympischen Spiele.

Klassische und Hellenistische Zeit (480 - 146 v. Chr.)
Griechenland besteht aus vielen rivalisierenden Kleinstaaten, verbunden nur durch das Orakel von Delphi und die Olympischen Spiele; Übergang von der Adelsherrschaft zur Demokratie. Wechselnde Vorherrschaften von Athen, Sparta, Korinth, Theben und schließlich der Makedonier Philipp II. und Alexander. Bündnisse miteinander sichern die Siege gegen die Perser, ihre Zerstrittenheit ermöglicht den Sieg der Römer.

Römische Herrschaft (146 v. Chr. - 395 n. Chr.)
Unter Augustus wird ganz Griechenland zur Provinz Achaia. Der Apostel Paulus missioniert in Philippi, Thessaloniki, Athen und Korinth, Ausbreitung des Christentums. Unter Kaiser Hadrian rege Bautätigkeit (vor allem in Athen). Mit der Teilung des Römischen Reiches kommt Griechenland zum Oströmischen (Byzantinischen) Reich. 393 n. Chr. letzte Olympische Spiele.

Erste byzantinische Zeit (395 - 1204)
Heidentum und Christentum konkurrieren miteinander, erst im 6. Jahrh. lässt Kaiser Justinian die letzten Tempel schließen. Wiederholter Einfall fremder Völker: Westgoten, Awaren, Slawen und Normannen; Seeräuber plündern die Inseln aus. Es folgt eine Periode der Ruhe und des Wiederaufbaues; rege byzantinische Kirchenbautätigkeit.

Fränkische Zeit (1204 - 1348)
Kreuzfahrer erobern Konstantinopel und gründen das Lateinische Kaiserreich, Griechenland zerfällt in mehrere Teilstaaten mit fränkischen Kreuzrittern als Fürsten. Gründung von Mistras und Monemvasia, Bau vieler fränkischer Burgen.

Zweite byzantinische Zeit (1348 - 1460)
Griechenland ist wieder in byzantinischer Hand, kulturelle Blütezeit. Nach dem Fall von Konstantinopel (1453) kommt nach und nach ganz Griechenland unter türkische Fremdherrschaft.

Türkische Herrschaft (1460 - 1821)
Die ständigen Kämpfe mit den Türken und die drückenden Lasten (z. B. Kopfsteuer) lassen das Land veröden. Nur die oft in unzugänglichen Gebieten liegenden Klöster bieten Schutz, bewahren griechische Schrift und Sprache.

Griechischer Freiheitskampf (1821 - 1830)
Am 25.3.1821 wird im Kloster Ag. Lavra (bei Kalavrita) die Freiheitsfahne geweiht; 1822 erobert der griechische General Kolokotronis Korinthos. Nach vielen Rückschlägen besiegelt die vernichtende Niederlage der türkischen Flotte in der Bucht von Navarino am 20.10.1827 das Ende der türkischen Fremdherrschaft. Auf Grund des zweiten Londoner Protokolls wird Griechenland unabhängiges Königreich mit dem bayerischen Prinzen Otto als erstem König.

Neuzeit (ab 1830)
Erst nach und nach werden Thessalien, Makedonien und die Inseln wieder griechisch. Der Versuch, auch die griechisch besiedelte Westküste der Türkei zu erobern, endet in einer Katastrophe. Es kommt zur Vertreibung hunderttausender Griechen aus Kleinasien, aber auch Türken und Slawen müssen Makedonien verlassen, wo die vertriebenen Griechen angesiedelt werden (Bevölkerungsaustausch). Griechenland ist nun ein national einheitlicher Staat.
Im II. Weltkrieg werden zunächst die Mussolini-Truppen nach Albanien zurückgedrängt, dann besetzen deutsche Truppen das ganze Land. Partisanenaktionen gegen die Besatzer werden mit dem Niederbrennen von Klöstern und der Ausrottung ganzer Dörfer "gerächt", schwere Hungersnöte.
Nach dem Krieg kommt es zu einem Bürgerkrieg zwischen Kommunisten und der königstreuen Armee, der erst nach dem (finanziellen) Rückzug Jugoslawiens zu Gunsten einer demokratischen Entwicklung beendet wird. Es beginnt eine Zeit wirtschaftlicher Entwicklung, die auch durch die Militärdiktatur (1967) nicht unterbrochen wird; Rückkehr zur Demokratie 1974. Seit 1983 gehört Griechenland als 10. Mitglied zur Europäischen Gemeinschaft.

GETRÄNKE

Wer auf seinen gewohnten Morgenkaffee nicht verzichten möchte, braucht sich zu Hause nicht mit Kaffeepulver einzudecken, denn inzwischen gibt es den LIDL auch in Hellas: Kaffee, Bier, H-Milch – alles wie gewohnt – und zusätzlich (natürlich) griechischen Wein usw.!
Kenner bringen sich eine große Saftpresse mit, denn die einheimischen Orangen sind ab Mai schon reif!
Bitte kaufen Sie nicht die großen 1,5 l Plastik-Mineralwasserflaschen! Im Lande sprudeln tausende von Quellen und Brunnen mit herrlichem Wasser

oft direkt in Ihren Wassertank hinein. Wir haben Sie auf unseren Karten genau eingezeichnet.
Über die Versorgung mit Wein und Bier brauchen wir nicht zu sprechen. Seit der Bayer Otto 1832 erster griechischer König der Neuzeit wurde, fließt auch der Gerstensaft in jedem Kafeneion.
Vor den schweren, süßen Weinen, meist mit der Bezeichnung "gliko" = süß oder "hemigliko" = halbsüß, muss gewarnt werden! Sie schmecken wie Ambrosia und wirken am nächsten Morgen wie ein Dampfhammer.
Sehr preiswert sind Retsina, der geharzte Weißwein (über dessen Geschmack nur Griechenlandneulinge streiten) und verschiedene, leichte Roséweine, die in 0,5-l-Bierflaschen angeboten werden. Von guter Qualität ist der trockene Demestika (rot, rosé und weiß; trocken heißt übriges "xiros").
Retsina erhalten Sie nicht nur im Supermarkt! Nehmen Sie leere Flaschen (und etwa 1,50 Euro/Liter), gehen Sie in die nächste Taverne und verlangen Sie "Retsina" oder fachmännisch "Retsina varellisia" = Retsina vom Fass.
Schärfere Sachen sind der auch bei Damen beliebte Ouzo, sowie der bekannte Metaxa-Weinbrand.
Das Angebot auf dem Markt der alkoholfreien Getränke ist reichlich. Da diese Getränke jedoch viel zu süßsind, um den Durst zu löschen, nehmen wir stets einen Vorrat an Zitronentee-Getränk und Himbeersirup mit.

Tipps:

>> *Praktisch sind die Kohlensäuresprudler von Typ "Soda Club" o. ä. Sie helfen, viele Flaschen Mineralwasser zu ersetzen und schonen dadurch die Umwelt. Gute Trinkwasserbrunnen finden Sie auf unseren Tourenkarten. Etwas Zitronenteepulver oder Himbeersirup dazu – und man hat so viel preiswerte "Limo", wie man möchte!*

>> *Auch bei Bergtouren verbessert ein Löffel Limopulver in der Feldflasche den "Wassergeschmack". Wir haben auf allen Bergtouren die Trinkwasserbrunnen angegeben.*

HAUSTIERE

Hunde, Katzen und auch Peterle, den geliebten Wellensittich, darf man mit in den Urlaub nehmen, wenn an der Grenze die Papiere stimmen.
Nach unseren Beobachtungen und Erkundigungen kommen auch Hunde mit dichtem Fell gut mit der griechischen Sonne zurecht.

Für Hunde und Katzen gilt:

Internationaler Haustierpass mit Tollwutimpfbescheinigung (mindestens 15 Tage, höchstens 1 Jahr alt) oder ein entsprechendes amtstierärztliches Gesundheitsattest mit Übersetzung in englischer oder französischer Sprache.
TIPP: Hunde nicht frei laufen lassen (ausgelegtes Rattengift)!

Für Ziervögel gilt:

Amtstierärztliches Gesundheitsattest, aus dem hervorgeht, dass das Wohngebiet seit 6 Monaten frei von Psittakose ist.

Bedenken Sie aber: Auf manchen Fähren, im Bus, im Taxi – und vor allem beim Besuch klassischer Stätten in Griechenland gibt es in der Regel Probleme mit dem Hund.

INSEKTENPLAGE

Man glaube ja nicht, Stechmücken gebe es nur in Finnland. Hinter manchem idyllischen Strand verbergen sich insektenbrütende Brackwassertümpel, aus denen vor allem zur Zeit des Sonnenuntergangs blutdurstige Schwärme auf Touristenjagd gehen. Auch Fliegen vermehren sich in den weggeworfenen Essensresten, die malerische Gebüsche vor unseren Augen verbergen.

Tipps:

>> *Schmieren oder sprühen Sie sich in entsprechenden Gebieten* **vor** *Sonnenuntergang mit* **Autan** *ein. Glauben Sie ja nicht, ein Mückenrüssel gehe*

nicht durch eine lange Hose hindurch, wenn sie an der Haut anliegt!

>> *Haben Sie noch keine Mückenrollos in Ihrem WOMO, so können Sie Fliegengaze zu Ihren Fenstern passend mit Klettband umnähen, das Gegenstück um die Fenster kleben (oder tackern) und die Gaze nur bei Bedarf andrücken.*

>> *Bedenken Sie:* **Alle** *Öffnungen nach außen müssen verschlossen werden, auch Türen und Dachluken. Bei der Eingangstür ist es praktisch, die Gaze in der Mitte mit einem Reißverschluss zu unterteilen.*

>> *Sprühen Sie eine Stunde vor dem Zubettgehen das WOMO mit Insektenspray aus. Gegen Mücken im Wageninneren hilft auch keine Moskitogaze – es sei denn, Sie benutzen ein Moskitonetz! Für das allein reisende Ehepaar ist es die luftigste (und preiswerteste) Lösung. In Kastenform bedeckt es das ganze Bett – und man kann alle Fenster weit öffnen.*

KARTENMATERIAL

Jede Karte ist nur so gut wie die Information, die der Verlag bekommt. Der z.T. rasche Straßenbau, aber offensichtlich auch euphorische Meldungen, führen nicht selten zu verfrühten oder verspäteten Korrekturen des Kartenmaterials. Wir verwenden als Übersichtskarte (ganz Griechenland) die F&B-Karte Nr. AK 0815 im Maßstab 1:500.000 (erhältlich beim WOMO-Verlag).
Für die Peloponnes gibt es inzwischen vom gleichen Verlag die AK 0833 im Maßstab 1:150.000 mit touristischen Hinweisen, Plänen der archäolog. Stätten sowie einem Geschichtsüberblick. (erhältlich beim WOMO-Verlag).

Unsere Tourenkarten können mit den Profis nicht mithalten, dafür zeigen sie die Bade- und Picknickplätze sowie die Wasserstellen und werden von uns laufend auf den neuesten Stand gebracht. Sollten Sie trotzdem einen Fehler entdecken – bitte schreiben Sie uns, Sie helfen damit uns und weiteren Lesern!

Tipps:

>> *Markieren Sie auf Ihren Karten alles Wissenswerte, z. B. tolle Strände oder Brunnen,* **sofort** *nach Entdeckung. Schon beim nächsten Erfahrungsaustausch kann jemand für Ihren Rat dankbar sein und gibt dafür seine "Geheimnisse" preis.*

KLEIDUNG

Kommen Sie bitte nicht nur mit Shorts und Badeanzug nach Griechenland! Zwar sieht man den Touristen fast alles nach, was Kleidung anbetrifft, aber man kommt sich in unpassenden Klamotten manchmal (Museum, Kirche, Kloster, Stadtbummel) recht lächerlich vor. Einen "anständigen" Griechen werden Sie in der Stadt z. B. nie in kurzen Hosen erleben.

Tipps:

>> *Badehose bzw. -anzug oder Bikini sind Pflicht – in Griechenland ist Nacktbaden (bis auf wenige Ausnahmen) immer noch streng verboten!*

>> *Beim Bummel abends leichte, luftige Kleider oder Jeans, für die Disco darf's etwas eleganter sein.*

>> *Anlässlich einer Klosterbesichtigung sollten Damen immer einen langen Rock und eine langärmelige Bluse dabei haben – sonst werden sie vor Ort mit Uraltklamotten zwangsbekleidet!*

>> *In der Abendbrise schadet eine Wolljacke oder eine Stola keineswegs.*

>> *Bei der Gebirgstour kräftige Jeans und Baumwollhemd sowie Anorak.*

>> *Empfindlichen Häuptern empfehlen wir eine Schirmmütze.*

>> *Gegen Seeigel, die an manchen, vor allem verschmutzten Stellen mit Steinen im Wasser überhand nehmen, helfen nur Badeschuhe. Man bekommt sie in Griechenland in jedem Farbton, auch in gold und lila. Achten Sie auf eine breite Sohle, die Trittsicherheit verleiht.*

>> *Sollten Sie Griechenland im Herbst oder Frühjahr besuchen, müssen Sie sich auch gegen die weniger sonnigen Seiten des Wetters wappnen.*

KLIMA (siehe auch "Flora und Fauna")

Das Mittelmeerklima ist eigentlich schnell beschrieben: Fast regenlose, heiße Sommer von Juni bis Oktober, ohne eigentlichen Herbst, heftige Winterregen von November bis Februar. Frühling, die schönste Jahreszeit, von März bis Mai:

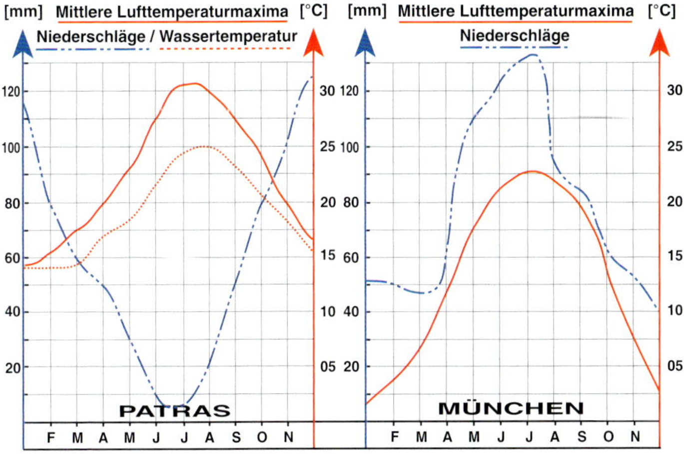

Tipps:

>> *Auch die heißesten Sommer sind dadurch erträglich, dass fast dauernd leichte Winde wehen.*

>> *Auch im Winter regnet es natürlich nicht die ganze Zeit, sonst käme Athen nicht auf 348 Sonnentage im Jahr.*

>> *Sommergewitter sind sehr selten, dann aber kurz und manchmal von heftigen Winden begleitet. Bringen Sie Sonnenschirm und Sonnensegel* **rechtzeitig** *in Sicherheit, räumen Sie alles Verwehbare ins Fahrzeug, verschließen Sie alle Fenster, manchmal peitschen Sandwolken über den Strand.*

>> *Im Gebirge gelten andere Maßstäbe! Die Regenfälle sind häufiger, manchmal kommt es auch zu Hagelschauern und dichtem Nebel. Vor anspruchsvollen Wanderungen: Im nächsten Internet-Café erfahren Sie die Vorhersage für Ihre Region z. B. von: www.wetterbericht.de*

>> *Die o. a. Temperaturen sind langjährige Mittelwerte. Es kann auch zu tagelangen Hitzeperioden kommen. Dann ist es im Gebirge besonders schön. Wer in der Hitze stöhnt, ist selber schuld!*

KRIMINALITÄT

Wir fahren seit über 20 Jahren nach Griechenland, wir hatten (und haben) stets ein "sicheres Gefühl" für uns und unser WOMO beim Baden, bei Besichtigungen und freien Übernachtungen.

Das schönste Erlebnis war einst die Rückkehr zu unserem WOMO mit offen stehenden Fenster und Tür nach 2 Std. Strandspaziergang. Ein alter Grieche saß vor dem WOMO an unserem Campingtisch und meinte etwas vorwurfsvoll: "Ihr dürft euer Schlafauto nicht einfach offen stehen lassen; in letzter Zeit gibt es hier so viele Ausländer!"

Natürlich sollte man die übliche Vorsicht in Großstädten und bei überlaufenen Sehenswürdigkeiten walten lassen, keine Wertgegenstände offen im WOMO zurücklassen (bzw. möglichst erst gar nicht mit in den Urlaub nehmen).

Ein richtiges Problem würden Sie bekommen, wenn man bei der Auffahrt auf die Fähre einen Asylsuchenden versteckt in Ihrem WOMO finden würde (besonders beliebt sind Bootsanhänger). Wie sollten Sie beweisen, dass Sie kein "Schlepper" sind.

Ernst gemeinter Tipp: Lassen Sie am Hafen Ihr WOMO nicht aus den Augen!

KÜHLSCHRANK

Die üblichen Absorber-Kühlschränke mit den Anschlüssen für 220 V/12 V/ Gas haben eine robuste Natur ohne bewegliche Verschleißteile. Trotzdem sind sie Sorgenkinder in südlichen Ländern! Wer möchte schon gern warmes Bier trinken? Fisch und Fleisch verderben ohne Kühlung in kürzester Zeit.

Tipps:

>> *Die sogenannten "lageunabhängigen" Kühlschränke vollbringen konstruktionsbedingt ihre (bescheidene) Höchstleistung auch nur bei waagerechtem Stand.*
Abhilfe: *Mit Spezial-Wasserwaage oder voll gefülltem Wasserglas waagerechten Stand des WOMOs kontrollieren, durch Aufbocken, Eingraben eines Rades oder Platzwechsel verbessern.*

>> *Ist die Kühlleistung bei Gasbetrieb nicht zufriedenstellend, sind folgende Punkte zu überprüfen:*
- *Liegen die Ab- und Zuluftgitter möglichst nicht im Sonnenschein?*
- *Ist der Kühlschrank nicht zu vollgestopft?*
- *Liegt überall, vor allem an der Unterseite der Tür, das Dichtgummi an?*
- *Ist das Flämmchen überhaupt noch an? Von außen kann man das Zischen hören und das verbrannte Gas riechen, im Inneren des Kühlschrankes ist bei Typen ohne automatische Zündung ein Guckloch.*
- *Falls Sie allgemein mit der Kühlleistung nicht zufrieden sind, sollten Sie den Einbau eines Hilfsgebläses (z. B. mit einer kleinen Solarplatine) überdenken.*

>> *Die im Fachhandel für Campingzwecke angebotenen Kompressorkühlschränke arbeiten nur mit 12 V. Sie sind nur für Dauercampingplatzbesucher oder in Zusammenhang mit einer ausreichenden Solaranlage zu empfehlen.*

LEBENSMITTEL (siehe auch "Getränke")

Wir unterscheiden in Anreisetage und eigentlichen Urlaub in Griechenland. Während wir im Urlaub die einheimische Küche genießen und eigene Gerichte meist frisch zubereiten, werden unterwegs nur Dosen aufgemacht.
Übrigens: LIDL hat eine umfangreiche Handelskette in Griechenland. Folglich brauchen Sie nicht mehr selbst die Konserven gen Süden zu karren!

Tipps:

>> *Zusätzlich zu den Konserven für die Fahrtage sollte man mitbringen: Wurstkonserven, eine "Grundausstattung" an Teigwaren, Reis sowie Gewürze usw.*

>> *Wer auf die Dauer das labbrige Weißbrot (=psomí) aus der Bäckerei (=Artopoléion) zum Einheitspreis nicht ausstehen kann, muss sich "Mestemacher Brot" in der Dose oder Knäckebrot mitbringen. Auch Vollkornbrot oder Pumpernickel hält überraschend lange.*

>> *Das Frischgemüseangebot besteht aus:*
Grünen Bohnen (=fasolákia), Auberginen (=melitsánes), Zucchinis (=kolokithákia) und Okra-Schoten (=bamiés.)
Umfangreicher ist das Angebot der Salatzutaten:
Paprika (=piperjés), Tomaten (=tomátes), Gurken (=angúria), Löwenzahn (=radhíkia), Zwiebeln (=kremmídi), Knoblauch (=skortho) und den dazu gehörigen Schafskäse (=féta) bekommen Sie immer.

>> *Beim Kauf von Oliven (=eljés): Die Qualität ist sehr unterschiedlich. Nehmen Sie die größten und teuersten, sie sind immer noch spottbillig.*

>> *Metzgerei (=Kreopoléion): Das Frischfleischangebot ist stets sehr hygienisch im Kühlraum untergebracht.*
Wollen Sie Fleischspieße (=souvlákia) machen, verlangen Sie Schwein (=tschirinó). Bouletten oder Fleischküchle (=keftédes) bereitet man aus

Hackfleisch (=kimás) zu. Ein Kotelett heißt Brizóla, mehrere Brizóles und eine Keule vom Lamm (=arni) schmeckt in Griechenland besonders gut.

>> *Das Obstangebot aus dem eigenen Lande ist überquellend, aber kaum billiger als bei uns:*
Wassermelone - karpúsi (Die sind **echt** *billig!)*
** Äpfel - míla * Birnen - achládja * Pfirsiche - rodákina*
** Aprikosen - veríkoka * Apfelsinen - portokálja * Weintrauben - stafílja*

>> *Alle landwirtschaftlichen Produkte bekommen Sie besonders frisch und preiswert auf dem Markt (samstags in den meisten Orten), aber auch vielerorts am Straßenrand.*

>> *Herrlich schmeckt auch der einheimische Honig (=méli).*

>> *Außer Schafskäse gibt es eine reiche Auswahl in- und ausländische Käse. Kaufen Sie gleich eine Flasche Wein mit!*

LITERATUR

Über kein Land ist so viel für Touristen geschrieben worden wie über Griechenland. Wir wollen Ihnen auch gar nicht einen ganz bestimmten Kunstführer ein- oder ausreden, sondern Ihnen nur in einem schüchternen Versuch zeigen, was man aus seinem Griechenlandbesuch noch alles machen kann:

Lambert Schneider: Kunstreiseführer Peloponnes, DuMont-Verlag
L. Senne: Reisehandbuch Peloponnes, Iwanowski-Verlag
H. P. Siebenhaar: Reisehandbuch Peloponnes, Verlag Michael Müller.
Gustav Schwab: Sagen des klassischen Altertums, Insel-Verlag.
Schönfelder: Die Kosmos-Mittelmeerflora, Kosmos-Verlag.
Baumann: Die griechische Pflanzenwelt in Mythos, Kunst und Literatur, Hirmer
Andrew Campell: Der Kosmos-Strandführer, Kosmos-Verlag.
Eric Duffey: Naturparks in Europa, Pawlak-Verlag.
Wanderungen auf dem Peloponnes, Bruckmann-Verlag (nur antiquarisch)
Carl A. Berndt: Richtig wandern Peloponnes, DuMont (nur antiquarisch)
HB Bildatlas Athen, Peloponnes
Anna Petrocheilou: Die Höhlen Griechenlands, Verlag Endotike Athenon.
Kauderwelsch Sprechführer Griechisch (gibt's auch bei WOMO).
Dr. Oetker: Griechische Küche.

Griechische Zentrale für Fremdenverkehr:
Wittenbergplatz 3A, 10789 Berlin, Tel. 030-21 76 262
Neue Mainzer Str. 22, 60311 Frankfurt, Tel. 069-25 78 270
Abteistraße 33, 20149 Hamburg, Tel.: 040-454 498
Pacellistraße 2, 80333 München, Tel. 089-22 20 35-36, Fax: 29 70 58
Opernring 8, A-1010 Wien, Tel.: 01-512 53 17, Fax: 513 9189
Löwenstraße 25, CH-8001 Zürich, Tel.: 01-221 0105, Fax: 212 05 16
Amerikis Straße 2, P.O. Box 1017, GR-10564 Athen, Tel.: 01-0322 31 11
Iroon Politechniou Straße, Patra, Tel.: 061-0420 304
Allgemeine Informationen über Griechenland, Hinweise für Autotouristen, Informationsheftchen über verschiedene Provinzen.

MEDIKAMENTE

Natürlich können wir hier keine ärztliche Voraussage machen, was Ihnen im Urlaub alles passieren könnte, aber nach der Statistik wollen wir einige Wahrscheinlichkeiten abwägen:

Tipps:

>> *Schauen Sie nochmals nach, ist Ihr Erste-Hilfe-Koffer noch gut gefüllt?*

>> *Mittel gegen Durchfall sind ein "Muss" in südlichen Ländern, fragen Sie Ihren Arzt. Kohletabletten sind "härteren" Sachen zunächst vorzuziehen.*

>> *Wie steht es mit Reise- und Seekrankheit? Fahren Sie zum ersten Mal*

mit einem WOMO, könnte Ihnen vielleicht das Schwanken oder die ungewohnte Sitzstellung aufstoßen. Das Meer ist auch nicht immer ein glatter Spiegel. Sorgen Sie vor!

>> *Kinder sind ein Fall für sich! Nehmen Sie die Medikamente mit, die Sie sowieso das Jahr über brauchen.*

>> *Soventol hilft nicht nur gegen Insektenstiche, sondern lindert auch Sonnenbrand.*

>> *Zwei Elastik-Binden für verstauchte Füße sollten nicht nur bei der Bergtour dabei sein.*

>> *Zwar kein Medikament, aber manchmal die letzte Rettung: Ohropax gegen Autobahn-, Schiffsdiesel- oder Brandungslärm.*

>> *Schnorcheln Sie gern, aber Wasser in den Ohren bekommt Ihnen nicht? Im Sportgeschäft kosten Ohrenstöpsel nur Pfennige.*

>> *Last not least: Das Merfen-Orange für die kleine Schürfwunde und gegen den großen Schmerz, ein Wund-Desinfektionsmittel, das nicht brennt, aber wegen der schönen Farbe bei Kindern besonders beliebt ist. Gegen Brennen im Wasser hilft Sprühpflaster.*

MÜLL

"Griechische Verhältnisse" waren einst ein Schimpfwort für fehlende Müllentsorgung an den Stränden. Inzwischen findet man (fast) überall große Müllcontainer. Falls nicht – zum nächsten ist es nicht weit!

NACKTBADEN

Es steht uns nicht zu, die moralischen Sitten anderer Länder zu belächeln. In Griechenland wurden, wenn auch sehr selten, gegen Touristen relativ hohe Strafen wegen Nacktbaden verhängt. Nach unserer Beobachtung greifen Polizisten nicht aus eigenem Antrieb ein, sondern nur, wenn sie dazu, vor allem von älteren Einheimischen, gedrängt werden.

Tipps:

>> *Haben Sie ein Plätzchen für sich allein gefunden, kann niemand etwas gegen Ihr Adams- oder Evakostüm haben.*

>> *Kommen weitere Personen an, bitte respektieren Sie das Schamgefühl vor allem einheimischer Personen in Begleitung von Kindern oder Älteren.*

>> *Meist braucht man nur 100 Schritte zu gehen, um, von Felsen oder Dünen geschützt, wieder allein zu sein.*

ÖFFNUNGSZEITEN

Die offiziellen Öffnungszeiten bieten ein breites Spektrum. Während in den Großstädten jedoch Angestellte auf ihrer Mittagspause und ihrer festgesetzten Arbeitszeit bestehen, öffnet der Ladenbesitzer in der Provinz immer dann, wenn er sich ein Geschäft verspricht – d. h. fast den ganzen Tag, bis spät in die Nacht, manche auch sonntags. Wenn wirklich mal ein Laden geschlossen hat: Fragen Sie im Kafeneion nebenan, man ruft den Besitzer für Sie!

Offizielle Öffnungszeiten:

Geschäfte:	Mo, Mi, Sa 8.30 - 14.30 Uhr.
	Di, Do, Fr 8.30 - 13.30 **und** 17.00 - 20.00 Uhr.
Post:	Mo - Fr 7.30 - 14 Uhr.
Banken:	Allgemein Mo - Fr 8.00 - 14.00 Uhr.
	In Patra hat die Nationalbank auch am Wochenende geöffnet.
Museen:	Di - Fr 8 - 15 (19) Uhr, Sa/So 8.30 - 15 Uhr,
	Mo 12.30 - 15 (19) Uhr (oder geschlossen).

Bäckereien, Restaurants, Cafés und Milchgeschäfte haben durchgehend und auch sonntags geöffnet.

PACKLISTE

Brieftasche/Handtasche/Geheimfach
Pässe, Personal-, Kinderausweis (gültig!)
Führerscheine, Vollmacht
Fährtickets
Grüne Karte (gültig!)
KFZ-Schein
Bargeld/Brustbeutel
ec-Karte/Visakarte
Impfbücher/Impfbuch Haustier
Auslandskrankenscheine
Zusatzversicherungen
Schutzbrief
Kopien aller dieser Papiere auf USB-Stick

____

____

Wohnmobilhaushalt
Wecker (Fähre!)
Einkaufstasche (groß)
Kaffee-, Teekanne
Filtertüten/Filter
Geschirr/Gläser
Vesperbrettchen/Bestecke
Brotmesser/Kartoffelschäler
Schöpflöffel/Schneebesen
Töpfe/Dampftopf
Pfannen/Sieb/Trichter
Topflappen
Butterdose/Plastikdöschen mit Deckel
Flaschentrage
Thermoskanne
Eierbehälter/große Zitronenpresse
Küchenpapier/Alufolie
Nähzeug/Schere
Klebstoff/Klebeband
Wäscheleine/Klammern
Waschpulver
Plastikschüssel
Abtreter
Schuhputzzeug
Kabeltrommel
Verbindungskabel CEE-Schuko
Stecker (Ausland)
Doppelstecker
Gasflaschen (voll?)/Tankflasche/Adapter
Handfeger/Kehrschaufel
Putzlappen
Klappspaten
Hammer/Nägel/Axt
Zündhölzer/Feuerzeug
Gasanzünder
Taschenlampen
Kerzen
Petroleumlampe/Petroleum
Ersatzbirnen 12 V/220 V
Ersatzsicherungen für jedes Gerät
Ersatzwasserpumpe
2 m passender Druckwasserschlauch
Feuerlöscher
Insektenspray/Insektenlampe
Moskitogaze für Fenster und Tür oder Kastenmoskitonetz
Toilette/Clo-Papier
Schmierseife (statt Toilettenchemikalien)
Dosen-, Flaschenöffner, Korkenzieher
Spülmittel/Bürste
Scheuerpulver
Geschirrtücher
Leim/5 m Schnur
5 m Schwachstromkabel zweiadrig
Wasserschlauch mit Passstück für verschiedene Wasserhähne oder:
WOMO Zapfschlauch
Wasserentkeimungsmittel
Müllbeutel

____

____

Reiseapotheke
Mittel gegen See-/Reisekrankheit
Soventol (lindert Insektenstiche usw.)
Husten-, Schnupfenmittel
Fieberzäpfchen
Kohle-Kompretten
Mittel gegen Durchfall
Mittel gegen Kopfschmerzen
Mittel gegen Verstopfung
Nasen-, Ohrentropfen
Halsschmerztabletten
Wundsalbe/Brandsalbe
Wunddesinfektionsmittel (Merfen-Orange)
Sprühpflaster
Elastikbinden
Salbe gegen Prellungen
Fieberthermometer / Pinzette
Ohropax gegen Lärm
Auto-Verbandskasten o. K.?
Persönliche Medikamente

____

____

Auto
Allgemeines Wohnmobil-Handbuch
WOMO-Knackerschreck (Buchende)
Reflektierende Warnweste (Italien)
Bedienungsanleitungen
Bordbuch/Wörterbücher
Reiseführer/Campingführer
Straßenkarten/Autoatlas
Auffahrkeile/Stützböcke
Wasserwaage
D-Schild
Kundendienst gemacht?
Ersatzteilset von der Werkstatt?
Pannenausrüstung komplett?
Reservekanister voll?
1-2 Liter Reserveöl
Reserverad Luftdruck o. K.?
Abschleppstange, ausprobiert?
Passender Wagenheber, ausprobiert?
Luftpumpe
Warndreieck
Arbeitshandschuhe
Werkzeugkoffer komplett?
Kundendienststellenverzeichnis, neu?

____

____

Kleidung
Unterwäsche
Socken/Strümpfe
Hemden/Blusen
Schuhe/Sandalen
Hausschuhe
T-Shirts/Shorts
Hosen/Jeans
Kleider/Röcke
Pullover/Jacken/Stola
Anoraks/Windjacken
Sonnenhüte/Kopftücher
Nachthemden/Schlafanzüge
Bikinis/Badehosen
Wanderstiefel
Sonnenbrille/Ersatzbrille

____
____
____

Campingartikel
Stühle/Tisch/Liegestühle
Liegematten/Hängematte
Sonnensegel/Stangen/Häringe/Leinen
Grill/Grillzange
Holzkohle
WOMO-Pfannenknecht (Buchende)

____
____
____

Unterhaltung

Handy/Autoladekabel
KW-Radio/Fernseher
GPS-Gerät
Schreibzeug/Adressbuch
Handarbeitszeug
Kinderspielzeug
Malutensilien
Bücher/Spiele
Kassettenrecorder/Kassetten
CD/DVD-Player, CDs, DVDs
Taucherbrillen
Wasserball/Fußball/Wurfringe
Frisby/Indiaca usw.
Schlauchboot/Pumpe/Ruder
Luftmatratzen
Sandspielzeug
Schwimmflügel/Schwimmreif
Surfbrett/Zubehör
Fotoapparat/Filme/Speicherkarten
Videokamera/Kassetten
Ersatzbatterien/Ladegerät für 12 V
Rucksäcke/Kartentasche
Fernglas/Kompass
Iso-Matten/Zelte/Kochtopfset
Feldflaschen/Taschenmesser/Angelzeug
SOS-Kettchen (vor allem für Kinder)
Mitbringsel für evtl. Einladungen

____
____

Lebensmittel
Getränke (Limo, Bier, Wein)
H-Milch/Dosenmilch/Coffeemate
Milchpulver/Limopulver/Zitronenteepulver
Wurst-, Fischdosen
Fertiggerichte/Beutelsuppen
Tee/Kaffee/Kaba
Müsli
Butter/Margarine
Brot/Dosenbrot
Reis/Nudeln/Grieß
Kartoffelbrei/Mehl
Babykost
Puddingpulver
Schokolade/Bonbons/Kaugummi
Marmelade/Nutella
Bratfett/Öl/Essig
Majonäse, Senf
Zwiebeln
Gewürze
Ketchup/Maggi/Salz
Zucker/Süßstoff
Kartoffeln, Eier
Zwieback/Salzstangen
Backpulver

____
____
____

Wäsche/Toilettenartikel
Schlafsäcke/Bettwäsche/Kopfkissen
Laken (Spannlaken)
Hand-, Badetücher, Waschlappen
Geschirrtücher
Tempo-Taschentücher
Kämme/Bürsten
Haarfestiger/Lockenwickel/Haarspangen
12 V-, Akku- oder Nassrasierer
Nageletui/Hygieneartikel
Empfängnisverhütungsmittel
Windeln/Creme/Babycreme
Seife/Rei in der Tube
Sonnencreme, -öl
Fettstift (Labello)
Zahnbürsten/Zahnpasta
Autan gegen Mücken
Ohropax gegen Lärm

____
____
____

Nicht vergessen!
Post/Zeitung abbestellen
Offene Rechnungen bezahlen
Haustier abgeben
Blumenversorgen
Mülleimer leeren
Kühlschrank abstellen?
Antennen herausziehen
Wasch-, Spülmaschine, Bügeleisen aus?
Wasser, Gas, Heizung, Boiler abgestellt?
Rolläden schließen
Haustür verschließen!
Nachbarn/Verwandte benachrichtigen: Reiseroute, Autokennzeichen mitteilen. Reserveschlüssel abgeben.

____
____

PREISE

Wie soll man diese Frage längerfristig beantworten, in der Zeit der raschen Veränderungen? Bis jetzt hat immer gegolten: Was aus dem eigenen Lande stammt, ist in Griechenland billiger als bei uns. Für ein Essen mit Brot, Salat und 1/2 Kilo Hauswein zahlt man in den kleinen Tavernen 9,- bis 12,- €/Person.

Benzin bleifrei (95 Oktan):	ca. 80% des deutschen Preises
Super (96-98 Oktan):	ca. 80% des deutschen Preises
Diesel:	ca. 75% des deutschen Preises
Autogas:	ca. 80% des deutschen Preises
Porto nach Deutschland:	Postkarte 0,50 €, Brief 0,60 €
Eintrittspreise:	Höhlen, Museen und arch. Stätten 5,- bis 15,- €
Campingplätze:	WOMO + 2 Personen/Tag: 15,- bis 25,- €

Obst, Gemüse, Nährmittel sind geringfügig billiger als in Deutschland, Fleisch ist gleich teuer oder etwas teurer, Getränke (außer Wein) kosten gleich viel wie in Deutschland.

Einige Beispiele:

250 gr Butter	ab 1,10 €	500 gr Margarine	ab 0,75 €
1 l Frischmilch	ab 1,00 €	1 l H-Milch	ab 0,60 €
1 kg Wurst	3-7 €	1 kg Käse	5-12 €
1 kg Schweinefleisch	ab 5 €	1 kg Lammfleisch	ab 7 €
1 kg Fisch	3-15 €	10 Eier	ab 1,20 €
0,5 l Bier (Lidl)	0,40-0,70 €	1 l Limo/Cola	0,70-0,90 €

Dabei ist zu beachten, dass die Preise für Getränke in den Gaststätten kaum höher sind als in den Supermärkten!
Autoreparaturen sind deutlich billiger als in Deutschland, was den Stundenlohn angeht. Müssen neue Ersatzteile eingebaut werden, fressen deren höhere Preise den Vorteil wieder auf. Autobahnmaut Patra Korinthos: ca 5 €.

QUALLEN / SEEIGEL / MÜCKEN

Ein alter Fischer im Hafen von Thassos sagte uns einmal: „Bei uns kommen die Quallen ab 15. August!"
Wir haben die Feststellung gemacht, dass sich keine Regel für das Auftreten dieser Plagegeister machen lässt. Anders ist das bei Seeigeln und Haien.

Tipps:

>> *Im Mittelmeer gibt es eine große Artenfülle der sogenannten Nesseltiere. Somit ist es dem Laien kaum möglich, schmerzhaft nesselnde von harmlosen Arten zu unterscheiden. Besonders häufig kommt an manchen Küsten die "Mittelmeer-Wespe" vor, deren geringem Durchmesser von nur 5 bis 6 cm man kaum die schmerzhaften Wunden zutraut, die sie unvorsichtigen Schwimmern zufügt.*

>> *Lassen Sie sich von Ihren Kindern helfen, die beim Schnorcheln viel schneller das Auftreten von Quallen feststellen.*

>> *Treten an einer Stelle Quallen gehäuft auf, lohnt sich ein Platzwechsel zur nächsten Bucht, dort ist die Lage wahrscheinlich völlig anders. Aber nach einem Tag kann der Quallenspuk schon verschwunden sein. Ist man erwischt worden, lindert das sofortige Auftragen von Soventol.*

>> *Die Verbreitung der Seeigel ist in direkten Zusammenhang mit Wasserqualität und Art des Strandes zu bringen:*
Je schmutziger das Wasser oder je steiniger der Untergrund, um so mehr Seeigel treten auf. **Einzige Abhilfe:** *Badeschuhe (oder Platzwechsel!).*

>> *Eingetretene Seeigelstachel schmerzen heftig und brechen leicht ab. Meist kann man sie selbst mit einer desinfizierten Stecknadel entfernen (kurz über Gasflamme halten), nachdem man eine Weile Olivenöl auf die*

Wunde hat einwirken lassen.

>> *Alle stehenden Gewässer (oft nicht sichtbar), brüten Mücken aus. Oft wird man von ihnen in der Abenddämmerung ohne Vorwarnung überrascht, so dass nur der Rückzug ins WOMO rettet. In Sekundenschnelle wird auch dieses "besetzt", wenn man dort Licht anmacht und ein Schlupfloch lässt!*

REDEWENDUNGEN

Wir wollen und können den unter "Literatur" angegebenen Sprachführer nicht ersetzen. Aber **ein Dutzend** wichtiger Begriffe sollten Sie eigentlich auswendig können:

Guten Tag	Kaliméra	jássu (pl. jássas)
Guten Abend	Kalispéra	
Gute Nacht	Kaliníchta	
Auf Wiedersehen	Adío	
Bitte	Parakaló	
Danke	Efcharistó	
Entschuldigung	Pardón	
Ja/Nein	Ne/Oichí	
Rechts/Links/Gerade	Deksjá/Aristerá/Katefthían	
Was kostet	Póso káni	
Geben Sie mir	Dóste mu	
Das ist zu teuer!	Aftó ínä polí akriwó!	
Wo ist der Weg zum Strand?	Pu íne o drómos pross paralía?	
Wo gibt es Trinkwasser?	Pu ipárchie (to) pósimo neró?	
Wo kann ich telefonieren?	Pu boró na tilefonó?	

Sie können es wirklich glauben: "Ne" heißt auf deutsch "ja"! Um die Verwirrung komplett zu machen, wird zur Verstärkung einer Verneinung das Kinn ruckartig hochgezogen.

REIFEN

Bei einer Reifenpanne denkt man meist nur an die Mühen eines Radwechsels. Nicht selten jedoch verliert der defekte Reifen ganz plötzlich Luft – Unfälle sind mit dem schweren WOMO nicht auszuschließen.

Tipps:

>> *Fahren Sie nur mit* **fünf** *wirklich kritisch begutachteten Pneus in den Urlaub! An erster Stelle steht dabei ausnahmsweise nicht die Profiltiefe, sondern die Suche nach Rissen und Einstichen. Diese werden in der Regel der Ausgangsort für größere Schäden.*

>> *Werfen Sie auch unterwegs ab und zu einen Blick auf die Füße Ihres Fahrzeugs, und fühlen Sie die Temperatur ab. Haben Sie einen Schlauch eingelegt, und der Reifen wird heiß, befindet sich Luft zwischen Mantel und Schlauch!*

>> *In Griechenland gibt es fast mehr Reifenhändler (=vulkanisater) als Tankstellen. Lassen Sie dort nach einer Reifenpanne bei* **nächster** *Gelegenheit Ihren Reifen reparieren.*

>> *Sie haben hoffentlich einen Ersatzschlauch dabei? Auch bei schlauchlosen Reifen ist durch Einlegen eines Schlauches eine Panne (z. B. durch einen Nagel) sofort behoben, wenn der Reifen sonst noch o. K. ist.*

>> *Ist eine Reparatur nicht mehr möglich, und man hat keinen Reifen Ihrer Marke auf Lager (was höchst wahrscheinlich ist), dann suchen Sie sich in der meist sehr umfangreichen Gebrauchtreifensammlung Ihres "vulkanisaters" für ein paar Euro etwas Passendes aus. Fahren Sie* **nie** *ohne Ersatzrad! Abschleppen wird Sie gern jeder – aber nicht mit drei Rädern!*

REISETAGE / REISEZEIT

Hat es Sinn, darüber zu philosophieren, warum die großen Ferien im Sommer sind? Mit Sicherheit ist das Frühjahr von März bis Mai die schönste Reisezeit, nicht nur für Hobbybotaniker.
Hier soll lediglich der Reiserhythmus angesprochen werden, der sich auf der Fahrt nach und von Griechenland empfiehlt.

Tipps:

>> *Starten Sie in Deutschland nicht am ersten Ferientag Ihres Bundeslandes oder gar am Samstag früh, sonst beginnt Ihr Urlaub gleich mit Stau.*

>> *Fahren Sie entweder* **sofort** *nach der Schule am letzten Schultag los oder, wenn Sie keine schulpflichtigen Kinder haben, an den Wochentagen Dienstag bis Donnerstag.*

>> *Beginnen Sie jede Etappe möglichst früh (am besten mit der Morgendämmerung), machen Sie im Schatten eine lange Mittagspause, und fahren Sie nur bis zur Abenddämmerung. Dann haben Sie noch genügend Zeit, sich nach einem Übernachtungsplatz umzuschauen.*

>> *Die Tagestouren unserer Griechenlandstrecken sind selten länger als 100 km. Packen Sie entweder am Abend zusammen und fahren Sie morgens los, oder starten Sie erst nach 17 Uhr. Bis zur Dunkelheit haben Sie dann noch ca. vier Stunden Zeit.*

RUNDFUNK / FERNSEHEN / INTERNET

Es ist schon viele Jahre her, da bogen wir mit unserem alten VW-Bus kurz vor Antalja in eine malerische Bucht ab – und standen plötzlich, umringt von Soldaten, zwischen zwei PAK-Geschützen. Seit Tagen war Krieg um Zypern – und wir hatten keine Ahnung!

Tipps:

>> *Analoge deutsche Sender können Sie in Griechenland, günstige tektonische Bedingungen vorausgesetzt, nur in miserabler Qualität auf Mittelwelle empfangen. Der griechische Rundfunk sendet deutsche Nachrichten täglich um 16.30 Uhr auf 792 kHz (Mittelwelle).*

>> *Wollten Sie im Urlaub auch ohne Satellit nicht auf Informationen aus der Heimat und über das Weltgeschehen verzichten, dann brauchten Sie einen Kurzwellenempfänger!*

>> *Leider schalten nach und nach alle Sender Ihre analogen Kurzwellenkanäle ab - und die digitalen (DRM) kommen nicht aus den Kinderschuhen heraus.*

>> *Bereits seit Jahren geistert der Begriff DRM (Digital Radio Mondial) durch die Welt. Die analoge Kurzwelle wird von dieser neuen, digitalen Sendenorm - Empfangsgenuss weltweit ohne Rauschen und Quietschen - abgelöst. Leider wartet das interessierte (!) Publikum immer noch auf preiswerte Empfänger. Infos im Internet unter www.drm.de*

>> *Fernsehen in guter Qualität können Sie auf der Peloponnes nur, wenn Sie mit einem digitalen Receiver ausgerüstet sind sowie einer 85-cm-Schüssel für Astra - oder einer 65-cm-Schüssel für Hot Bird !*

>> *Auch in Hellas hat das Internetzeitalter Einzug gehalten. Besonders auffällige Internet-Cafés an unseren Touren haben wir markiert (es gibt jedoch wesentlich mehr von ihnen). Dort können Sie für wenige Cent ...*
*... in deutschen Zeitungen/Zeitschriften blättern: www.sueddeutsche.de * www.faz.net * www.stuttgarter-Zeitung.de * www.mopo.de (Hamburg. Morgenpost) * www.focus.de * www.spiegel.de * www.ticker.de*
... deutsche Fernsehsender angucken:
*www.tagesschau.de * www.zdf-online.de*
... oder Urlaubsgrüße senden: Voraussetzung ist, dass Sie sich z. B. bei

www.web.de oder www.gmx.de eine kostenlose eMail-Adresse eingerichtet haben. Dort können Sie schon zu Hause eine eMail-Liste aller Freunde und Verwandten anlegen, die mit Urlaubsgrüßen bedacht werden sollen. Im Internetcafé schreiben Sie dann Ihre Grüße, klicken die Liste an – und ab gehen die Grüße gesammelt in alle Richtungen.

SCHLAFSACK

Wie man sich bettet, so schläft man. Aber womit soll man sich zudecken? Denken Sie dabei nicht nur an die durchschnittlichen Höchsttemperaturen, sondern auch an die Fahrtage, an Übernachtungen im Gebirge oder an den beginnenden Herbst bei der Heimkehr.

Tipps:

>> *Handeln Sie nicht nach dem Motto: Lieber geschwitzt als gefroren! Zur Not können Sie immer noch die Gasheizung andrehen. Schlafsäcke, die sich im Zelt bewährt haben, führen im WOMO zu Hitzeanfällen.*

>> *Geeignet sind für die warme Jahreszeit die preiswerten Steppdecken-Schlafsäcke (ab 25 Euro im Fachhandel oder in Kaufhäusern), Wolldekken, die man in Bettbezüge steckt oder lediglich Bettlaken aus Baumwolle.*

>> *Viel wichtiger sind Spannbettbezüge, die das kunstvoll zusammengelegte Polstermosaik nach dem Bettenbau zusammenhalten.*

>> *Haben Sie Kinder mit, die neben dem WOMO im Zelt schlafen wollen? Es ist kein dickerer Schlafsack notwendig, sondern eine Iso-Matte, die die Bodenkälte wesentlich besser abhält als eine Luftmatratze. Während der Fahrt lässt sie sich bequem unter der Matratze im Alkoven unterbringen.*

SONNENSCHUTZMITTEL

Immer wieder trifft man in südlichen Gefilden bedauernswerte Kreaturen, die die Gefahren der UV-Strahlung am Meer nicht ernst genommen haben und nun wie halb gepellte Kartoffeln herumlaufen.

Tipps:

>> *Beginnen Sie mit dem Sonnenbaden möglichst nicht erst im Urlaub. Falls Sie wie ein weißer Käse in Griechenland ankommen sollten, gehören Sie nach jedem Bad zunächst wieder unter den Sonnenschirm.*

>> *Es gibt zwar Sonnenmilch und Sonnencremes mit den erstaunlichsten Schutzfaktoren. Ihre Filterwirkung kann aber die Sonne nicht völlig von Ihnen abhalten.*

>> *Nach jedem Bad müssen Sie sich in den ersten Tagen abtrocknen und sofort wieder eincremen. Wassertropfen auf der Haut wirken wie Sammellinsen und können zu Verbrennungen führen.*

>> *Auch wer nie Probleme mit Sonnenbrand hat: Das Salzwasser laugt die Haut aus, macht sie trocken und rissig. Spätestens nach der abendlichen Süßwasserdusche sollten Sie den* **ganzen** *Körper eincremen.*

>> *Kinder, vor allem Babies, sollte man beim Spiel in der Sonne gut im Auge behalten. Pflicht sind:*
Sonnenhütchen und anfangs T-Shirt sowie regelmäßiges Eincremen.

>> *Surfer und Schnorchler sind besonders an den Rückenpartien gefährdet. Ziehen Sie ein altes T-Shirt an!*

>> *Eine gute Sonnenbrille ist in Griechenland jedem anzuraten. Brillenträger sind mit Sonnenbrillensteckern gut bedient. Nicht nur am Strand, auch beim Rundgang durch antike Stätten und im Gebirge schmerzen die Augen ohne entsprechenden Schutz.*

>> *Haben Sie Ihr WOMO in der Sonne geparkt, erreicht die Temperatur im Führerhaus oft abenteuerliche Höhen. Eine Alu-Isoliermatte, die man auch als Liegematte benutzen kann, sorgt hinter der Windschutzscheibe für Abhilfe.*

SPATEN

Dass mir dabei immer die "Moorsoldaten" einfallen ...
Aber so ähnlich kamen wir uns ja früher vor, wenn wir uns auf die Suche nach einem verschwiegenen Plätzchen machten!

Tipps:

>> *Kaufen Sie einen soliden Klappspaten, der sich auch als Hacke verwenden lässt. Das Blatt sollte angenietet und nicht verschweißt sein und darf sich bei Benutzung nicht verdrehen können.*

>> *Die Verwendungszwecke sind vielseitig:*

1. Im Sand versackte Achsen freibuddeln.

2. Gräben oder Schanzen für die Räder anlegen, um das WOMO waagerecht zu stellen (siehe "Kühlschrank"). Bei der Abfahrt aber wieder einebnen!

3. Mit den Kindern Sandburgen und Wasserlöcher bauen.

4. **Nur im Notfall:** *Den Toiletteninhalt vergraben (um Gewässerverschmutzung zu vermeiden, muss man sich mit Spaten und Toilettenunterteil mindestens 100 m vom Strand entfernen und dort im Wald oder auf Ödland den Inhalt sorgfältig und tief vergraben). Griechische Dauercamper legen sich richtige Plumpsclos an.*

SPEISEN

Wer als Gourmet nach Griechenland fährt, nach neuem Gaumenkitzel lechzend, wird sicher enttäuscht werden.
Zwar kann man in Athen und Thessaloniki sowie in den Luxushotels der Urlaubszentren internationale Küche speisen – oder was man in Griechenland dafür hält – in der Provinz geht es weit bescheidener zu.

Tipps:

>> *Schließen Sie nie vom Äußeren einer Taverne auf die Qualität der Speisen!* **Marschieren Sie stets ohne Hemmungen geradewegs in die Küche. Das ist absolut landesüblich!** *Kosten Sie! Bestellen Sie, indem Sie einfach in einen Topf deuten und die Zahl der* **Portionen** *mit den Fingern zeigen.*

>> *In den meisten griechischen Lokalen wird nur einmal am Tage gekocht, die restliche Zeit stehen die Gerichte lauwarm auf dem Herd herum. Sie können also stets etwas zu essen bekommen.*

>> *Regen Sie sich nicht auf, wenn das Essen lauwarm serviert wird. Das ist kein schlechter Wille, sondern Landesart! Am besten, Sie gewöhnen sich daran. Bei den hohen Tagestemperaturen würde ein heißes Essen sowieso zu Schweißausbrüchen führen.*

>> *Auch die letzte Kneipe hat ihren Souvlaki-Grill. Er wird aber meist erst gegen 21 Uhr angeworfen. Dann jedoch bekommt man solch ein Fleischspießchen für 0,80 -1,20 Euro. Hungrige Erwachsene brauchen außer einem Salat und mehreren Scheiben Weißbrot ca. fünf (pénte) Souvlakia, bis Sättigung eintritt.*

>> *Lassen Sie sich nicht bei jedem Essen einen Bauernsalat (Choriátiki saláta) andrehen. Die paar Schafskäsestückchen verdoppeln meist den Salatpreis. Verlangen Sie statt dessen gemischten Salat (Saláta miktí).*

>> *Eine Taverne im ländlichen Raum hat täglich ca. 2 bis 5 verschiedene Gerichte anzubieten.*

Außer Souvlakia gibt es am häufigsten:
Psária = Fisch (ist am teuersten und wird deshalb am liebsten empfohlen!).
Kalamáres = Tintenfische (viel preiswerter!)
Gavros/Sardela = kleine Fischchen (ebenfalls presiwert)
Kotópulo = Hähnchen (aber nur eine Portion, kein Halbes oder Ganzes!)

Keftédes = gebratene Hackfleischbällchen, Bouletten, Fleischküchle
Mousakás = Auflauf aus Auberginen, Kartoffeln, Fleisch und Ei (lecker)
Pastítsjo = Makkaroniauflauf mit gehacktem Fleisch
(Arní) psitó = (Hammel)braten
Katsikáki = Zicklein
Sudsukákia = gebratene Fleischklopse in Soße
Pita = Pastete mit Fleisch- oder Spinatfüllung
Gíros = knusprige Fleischschnipsel vom senkrechten Grill (viel seltener als in Deuschland)
Außerdem natürlich:
Biftéki = Beefsteak, Brisóla = Kotelett, Snítsel = Schnitzel,
... und wem es immer noch nicht heimatlich genug ist:
Wjenétsiko snítsel = Wiener Schnitzel.

STROMVERSORGUNG

Die Zeiten sind vorbei, wo das griechische Stromversorgungsnetz nur die Großstädte umfasste, und die Landbevölkerung abends um die Petroleumfunzel saß. Man ist besonders stolz darauf, dass inzwischen auch das letzte Dorf 230-V-Wechselstromanschluss hat.
Auch auf den Fährschiffen gibt's 230 V, bei "Camping an Bord" ist die Versorgung mit Stromanschlüssen meist gut.

Tipps:

>> *Im Camping-Fachhandel werden Zwischenstecker angeboten, mit denen Sie auf der ganzen Welt ans 230-V-Netz gehen können. Auch ein sog. Südeuropastecker für u.a. Griechenland ist erhältlich.*

>> *Sie halten es für ausgeschlossen, dass Sie auf einen Campingplatz gehen? Falls Sie trotzdem einmal Ihre Zweitbatterie aufladen müssen, können Sie vor Ort immer noch einen griechischen Stecker kaufen und gegen den deutschen Schukostecker Ihres Verlängerungskabels auswechseln.*

>> *Zur Standardausrüstung jedes WOMOs sollte vielmehr ein Doppelstecker gehören. Oft kann man nur mit ihm ein Plätzchen an der einzigen "Zapfsäule" ergattern.*

TAUCHEN / SCHNORCHELN

Die Bestimmungen sind kompliziert, falls Sie die ägäische Unterwasserwelt mit Atmungsgeräten erforschen wollen. Wahrscheinlich hat man Angst, dass Sie antike Unterwasserfunde unterschlagen könnten.
Uns hat bisher die Beobachtung der Unterwasserwelt mit Taucherbrille und Schnorchel hinreichend fasziniert. Hierfür gibt es in ganz Griechenland keine Einschränkungen.

Tipps:

>> *Probieren Sie jede Taucherbrille beim Kauf sofort aus, die meisten passen nicht. Am besten sind Brillen mit separatem Schnorchel.*

>> *Haben Sie Probleme mit den Ohren unter Wasser? Nehmen Sie zwei Paar Ohrenstöpsel mit, die Dinger verschwinden leicht.*

>> *Ziehen Sie stets ein T-Shirt beim Schnorcheln an. Nackte Haut mit Wassertropfen darauf gibt mit Sicherheit Sonnenbrand.*

>> *Lassen Sie die Harpune zu Hause. Nehmen Sie lieber die Kamera mit ins Wasser. Unterwasserkamerabeutel gibt es im Fachhandel.*

>> *Sie kennen weder Pflanze noch Tier unter Wasser? Wir haben Ihnen unter "Literatur" gute Bestimmungsbücher empfohlen.*

TELEFON

Noch vor wenigen Jahren war es ein reiner Glücksfall, von Griechenland nach Deutschland telefonieren zu können. Heute hängt bereits in jedem Dorf ein Kartentelefon herum.
Der "moderne Tourist" hat inzwischen sein Handy dabei. Bedenken Sie jedoch: In den Schluchten der griechischen Berge sehen Sie damit alt aus ...

Tipps:

>> *Von Griechenland nach Deutschland wählt man 00 49 (nach Österreich 00 43, in die Schweiz 00 41), dann geht's ohne "0" mit der Vorwahl weiter. Die Landesvorwahl für Griechenland ist 00 30, dann 10-stellig weiter.*

>> *Schnell greift in Griechenland das Telefonkartensystem um sich. Bei "O.T.E." und in Kiosken erhalten Sie die TELEKARTA, mit der Sie vom CARDPHONE / KARTOTILEFONO aus ohne Münznachschubprobleme mit Muttern daheim reden können.*

>> *Besonders praktisch nicht nur für Vielreisende sind die prepaid-Karten, die inzwischen von mehreren Vertreibern (bei der Telekom heißt sie T-Card) angeboten werden. Mit ihnen kann man von allen Ländern Europas aus telefonieren.*

>> **Wichtige Telefonnummern in Griechenland:**
Griechischer Automobil- und Touringclub (ELPA): 10400
Deutschsprachige Notrufstation des ADAC
in Zusammenarbeit mit ELPA: 21 09 60 12 66
Deutsche Botschaft, Athen: .... 6932338153 (deutsch)/2107285111
Erste Hilfe/Notarzt/Krankenhaus:...... 112/166/106
Polizeinotruf: 100/109
Feuerwehr: 199, bei Waldbränden: .. 191
Handy: Drei Anbieter, Empfang fast überall möglich.

TOILETTE

Einer der Gründe für das Verbot des freien Campings ist mit Sicherheit die Verunstaltung und Verseuchung der Landschaft mit Fäkalien.
Die Benutzung einer Campingtoilette ist deshalb ein absolutes "Muss" für jeden engagierten Camper.

Tipps:

>> *Da man in Südeuropa selbst auf Campingplätzen nicht damit rechnen kann, dass der Toiletteninhalt in einer ordentlichen Kläranlage landet, ist die für die Umwelt und die Menschen beste Methode der Entsorgung das Vergraben der Fäkalien auf Ödland. Da unser Urlaubsland nur dünn besiedelt ist, braucht man in den seltensten Fällen weiter als ein paar Kilometer zu fahren, bis man in unbesiedeltes und landwirtschaftlich kaum genutztes Gebiet kommt.*

>> *Auch die Strandregionen, die der freie Camper vorzieht, sind in der Regel unbewohnt. Um jedoch eine Gewässerverschmutzung mit Sicherheit auszuschließen, sollte man sich mit Spaten und Toilettenunterteil mindestens 100 m vom Gewässer entfernen und dort den Inhalt tief vergraben.*

>> *Sich selbst und die Umwelt schützt man am besten,*

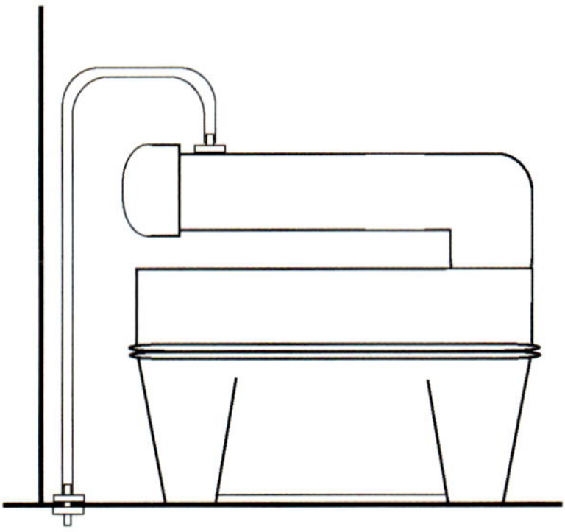

wenn man ganz auf Toilettenchemikalien verzichtet. Gute Ergebnisse haben wir bei der "Duftbekämpfung" mit Schmierseife (Schlecker-Markt) gemacht, die wir Halbe/Halbe mit Wasser verdünnt hatten:

>> *Der beste Geruchsabzug ist noch immer ein Schornstein! Man bastelt ihn für Pfennigbeträge, indem man am Toilettenausguss einen gewinkelten Schlauchstutzen anschließt und einen Schlauch durch den Fahrzeugboden führt. Schon nimmt der Fahrtwind Ihre Düfte mit (siehe Skizze).*

>> *Im Campinghandel gibt es die sog. SOG-Toilettenentlüftung mit elektrischer "Duft"absaugung. Eine perfekte Erfindung, die wir Ihnen besonders ans Herz legen möchten. Einmal eingebaut, macht sie die Zugabe von Toilettenchemikalien für immer überflüssig.*

>> *Abwasser ist bestens geeignet, um die gerade geleerte Toilette zu spülen. Dabei können Sie gleich feststellen, wie "intelligent" Ihr WOMO-Hersteller das Abwasserrohr verlegt hat.*

TRINKWASSER

Während man beim Abwasser die Formel aufstellen könnte:
20 Liter x Personenzahl = Mindestvolumen des Abwassertanks, braucht man im heißen Griechenland pro Person eine Frischwasserkapazität von mindestens 25 bis 30 Litern.

Tipps:

>> *Es gibt Camper, die kochen jeden Tropfen Wasser ab. Das verbraucht unnötig Gas. Außerdem schmeckt das abgekochte Wasser durch den Verlust des gelösten Kohlendioxids fade.*
Erst **zwei***maliges Abkochen hat die gleiche Wirkung auf krankheitserregende Keime wie die handelsüblichen Entkeimungsmittel auf Silberionen- oder Chlorbasis.*

>> *Wir empfehlen Ihnen "Chlorosil" oder "Certisil Combina". Diese Entkeimungsmittel vereinigen beide Verfahren, was eine Sofortentkeimung garantiert* **und** *eine Nachverkeimung im Wassertank verhindert.*

>> *In Griechenland hat man es sich zur Aufgabe gemacht, jede erreichbare Quelle als Brunnen zu fassen. So findet man nicht nur in jeder Ortschaft, sondern häufig auch am Straßenrand muntere Brünnlein plätschern (sie sind genau im Text und auf den Tourenkarten gekennzeichnet).*

>> *Trauen Sie aber nicht jedem Wasserhahn. Entkeimen Sie das Wasser stets, wenn Sie nicht mit eigenen Augen sehen, wie es aus der Quelle sprudelt. Nur dann ist Sicherheit vor Infektion vorhanden.*

>> *Bedenken Sie: Die Entkeimung von 10 Liter Wasser kostet weniger als drei Cent, eine Diarrhöe mehrere Urlaubstage.*

>> **Achtung:** *Alle Entkeimungsvorschriften gelten nur für optisch reines, also klares Wasser. Trübes Wasser müsste vorher aufwendig gefiltert werden.*

>> *Auch in Griechenland wird in 1-2-l-Plastikflaschen Mineralwasser angeboten. Dieses Wasser ist natürlich keimfrei; wegen der Müllproblematik sollten Sie diese Art Flaschen aber nicht kaufen.*

>> *Gerne empfehlen wir deshalb die auch von uns verwendeten Trinkwassersprudler vom Typ "Soda Club" o.ä. Sie helfen Müll zu vermeiden.*

>> *Wasserkanister haben einen großen Vorteil gegenüber eingebauten Tanks: Man kann sie dem Nachbarn zum Füllen mitgeben und bequem im Freien reinigen. Im Fachhandel gibt es spezielle Mittel (z. B. "Keimex"), mit denen man nicht das Wasser entkeimt, sondern Schleim- und Algenbildung entfernt. Anschließend muss mehrfach durchgespült werden.*

UHRZEIT

In Deutschland, der Schweiz, Österreich, Italien und dem Balkan gilt die Mitteleuropäische Zeit, in Griechenland die Osteuropäische Zeit (MEZ + 1 Std.). Alle genannten Staaten stellen von Anfang April bis Ende September auf Sommerzeit um (Winterzeit + 1 Std.).

Das bedeutet für den deutschen Sommerurlauber, dass seine Uhr bis zur griechischen Grenze stets die richtige Zeit anzeigt. Dort jedoch muss er die Zeit um eine Stunde vorstellen (kommt er um 10 Uhr an, ist es in Griechenland bereits 11 Uhr) – und auf der Heimreise hat er beim Verlassen der Fähre in Italien plötzlich eine Stunde mehr Zeit für die Heimreise.

VERKEHR

Dem WOMO-Fahrer kann es nur darum gehen, sein großes und schweres Gefährt unbehelligt bis zum Urlaubsziel und zurück zu transportieren. Dabei kann ihm allerlei passieren.

Tipps:

>> *Geschwindigkeitsbegrenzungen nötigen uns meist nur ein Lächeln ab:*

	Balkan	Italien	Griechenland
In Ortschaften	*50-60*	*50*	*50*
Landstraßen	*80-90*	*90*	*90*
Schnellstraßen (2-spurig)	*100*	*90*	*110*
Autobahnen (4-spurig)	*120*	*130*	*120*

>> *Promillegrenze meist 0,5 ‰, Ungarn und Rumänien 0,0 ‰.*

>> *Fahren Sie* **nie** *bei Dunkelheit. Nur am Tage sehen Sie, was alles auf den Straßen herumsteht und -liegt (Schlaglöcher, Steine, Schafe ...).*

>> *Weigern Sie sich im Falle eines Unfalls stets, einen Schaden bar zu bezahlen. Ihre Versicherung macht Ihnen sonst Ärger (von Bagatellen abgesehen).*
Auf Ihrer Grünen Karte sind die Versicherungsbüros des Urlaubslandes, die den Schaden regulieren, vermerkt. Machen Sie Ihren Unfallgegner darauf aufmerksam.

>> *Die polizeiliche Schadensaufnahme gleicht nicht der in Deutschland. Machen Sie ein paar Fotos vom Unfallort. Sie sind später Ihre einzige Hilfe, falls die ganze Dorfbevölkerung auf der Seite des Einheimischen steht.*

>> **Nur zur Erinnerung:** *In allen Transitländern und in Griechenland besteht Anschnallpflicht!*

>> *Die Deckungssummen der ausländischen Autoversicherungen sind geringer als in Deutschland. Vorsichtige Leute pflegen deshalb eine kurzfristige Vollkasko- und Insassenunfallversicherung abzuschließen.*

>> **Straßenverhältnisse in Griechenland**
Haupt- und Nebenstraßen sind fast überall asphaltiert und überwiegend in einem guten Zustand.

>> *Schäden werden aber nicht mit der gleichen Regelmäßigkeit ausgebessert wie bei uns. Man begnügt sich oft mit einem Hinweisschild oder überlässt es dem Autofahrer, ein riesiges Schlagloch zu umfahren oder hindurchzukrachen.* **Ständige VORSICHT ist am Platze!**

>> *An neu angelegten Straßen findet man häufig abgerutschte Böschungen, bösartig aufgewellte Beläge oder verbliebene Schotterhaufen. Hat ein Einheimischer eine Reifenpanne, so sichert er sich und sein Fahrzeug meist mit ein paar "Felsen" ab, die er auf die Straße rollt. Anschließend bleiben sie oft liegen.*

>> *Zusammenfassend muss man aber sagen, dass in den letzten Jahren riesige Anstrengungen unternommen wurden (und werden), um ganze Gebiete dem Verkehr zu erschließen.*

>> *Manche Nebenstraßen, die wir in unseren Touren beschreiben, sind in einem sehr "naturbelassenen" Zustand. Das heißt* **nicht**, *dass man sie nicht mit dem Wohnmobil befahren kann. Alle dem öffentlichen Verkehr gewidmeten Straßen sind befestigt und zumindest geschottert.*

>> *Anders sieht es mit manchen Zufahrtspisten zu den Stränden aus. Hier*

empfiehlt es sich häufig, die paar Schritte bis zum Strand zunächst zu Fuß abzugehen und die Gefahren kritisch abzuwägen. Meist ist die Sache einfacher, als sie zunächst aussieht. Besondere Probleme sind bei den von uns beschriebenen Stellen **stets** *im Text hervorgehoben.*

VERSTÄNDIGUNG (siehe auch "Redewendungen")

Da soll noch mal einer gegen die Gastarbeiter wettern – bescheren sie uns doch in den meisten Fällen freundliche Aufnahme und helfen bei jedem Verständigungsproblem.

Tipps:

\>> *Zweisprachig sind in Griechenland viele Verkehrsschilder und die Speisekarten in den "besseren" Lokalen. Für alle anderen Zwecke ist es unumgänglich, dass Sie zumindest wie ein Erstklässler die griechische Druckschrift lesen können.*

\>> *Südländer sind Meister in der Gebärdensprache. Tun Sie es ihnen nach, so kommen Sie auch ohne Worte aus.*

\>> *In Gaststätten brauchen Sie nicht zu warten, bis Sie jemand bedient. Gehen Sie in die Küche, lassen Sie sich Proben geben und heben Sie so viele Finger, wie Sie* **Portionen** *haben wollen.*

\>> *Automechaniker haben in den meisten Fällen im Ausland gelernt. Sie werden doch keine Schwierigkeiten haben, schwäbisch (Mercedes) oder kölsch (Ford) zu verstehen?*

\>> *Ärzte sprechen mit Sicherheit deutsch, englisch oder französisch. Suchen Sie sich den Richtigen am Telefon heraus!*

\>> *Die Jugend lernt deutsch oder englisch in der Schule und freut sich darauf, mit Ihnen ein Schwätzchen zu machen. Im Tausch können Sie bei der Gelegenheit Ihre griechische Aussprache korrigieren lassen.*

Das griechische Alphabet

Αα	Ββ	Γγ	Δδ	Εε	Ζζ	Ηη	Θϑ
alfa	wita (beta)	gamma	delta	epsilon	sita (zeta)	ita (eta)	thita (theta)
a	w	g (vor a, o, u) j (vor e, i)	th (engl. *the*)	e	z wie s in Rose	i	th (engl. *thing*)
Ιι	Κκ	Λλ	Μμ	Νν	Ξξ	Οο	Ππ
jota	kapa	lambda	mi	ni	xi	omikron	pi
i	k	l	m	n	ks	o	p
Ρρ	Σσς	Ττ	Υυ	Φφ	Χχ	Ψψ	Ωω
ro	sigma	taf (tau)	ipsilon	phi	chi	psi	omega
r	s, ß	t	i	f	ch	ps	o

WOMO-FORUM – der Treff für Wohnmobilurlauber

Seit 2002 gibt es das WOMO-Forum, einen kostenlosen Service unseres Verlages, unter: **forum.womoverlag.de**

Offensichtlich hatten die WOMO-Freunde nur darauf gewartet, denn in der kurzen Zeit ist die Zahl der registrierten Mitglieder bereits auf über 5.000 angewachsen, die mit der abenteuerlichen Zahl von 110.000 Beiträgen zu allen Themen des wohnmobilen Lebens das Forum zu einer einmaligen Ideen-Austauschbörse gemacht haben.

Deshalb wird – wer sich unter: forum.womoverlag.de – einklickt und nach einem Thema sucht, wohl kaum ohne Antwort bleiben:

ALLGEMEIN	THEMEN	BEITRÄGE	LETZTER BEITRAG
WOMO-Bücher: Lob-Kritik (Keine Korrekturen) Schreibt bitte hier Eure Meinung zu den WOMO-Büchern. **Moderator:** Mods	178	983	von **ANUBIS** 19.10.2011 - 14:57:20
User-Treffen (Nur für registrierte User) Hier geht es um geplante Treffen der Forenmitglieder **Moderator:** Mods	32	593	von **Malu** 14.11.2011 - 20:14:47
Stellplatztipps Hier kannst Du neue Stellplätze in Deutschland beschreiben oder danach fragen. **Moderator:** Mods	1215	7139	von **Karl0097** 25.11.2011 - 19:40:56
Urlaub mit Kindern Fragen & Ratschläge fürs Reisen mit Kindern. **Moderator:** Mods	90	824	von **Isa** 16.11.2011 - 13:50:41
Urlaub mit Haustieren Fragen, Tipps und Ratschläge **Moderator:** Mods	165	2474	von **Klaus2011** 24.11.2011 - 17:12:42

WOMO	THEMEN	BEITRÄGE	LETZTER BEITRAG
Aktivitäten rund ums WOMO Sport, Kultur, etc. etc. **Moderator:** Mods	159	2150	von **Gwaihir** 15.11.2011 - 19:53:11
WOMO-Technik Gas-, Wasser- und Elektroinstallation, Innenausbau. **Moderator:** Mods	3108	31232	von **Herby** 25.11.2011 - 19:28:45
Multimedia im WOMO Alles zum Thema Multimedia, Navigation, POIs, Hard- und Software **Moderator:** Mods	764	7597	von **heulnet** 25.11.2011 - 11:23:16
WOMO-Kauf, WOMO-Miete Tipps, Fragen & Antworten **Moderator:** Mods	1035	13535	von **dooley** 24.11.2011 - 21:56:05
WOMO-Clubs Stelle Deinen Club vor oder empfehle einen. **Moderator:** Mods	59	356	von **Monty** 20.11.2011 - 21:19:43
WOMO-Küche Stelle neue Rezepte für die WOMO-Küche vor. **Moderator:** Mods	267	1484	von **dooley** 09.11.2011 - 17:26:25
WOMO-Neuigkeiten Informiere über Neues aus den Bereichen: Technik, Zubehör, usw. **Moderator:** Mods	136	1622	von **Freetec 598** 22.11.2011 - 10:56:23
Gasversorgung Fragen & Antworten zum Thema Autogas und Gasflaschentausch im Ausland. **Moderator:** Mods	169	2176	von **Joanne** 26.10.2011 - 17:41:39
Umwelt & Wohnmobile Am Thema Umwelt kommt man heute nicht mehr vorbei. Hier ist das Forum dafür. **Moderator:** Mods	150	2646	von **YY73** 26.11.2011 - 12:11:51
Recht und Verkehr Alles zum Thema Recht und Verkehr kann hier diskutiert werden. **Moderator:** Mods	397	6090	von **Pego** 16.11.2011 - 23:05:03
WOMO-Quasselecke Themen für alles Andere und Jeden. Alle Threads die 500 Tage unbeachtet bleiben, werden automatisch gelöscht! **Moderator:** Mods	236	2998	von **Kule** 25.11.2011 - 21:02:43

Natürlich lebt das Forum von einem regen Erfahrungsaustausch. Deshalb ist es in vielerlei Rubriken aufgeteilt, in denen man gezielt Fragen stellen oder versuchen kann, die Fragen anderer zu beantworten.
Weiter geht es mit Fragen und Antworten zu Urlaubszielen, Reiseberichten und Korrekturen für alle WOMO-Bücher.
Also: Klicken Sie sich ein, machen Sie mit – es lohnt sich für Sie und andere!

ZAUBEREI – OUTDOOR-NAVIGATION MIT GPS

Das GPS (Global Positioning System) ist ein seit 1995 vom US-Verteidigungsministerium entwickeltes Satellitensystem zur weltweiten Standortbestimmung. Bereits heute gibt es hunderte von verschiedensten "Navi-Geräten" zu kaufen - die Verwirrung von "Otto-Normalverbraucher" ist komplett!
In diesem Reiseführer sind für alle Übernachtungsplätze die Koordinaten in der Schreibweise Grad, Minuten, Sekunden angegeben. Vor dem Kauf eines GPS-Gerätes sollte man sich folglich vergewissern, dass man mit ihm nicht nur zu einer gewünschten Adresse (PLZ, Ort und Straße) navigieren kann, sondern auch zu entsprechenden Koordinaten, z. B. N 50° 36' 37.3" E 10° 07' 56.3". Wir empfehlen dafür Geräte der Firmen Garmin oder TomTom!
Besitzer von GPS-Geräten geben sinnvollerweise die Koordinaten der Stellplätze vor dem Urlaub direkt in das Gerät ein (oder per PC über das mitgelieferte Kabel und mit kostenlosem Programm aus dem Internet (z. B. www.easyGPS.com).
Wer es noch bequemer haben möchte, erwirbt beim WOMO-Verlag die "GPS--CD zum Buch" – und die GPS-Daten aller unserer Stellplätze usw. werden automatisch vom Computer aufs GPS-Gerät überspielt.
Sie sind an GPS interessiert, wissen aber nicht, welches Gerät Sie kaufen sollen? Sie haben Probleme mit Ihrem neuen Gerät oder mit unseren Koordinaten? Rufen Sie uns an (036946-20691), vielleicht wissen wir Rat!

STICHWORTVERZEICHNIS

Der WOMO-Knackerschreck

* ist die universelle und **sofort sichtbare Einbruchssperre**.
* Wird einfach in die beiden Türarmlehnen eingehängt, zusammengeschoben und abgeschlossen.
* Passend für Ducato, Peugeot, Renault Master, MB Sprinter und VW.
* Krallen aus 10 mm massivem Stahl, d. h. nahezu unverwüstlich.

Nur 59,90 € – und nur bei WOMO!

Der WOMO-Aufkleber

* passt mit 14 cm Breite auch auf Ihr Wohnmobil.
* ist das weit sichtbare Symbol für alle WOMO-Freunde.

Ab 0,00 € – und nur bei WOMO!

Der WOMO-Leserservice

Passend zu unseren Reiseführern bieten wir in unserem Online-Buchshop unter **www.womo.de** an:

* Die besten **Autokarten** von Michelin, Freytag & Berndt, Reise-know-how, die garantiert die komplette Reiseroute abdecken.
* Die Kauderwelsch-**Wörterbücher** für jede Sprache unserer Reiseländer.
* Von jedem Reiseland mindestens einen Rother-**Wanderführer** über die schönsten Wanderregionen.
* Eine GPS-CD für jeden Reiseführer mit allen Koordinaten zur schnellen Übertragung auf Ihr Navi (Garmin, TomTom, Falk).

Info-Blatt aus dem WOMO-Buch: Peloponnes '18

(komplett ausgefüllt erhalte ich 10% Info-Honorar auf Bestellungen direkt beim Verlag)

Lokalität: Seite: Datum:
(Stellplatz, Campingplatz, Wandertour, Gaststätte, usw.)

unverändert gesperrt/geschlossen folgende Änderungen:

Lokalität: Seite: Datum:
(Stellplatz, Campingplatz, Wandertour, Gaststätte, usw.)

unverändert gesperrt/geschlossen folgende Änderungen:

Lokalität: Seite: Datum:
(Stellplatz, Campingplatz, Wandertour, Gaststätte, usw.)

unverändert gesperrt/geschlossen folgende Änderungen:

Lokalität: Seite: Datum:
(Stellplatz, Campingplatz, Wandertour, Gaststätte, usw.)

unverändert gesperrt/geschlossen folgende Änderungen:

Lokalität: Seite: Datum:
(Stellplatz, Campingplatz, Wandertour, Gaststätte, usw.)

unverändert gesperrt/geschlossen folgende Änderungen:

Lokalität: Seite: Datum:
(Stellplatz, Campingplatz, Wandertour, Gaststätte, usw.)

unverändert gesperrt/geschlossen folgende Änderungen:

Meine Adresse und Tel.-Nummer:

(nur komplett ausgefüllte, zeitnah eingesandte Infoblätter können berücksichtigt werden)

Info-Blatt aus dem WOMO-Buch: Peloponnes '18
(komplett ausgefüllt erhalte ich 10% Info-Honorar auf Bestellungen direkt beim Verlag)

Lokalität: Seite: Datum:
(Stellplatz, Campingplatz, Wandertour, Gaststätte, usw.)
unverändert gesperrt/geschlossen folgende Änderungen:

Lokalität: Seite: Datum:
(Stellplatz, Campingplatz, Wandertour, Gaststätte, usw.)
unverändert gesperrt/geschlossen folgende Änderungen:

Lokalität: Seite: Datum:
(Stellplatz, Campingplatz, Wandertour, Gaststätte, usw.)
unverändert gesperrt/geschlossen folgende Änderungen:

Lokalität: Seite: Datum:
(Stellplatz, Campingplatz, Wandertour, Gaststätte, usw.)
unverändert gesperrt/geschlossen folgende Änderungen:

Lokalität: Seite: Datum:
(Stellplatz, Campingplatz, Wandertour, Gaststätte, usw.)
unverändert gesperrt/geschlossen folgende Änderungen:

Lokalität: Seite: Datum:
(Stellplatz, Campingplatz, Wandertour, Gaststätte, usw.)
unverändert gesperrt/geschlossen folgende Änderungen:

Meine sonstigen Tipps und Verbesserungswünsche:

Wir bestellen: (Preisänderungen vorbehalten)

- ☐ Wohnmobil Handbuch .... 19,90 €
- ☐ Wohnmobil Kochbuch........... 12,90 €
- ☐ Heitere Geschichten .... 6,90 €
- ☐ Albanien.............................. 19,90 €
- ☐ Allgäu.................................. 17,90 €
- ☐ Auvergne .... 19,90 €
- ☐ Baden-Württemberg .... 19,90 €
- ☐ Baltikum.............................. 20,90 €
- ☐ Bayern (Nordost) .... 19,90 €
- ☐ Bayern (Südost/Oberbayern) 19,90 €
- ☐ Belgien & Luxemburg .... 19,90 €
- ☐ Bretagne.............................. 18,90 €
- ☐ Burgund .... 17,90 €
- ☐ Dänemark .... 19,90 €
- ☐ Elsass .... 19,90 €
- ☐ England (Süd)..................... 19,90 €
- ☐ Finnland.............................. 19,90 €
- ☐ Franz. Alpen .... 20,90 €
- ☐ Franz. Atlantikküste (Nord)... 19,90 €
- ☐ Franz. Atlantikküste (Süd) .... 17,90 €
- ☐ Französisches Jura .... 19,90 €
- ☐ Griechenland .... 19,90 €
- ☐ Hessen (Norden + Osten) .... 19,90 €
- ☐ Hessen (Mitte + Süden)........ 19,90 €
- ☐ Hunsrück/Mosel/Eifel............ 20,90 €
- ☐ Irland.................................... 19,90 €
- ☐ Korsika................................. 18,90 €
- ☐ Kroatien / Montenegro .... 19,90 €
- ☐ Languedoc/Roussillon .... 19,90 €
- ☐ Latium/Rom/Abruzzen .... 18,90 €
- ☐ Ligurien................................ 17,90 €
- ☐ Loire-Tal/Paris...................... 17,90 €
- ☐ Lothringen............................ 17,90 €
- ☐ Marokko................................ 19,90 €
- ☐ Meckl. Vorpommern (West) .. 18,90 €
- ☐ Meckl. Vorpommern (Ost)..... 18,90 €
- ☐ Namibia.... .... 20,90 €
- ☐ Neuseeland (Nord) .... 19,90 €
- ☐ Neuseeland (Süd)................. 19,90 €
- ☐ Niederlande .... 19,90 €
- ☐ Nord-Frankreich................... 18,90 €
- ☐ Normandie .... 19,90 €
- ☐ Norwegen (Nord) .... 19,90 €
- ☐ Norwegen (Süd) .... 19,90 €
- ☐ Österreich (Ost).................... 19,90 €
- ☐ Österreich (West) .... 18,90 €
- ☐ Ostfriesland .... 20,90 €
- ☐ Peloponnes........................... 19,90 €
- ☐ Pfalz...................................... 19,90 €
- ☐ Piemont/Aosta-Tal .... 19,90 €
- ☐ Polen (Nord/Masuren) .... 18,90 €
- ☐ Polen (Süd/Schlesien) .... 17,90 €
- ☐ Portugal .... 19,90 €
- ☐ Provence & C. d'Azur (Ost) .. 19,90 €
- ☐ Provence & C. d'Azur (West) 19,90 €
- ☐ Pyrenäen .... 19,90 €
- ☐ Rumänien .... 19,90 €
- ☐ Sachsen................................ 20,90 €
- ☐ Sardinien .... 19,90 €
- ☐ Schleswig-Holstein .... 19,90 €
- ☐ Schottland............................. 18,90 €
- ☐ Schwarzwald .... 17,90 €
- ☐ Schweden (Nord).................. 19,90 €
- ☐ Schweden (Süd) .... 19,90 €
- ☐ Schweiz (Ost) .... 19,90 €
- ☐ Schweiz (West)..................... 19,90 €
- ☐ Sizilien .... 18,90 €
- ☐ Slowenien .... 18,90 €
- ☐ Spanien (Nord/Atlantik) .... 19,90 €
- ☐ Spanien (Ost/Katalonien) ..... 18,90 €
- ☐ Spanien (Süd/Andalusien).... 18,90 €
- ☐ Südafrika (Krüger NP) .... 24,90 €
- ☐ Süditalien (Ost/Apulien)........ 19,90 €
- ☐ Süditalien (West/Kalabrien) .. 19,90 €
- ☐ Süd-Tirol .... 18,90 €
- ☐ Thüringen .... 19,90 €
- ☐ Toskana & Elba..................... 20,90 €
- ☐ Trentino/Gardasee................ 18,90 €
- ☐ Tschechien .... 18,90 €
- ☐ Tunesien .... 17,90 €
- ☐ Türkei (West) .... 18,90 €
- ☐ Türkei (Mitte-Kappadokien) .. 17,90 €
- ☐ Umbrien & Marken mit Adria. 18,90 €
- ☐ Ungarn.................................. 18,90 €
- ☐ Venetien/Friaul...................... 19,90 €
- ☐ Wales.................................... 18,90 €

... und jährlich werden's mehr!

Absender:

Datum Unterschrift

WOMO®-VERLAG

Versandabteilung

Wiesenweg 4-6

98634 Mittelsdorf/Rhön

DAS HANDBUCH

* Beratung bei Kauf und Miete
* Gas-, Wasser-, Elektroinstallation
* Einrichten des Wohnmobils.
* Tipps & Tricks fürs Wochenende.
* 2800 freie deutsche Stellplätze.
* 700 deutsche Entsorgungsstationen.
* Urlaubsvorbereitung, Profipackliste.
* Freies Camping in ganz Europa.
* Wohnmobil und Wintersport.
* Der WOMO-Urlaubspartner-Service.
* Gastankstellen in ganz Europa.

DAS KOCHBUCH

* Einrichtung der WOMO-Küche.
* Lebensmittel-Grundausstattung.
* Konserven selbst gemacht.
* Backen in der Bratpfanne – Kuchen, Pizza, Brote.
* Viele, viele WOMO-Rezepte für zwei Gasflammen – einfach, schnell und lecker!
* Einkochen im Urlaub.
* Spezialrezepte für den Dampftopf.
* Der WOMO-Pfannenknecht.

DIE REISE- UND ERLEBNISFÜHRER

* Bequeme Touren durchs ganze Urlaubsland.
* Viele Plätzchen für freies Camping.
* Genaue Hinweise auf viele Trinkwasserstellen.
* Die schönsten Badeplätze, die nicht jeder kennt.
* Bergtouren und Spaziergänge für groß und klein.
* Die besten Anreiserouten, Fähren, usw.
* 300 Tipps und Tricks – für Ausrüstung, Reisevorbereitung und Urlaub.
* Ausgefeilte Profipackliste.
* Spezialkarten mit supergenauen Einträgen der freien Stellplätze und Trinkwasserbrunnen.

Unsere Bücher erhalten Sie in jeder Buchhandlung oder auf Rechnung direkt vom Verlag. Hier gibt's auch die aktuellen Infos über unsere ständigen Neuerscheinungen. (Versandkosten 1,20 €, ab 10 € portofrei / Ausland 4 €, Preisänderungen vorbehalten).

Bestell-Telefon: 036946-20691 * Fax: 036946-20692
Internet: www.womo.de * eMail: verlag@womo.de**